범 주 색 인

* 5편 50장 300절

이 책은 현대감각에 입각한 새로운 기준의 주제별 한자분류체계로서, 300개의 세분화된 範疇(카테고리;category)가 학습효과를 극대화한다. 한자의 대표적 訓에 따라 한자의 의미체계를 5編 50章 300節로 대중소 분류체계화 한 것이며, 주제별 한자분류사전에 해당한다. 즉, 300개의 카테고리로 한자 전반을 분류한 것으로, 이는 214개의 部首에 비하여 한층 세분화된 것이다. 영어권의 시소러스(thesaurus)의 장점을 살려 현대인의 한자학습에 최적화시킨 것이다. 그만큼 동일 범수 내의 긴밀도가 높고, 따라서 연상효과 및 암기효과도 크다고 할 수 있다. 끼리끼리 묶어 명쾌하게 정리했으므로 쉽고 재미있게 한자를 터득할 수 있다. 그런 의미에서 책명을 알기 쉽게 ≪漢字類編≫이라 하였다.

지식정보화시대에 전통과 실용의 조화에 입각한 새로운 한자학습법의 발견이란 측면에서 이 책은 옥편의 대용물로 볼 수도 있을 것이다. 아니 그보다는, 部首에 의한 옥편이 本紀에 해당한다면, 이 책은 주제별로 300개의 이야기가 파노라마처럼 펼쳐지는 列傳에 해당한다고 말할 수 있다.

종래의 部首와는 별도로, 韓・中・日 등 한사문화권 국가의 실성에 맞게 적용 가능하다고 본다. 부단한 개선을 통해, 이 책에 제시한 한자학습 방법이 널리 사용되어 정신문화 향상과 더불어 선인들의 자취를 계승할 수 있게 되길 바란다.

이 책은 기초부터 총정리까지 초보자와 전문가 모두에게 겸용 가능하다. 인문학의 주류인 이른바 '文・史・哲'의 전공자는 물론, 남녀노소 누구나 쉽고 친근하게 사용할 수 있도록 만든 이 책으로 한자에 대한 흥미와 보람을 얻기 바란다. 독자 여러분의 아낌없는 指導와 聲援을 바랄 뿐이다

끝으로, 어려운 여건 속에서도 천학비재한 필자의 졸고를 흔연히 채택해 주신 新雅社 鄭鉉杰 代表님과 원고정리에 정성을 다해 주신 편집부 여러분께 진심으로 감사드린다.

2009년 7월

편저자 씀

대표적 훈을 굵은 글씨체로 표기하였으나, 나머지도 숙지하기를 바란다. 훈을 일률적으로 하나씩만 달아두면 우선 편할지는 모르겠으나, 훈이 여럿 있는 경우 가급적 여러 훈을 병기함으로써 한자의 훈과 한자어의 뜻이 서로 연결되도록 하였다. 특히 '參(참여할 참 / 석 삼)'字처럼 2개의 훈이 각축을 벌이거나 기타 필요한 경우, 본문 설명 외 관련 범주에도 脚註(註로 표시)를 달아놓아 일회성에 따른 분류상의 제약을 보완코자 하였다.

3. 附錄

附錄Ⅰ 主題別 漢字分類一覽表의 경우, 표제자 3,500자 외에 추가 선정한 3,300자를 표제자의 배열과 연계하여 일람표 형식으로 입체 정리하였으며, 약간의 용례를 덧붙여 학습에 도움이 되도록 하였다.

附錄Ⅱ 漢文敎育用 基礎漢字의 경우, 2000년 12월 교육부가 공포한 한문교육용 기초한자 1,800자를 중·고등학교용 각각 900자씩 구분하여 제시하고 있다.

附錄Ⅲ 字音索引의 경우, 본문에 수록된 표제자를 가나다순으로 정리하고, 동음자는 옥편에 준하여 부수·획수 순으로 배열하였다. 자음색인은 훈음 일괄 암기용 도표로도 활용할 수 있도록 훈음을 달아놓았다.

4. 기타

範疇索引은 옥편의 部首索引에 상응하며, 부수가 214개임에 비해 300개의 범주로 세분화하여 충실을 기하였다.

部首名稱을 옥편과의 비교 및 연관 학습을 위해 책 끝 부분에 참고자료로 실었다. 보다 자세한 내용은 옥편이나 자전을 참고하기 바란다.

끝으로, 이 책의 편찬에는 漢韓大字典(민중서림), 百年玉篇·現代活用玉篇·동아새국어사전(두산동아), 金星必須漢字辭典(금성출판사), 敎學大漢韓辭典(교학사) 및 虛辭大辭典(현암사) 등을 참고하였다.

목 차

(國・漢・英文)

主題別 漢字分類一覽

漢字類編

陳世政 編著

신아사

머 리 말

한자사전의 역사와 관련하여 周公이 지었다고 전하는 ≪爾雅≫를 비롯하여 後漢 때 許愼의 ≪說文解字≫, 梁나라 顧野王의 ≪玉篇≫ 및 淸나라 때의 ≪康熙字典≫ 등이 중국에서 간행되었다. 조선시대에는 崔世珍의 ≪訓蒙字會≫를 비롯하여 柳希春의 ≪新增類合≫ 및 鄭允容의 ≪字類註釋≫ 등의 한자 입문서가 간행된 바 있다.

한자는 오랜 세월 우리 고유어와 섞여 있어 언어능력 나아가 사고능력에도 지대한 영향을 미친다. 어휘력과 이해력의 바탕이 되므로 영어교육에 비할 바가 아닌 것이다. 비록 한글전용을 지향하는 한글세대라 할지라도 한자교육의 중요성을 간과할 수는 없을 것이다. 한자보다는 우리말과 우리글에 몰입할수록 우리말의 일부이기도 한 한자공부의 비효율성을 묵과할 수 없을 것이다. 우리말을 제대로 배우기도 바쁜데 한자공부에 너무 많이 투자하고 소기의 성과도 거두지 못한다면 개인은 물론, 국가적으로도 큰 손해라고 말할 수 있다.

이에 누구나 손쉽게 단기간에 한자를 배우고 가르칠 수 있는 전국민의 한자교재 개발을 꿈꾸게 되었다. 그 구체적인 방법으로 한자의 의미체계에 따른 새로운 분류기준의 창안을 시도하게 되었으며, 이는 한자는 어렵다는 인식의 전환을 추구하기 위함이다. 한자를 오늘날의 감각에 맞게 체계적인 흐름으로 새롭게 재구성함으로써 한자능력을 업그레이드함과 동시에 한자학습에 소요되는 막대한 시간·경비·노력 및 스트레스를 최소화하는데 그 목적이 있다. 한자공부를 조기에 마무리 짓거나 반복해서 평생교육의 교재로 삼을 수 있다는 점에서, 궁극적으로 개인의 삶뿐만 아니라 기업 및 국가의 경쟁력 강화전략에도 도움이 될 것이다.

5. 성품 性稟 Character

6. 태도 態度 Attitude

7. 감정 感情 Feeling

8. 운동 運動 Movement

9. 행동 行動 Action

Ⅲ. 사회편 社會編 SOCIETY

Ⅳ. 자연편 自然編 NATURE

主題別 漢字分類一覽

漢字類編

Ⅰ. 人間編 인간편

1. 人間 인간

人民인민 • 男性남성 • 女性여성 • 英雄영웅
群衆군중 • 主從주종 • 友敵우적 • 相對상대

人民 인민

한자	훈	음	부수/획	급수	용례
人	사람/남	인	人 0	8급	人間(인간) 人生(인생) 與人相約(여인상약)
民	백성	민	氏 1	8급	民草(민초) 民族(민족) 人民(인민) 國民(국민)
世	인간/대/시대/대이을	세	一 4	7급	世上(세상) 世代(세대) 中世(중세) 世子(세자)
者	놈/사람/것	자	老 5	6급	作者(작자) 仁者(인자) 近者(근자) 前者(전자)
員	인원/벼슬아치	원	口 7	4급 II	人員(인원) 定員(정원) 動員(동원) 官員(관원)
隣	이웃/이웃할	린	阜 12	3급	隣近(인근) 善隣(선린) 交隣(교린) 隣接(인접)

男性 남성

한자	훈	음	부수/획	급수	용례
男	사내/아들/젊은이	남	田 2	7급	男女(남녀) 男性(남성) 長男(장남) 丁男(정남)
郞	사내/남편/벼슬이름	랑	邑 7	3급 II	郞子(낭자) 新郞(신랑) 郞君(낭군) 侍郞(시랑)
陽	양기/볕/해	양	阜 9	6급	陽地(양지) 太陽(태양) 陽開陰閉(양개음폐)
雄	수컷/씩씩할/뛰어날	웅	隹 4	5급	雄性(웅성) 雄壯(웅장) 英雄豪傑(영웅호걸)

女性 여성

한자	훈	음	부수	획수	급수	용례
女	계집/딸	녀	女	0	8급	女子(여자) 女性(여성) 處女(처녀) 母女(모녀)
娘	계집/어미	낭	女	7	3급Ⅱ	娘子(낭자) 令娘(영랑) 娘娘(낭랑) 娘家(낭가)
姬	계집/임금의 아내/첩	희	女	6	2급	美姬(미희) 舞姬(무희) 王姬(왕희) 姬妾(희첩)
孃	아가씨/계집	양	女	17	2급	令孃(영양) 金孃(김양) 貴孃(귀양) 老孃(노양)
陰	음기/그늘/흐릴/몰래/생식기	음	阜	8	4급Ⅱ	陰陽(음양) 夜陰(야음) 陰德陽報(음덕양보)
雌	암컷/약할	자	隹	5	2급	雌雄(자웅) 雌性(자성) 雌黃(자황) 雌伏(자복)

英雄 영웅

한자	훈	음	부수	획수	급수	용례
偉	훌륭할/클	위	人	9	5급	偉大(위대) 偉人(위인) 偉業(위업) 偉勳(위훈)
傑 (註)	뛰어날/준걸	걸	人	10	4급	傑作(걸작) 女傑(여걸) 綠林豪傑(녹림호걸)
杰	뛰어날	걸	木	4	2급[名]	＊ 傑의 俗子
俊	준걸/뛰어날/클/높을	준	人	7	3급	俊傑(준걸) 俊才(준재) 俊秀(준수) 俊德(준덕)
豪	호걸/호협할/호화스러울	호	豕	7	3급Ⅱ	文豪(문호) 富豪(부호) 豪放(호방) 豪奢(호사)
俠	호협할	협	人	7	1급	俠客(협객) 武俠(무협) 義俠(의협) 豪俠(호협)

群衆 군중

한자	훈	음	부수	획수	급수	용례
群	무리/많을/모을	군	羊	7	4급	拔群(발군) 群衆(군중) 群像(군상) 群集(군집)
衆	무리/많을	중	血	6	4급Ⅱ	衆庶(중서) 民衆(민중) 衆寡不敵(중과부적)
徒	무리/걸어다닐/맨손/헛될/형벌	도	彳	7	4급	徒黨(도당) 徒步(도보) 徒勞(도로) 徒手(도수)
黨 (註)	무리/마을	당	黑	8	4급Ⅱ	政黨(정당) 鄕黨(향당) 黨同伐異(당동벌이)
等	무리/등급/같을/견줄	등	竹	6	6급	等屬(등속) 吾等(오등) 等數(등수) 等類(등류)
類	무리/비슷할	류	頁	10	5급	種類(종류) 類似(유사) 類類相從(유유상종)

註 傑 ▶ 英 꽃부리/뛰어날/영국 영 p.206
註 傑 ▶ 雄 수컷/씩씩할/뛰어날 웅 p.17
註 黨 ▶ 幇 도울/패거리 방 p.71

漢字	訓	音	部首	획수	급수	용례
輩	무리/짝	배	車	8	3급Ⅱ	後輩(후배) 作輩(작배) 年輩(연배) 輩出(배출)
曹	무리/마을/조나라	조	曰	7	1급	兒曹(아조) 吏曹(이조) 法曹(법조) 曹操(조조)
彙	무리/모을	휘	크	10	1급	語彙(어휘) 彙類(휘류) 萬彙群象(만휘군상)
部	떼/분류/마을/거느릴	부	邑	8	6급	部首(부수) 全部(전부) 部類(부류) 本部(본부)
隊	떼/무리/대	대	阜	9	4급Ⅱ	隊商(대상) 部隊(부대) 編隊(편대) 除隊(제대)
派	갈래/가를/보낼	파	水	6	4급	政派(정파) 支派(지파) 派生(파생) 派送(파송)

主從 주종

漢字	訓	音	部首	획수	급수	용례
主	주인/임금/우두머리/위패/주로할/주	주	丶	4	7급	主人(주인) 主君(주군) 神主(신주) 救主(구주)
奴	종	노	女	2	3급Ⅱ	奴婢(노비) 奴隸(노예) 奴僕(노복) 雁奴(안노)
隸	종/붙을/서체이름	례	隶	8	3급	奴隸(노예) 僕隸(복례) 隸屬(예속) 隸書(예서)
僕	종/마부/저(*謙稱)	복	人	12	1급	從僕(종복) 忠僕(충복) 公僕(공복) 僕御(복어)
婢	계집종/소첩	비	女	8	3급Ⅱ	婢僕(비복) 婢子(비자) 奴顔婢膝(노안비슬)
客	손/사람/부칠/과거	객	宀	6	5급	主客(주객) 政客(정객) 食客(식객) 客年(객년)
賓	손/좇을	빈	貝	7	3급	賓客(빈객) 迎賓(영빈) 國賓(국빈) 賓服(빈복)
旅	나그네/여행할/군사	려	方	6	5급	旅情(여정) 旅客(여객) 旅程(여정) 旅團(여단)

友敵 우적

漢字	訓	音	部首	획수	급수	용례
朋	벗/떼	붕	月	4	3급	朋友(붕우) 朋黨(붕당) 朋友責善(붕우책선)
友	벗/우애있을	우	又	2	5급	友情(우정) 學友(학우) 讀書尙友(독서상우)
交	사귈/섞일/엇갈릴/서로/흘레할	교	亠	4	6급	交流(교류) 交錯(교착) 忘年之交(망년지교)

敵	대적할/원수 적	
	攴 11	4급Ⅱ

敵手(적수) 敵讎(적수)
仁者無敵(인자무적)

讎	원수 수	
	言 16	1급

怨讎(원수) 復讎(복수)
*讐와 同字

仇	원수/적으로 여길/짝 구	
	人 2	1급

仇敵(구적) 仇隙(구극)
仇恨(구한) 仇匹(구필)

▼ 相對 상대

相	서로/볼/모양/재상 상	
	目 4	5급

相生(상생) 觀相(관상)
眞相(진상) 首相(수상)

互	서로 호	
	二 2	3급

互惠(호혜) 互相(호상)
相互(상호) 交互(교호)

胥	서로/아전 서	
	肉 5	1급

胥失(서실) 胥匡(서광)
胥吏(서리) 吏胥(이서)

對	대할/대답할/짝 대	
	寸 11	6급

相對(상대) 應對(응대)
對答(대답) 對偶(대우)

應	응할/응당 응	
	心 13	4급Ⅱ

應答(응답) 應當(응당)
臨機應變(임기응변)

共	함께 공	
	八 4	6급

共通(공통) 共榮(공영)
共著(공저) 共和(공화)

俱	함께/갖출 구	
	人 8	3급

俱現(구현) 俱存(구존)
不俱戴天(불구대천)

偕	함께 해	
	人 9	1급

偕樂(해락) 偕行(해행)
百年偕老(백년해로)

兼	겸할 겸	
	八 8	3급Ⅱ

兼備(겸비) 兼倂(겸병)
兼人之勇(겸인지용)

竝	아우를/나란할 병	
	立 5	3급

竝呑(병탄) 竝列(병렬)
竝行(병행) 竝進(병진)

倂	아우를/나란할 병	
	人 8	2급

倂呑(병탄) 合倂(합병)
倂記(병기) 倂用(병용)

2. 身體 신체

身體신체 • 骨格골격 • 筋肉근육 • 頭部두부 • 顔面안면
上肢상지 • 下肢하지 • 消化소화 • 排泄배설 • 睡眠수면

身體 신체

한자	뜻	음	부수	획수	급수	용례
身	몸	신	身	0	6급	身體(신체) 身元(신원) 處身(처신) 終身(종신)
體	몸/몸소/모양/물건	체	骨	13	6급	肉體(육체) 體得(체득) 字體(자체) 物體(물체)
軀	몸	구	身	11	1급	軀命(구명) 巨軀(거구) 老軀(노구) 體軀(체구)
躬	몸/몸소	궁	身	3	1급	責躬(책궁) 躬進(궁진) 實踐躬行(실천궁행)
血	피	혈	血	0	4급 II	血液(혈액) 血脈(혈맥) 血肉(혈육) 輸血(수혈)
脈	맥/줄기	맥	肉	6	4급 II	脈絡(맥락) 動脈(동맥) 葉脈(엽맥) 人脈(인맥)
肉	고기/살/몸	육	肉	0	4급 II	肉身(육신) 肉慾(육욕) 晩食當肉(만식당육)
肢	팔다리/사지	지	肉	4	1급	肢體(지체) 肢幹(지간) 肢骨(지골) 四肢(사지)
胴	큰창자/몸통	동	肉	6	1급	胴體(동체) 鏡胴(경동) 救命胴衣(구명동의)
臟	오장	장	肉	18	3급 II	臟腑(장부) 臟器(장기) 心臟(심장) 內臟(내장)
腑	육부/장부	부	肉	8	1급	腑臟(부장) 六腑(육부) 五臟六腑(오장육부)
肺	허파/마음	폐	肉	4	3급 II	肺胞(폐포) 肺病(폐병) 心肺(심폐) 肺腑(폐부)
胸	가슴/마음	흉	肉	6	3급 II	胸像(흉상) 胸圍(흉위) 胸中(흉중) 胸襟(흉금)
臆	가슴	억	肉	13	1급	臆測(억측) 臆說(억설) 臆見(억견) 胸臆(흉억)
膺	가슴/받을/칠	응	肉	13	1급	服膺(복응) 膺受(응수) 膺懲(응징) 懲膺(징응)

漢字	훈/음	부수/획수	급수	용례
膈	흉격 격	肉 10	1급	膈膜(격막) 胸膈(흉격) 膈痛(격통)
膜	꺼풀/막 막	肉 11	2급	角膜(각막) 鼓膜(고막) 網膜(망막) 粘膜(점막)
腔	속빌/빈속/가락 강	肉 8	1급	口腔(구강) 滿腔(만강) 腔腸動物(강장동물)

▼ 骨格 골격

漢字	훈/음	부수/획수	급수	용례
骸	뼈/해골 해	骨 6	1급	遺骸(유해) 殘骸(잔해) 乞骸骨(걸해골)
骨	뼈/뼈대 골	骨 0	4급	骨子(골자) 骨相(골상) 骨肉之親(골육지친)
髓	골수/뼛골 수	骨 13	1급	眞髓(진수) 精髓(정수) 怨入骨髓(원입골수)
脊	등골뼈/등성마루 척	肉 6	1급	脊椎(척추) 脊骨(척골) 脊髓(척수) 山脊(산척)
肋	갈빗대 륵	肉 2	1급	肋骨(늑골) 肋間(늑간) 肋膜(늑막) 鷄肋(계륵)

▼ 筋肉 근육

漢字	훈/음	부수/획수	급수	용례
筋	힘줄 근	竹 6	4급	筋肉(근육) 筋骨(근골) 鐵筋(철근) 筋力(근력)
腱	힘줄 건	肉 9	1급	腱膜(건막) 腱索(건삭) 腱反射(건반사)
背	등/뒤/등질 배	肉 5	4급II	胸背(흉배) 背景(배경) 背恩忘德(배은망덕)
腰	허리 요	肉 9	3급	腰痛(요통) 腰絶(요절) 細腰(세요) 腰帶(요대)
臀	볼기 둔	肉 13	1급	臀部(둔부) 臀腫(둔종) 露臀(노둔) 臀圍(둔위)
膚	살갗/얕을 부	肉 11	2급	皮膚(피부) 膚見(부견) 雪膚花容(설부화용)
肌	살/살갗 기	肉 2	1급	肌膚(기부) 雪肌(설기) 氷肌玉骨(빙기옥골)

頭部 두부

漢字	뜻	음	부수	획수	급수	용례
頭	**머리**/우두머리/첫머리/꼭대기/가/마리	두	頁	7	6급	頭髮(두발) 頭目(두목) 年頭(연두) 竿頭(간두)
首	**머리**/우두머리/첫머리/자백할/수	수	首	0	5급	白首(백수) 黨首(당수) 首尾(수미) 自首(자수)
腦	**머릿골**/뇌/머리	뇌	肉	9	3급II	腦髓(뇌수) 腦裏(뇌리) 頭腦(두뇌) 首腦(수뇌)
頂	**정수리**/꼭대기	정	頁	2	3급II	頂門(정문) 頂上(정상) 絶頂(절정) 山頂(산정)
毛	**털**/풀	모	毛	0	4급II	脫毛(탈모) 不毛(불모) 九牛一毛(구우일모)
髮	**터럭**/머리털	발	髟	5	4급	白髮(백발) 理髮(이발) 危機一髮(위기일발)
毫	**가는털**/조금/붓	호	毛	7	3급	毫髮(호발) 秋毫(추호) 毫末(호말) 揮毫(휘호)
禿	**대머리**/민둥민둥할/모지라질	독	禾	2	1급	禿頭(독두) 禿翁(독옹) 禿山(독산) 禿筆(독필)

顔面 안면

漢字	뜻	음	부수	획수	급수	용례
面	**낯**/면/만날/뵐/쪽	면	面	0	7급	體面(체면) 斷面(단면) 面會(면회) 方面(방면)
容	**얼굴**/담을/받아들일	용	宀	7	4급II	容顔(용안) 內容(내용) 容量(용량) 容納(용납)
顔	**얼굴**/색채	안	頁	9	3급II	顔面(안면) 顔料(안료) 破顔大笑(파안대소)
額	**이마**/액수/편액	액	頁	9	4급	額手(액수) 額數(액수) 金額(금액) 額字(액자)
顴	**광대뼈**	관	頁	18	1급	顴骨(관골)
頰	**뺨**	협	頁	7	1급	頰骨(협골) 兩頰(양협) 口頰(구협) 紅頰(홍협)
耳	**귀**/뿐/어조사	이	耳	0	5급	耳目(이목) 耳順(이순) 馬耳東風(마이동풍)
目	**눈**/볼/조목/요점/우두머리/이름	목	目	0	6급	目下(목하) 目擊(목격) 科目(과목) 頭目(두목)
眼	**눈**/요점/볼	안	目	6	4급II	主眼(주안) 偸眼(투안) 眼高手卑(안고수비)

眉 눈썹 미 — 目 4 — 3급
眉目(미목) 白眉(백미)
擧案齊眉(거안제미)

瞳 눈동자 동 — 目 12 — 1급
瞳孔(동공) 瞳子(동자)
瞳睛(동정) 綠瞳(녹동)

睛 눈동자 정 — 目 8 — 1급
眼睛(안정) 黑睛(흑정)
畵龍點睛(화룡점정)

口 입/어귀/인구/말할 구 — 口 0 — 7급
河口(하구) 口頭(구두)
有口無言(유구무언)

舌 혀/말 설 — 舌 0 — 4급
筆舌(필설) 辯舌(변설)
舌芒於劍(설망어검)

脣 입술 순 — 肉 7 — 3급
脣齒(순치) 脣音(순음)
脣亡齒寒(순망치한)

齒 이/나이 치 — 齒 0 — 4급 II
齒牙(치아) 尙齒(상치)
切齒腐心(절치부심)

牙 어금니/대장기 아 — 牙 0 — 3급 II
象牙(상아) 牙城(아성)
犬牙相制(견아상제)

鼻 코/시초 비 — 鼻 0 — 5급
鼻炎(비염) 鼻祖(비조)
吾鼻三尺(오비삼척)

顎 턱 악 — 頁 9 — 1급
顎骨(악골) 上顎(상악)
顎顔面(악안면)

項 목/항목 항 — 頁 3 — 3급 II
項目(항목) 事項(사항)
猫項懸鈴(묘항현령)

頸 목 경 — 頁 7 — 1급
頸部(경부) 頸骨(경골)
頸椎(경추) 短頸(단경)

咽 목구멍 인 / 목멜 열 — 口 6 — 1급
咽喉(인후) 咽頭(인두)
嗚咽(오열) 硬咽(경열)

喉 목구멍/목 후 — 口 9 — 2급
喉頭(후두) 喉門(후문)
結喉(결후) 喉舌(후설)

嚬 찡그릴 빈 — 口 16 — 1급
嚬蹙(빈축) 嚬笑(빈소)
一嚬一笑(일빈일소)

▼
上肢
상지

手 손/재주/사람/손수 수 — 手 0 — 7급
手話(수화) 妙手(묘수)
弓手(궁수) 手記(수기)

拳 주먹/권법 권 — 手 6 — 3급 II
拳鬪(권투) 鐵拳(철권)
赤手空拳(적수공권)

掌 손바닥/맡을 장 (註) — 手 8 — 3급 II
掌握(장악) 管掌(관장)
拍掌大笑(박장대소)

註 掌 ▶ 握 쥘/손아귀 악 p.63

指 손가락/가리킬 지 — 手 6 — 4급Ⅱ
指紋(지문) 藥指(약지)
指南(지남) 指摘(지적)

拇 엄지손가락 무 — 手 5 — 1급
拇指(무지) 拇印(무인)

擘 엄지손가락 벽 — 手 13 — 1급
擘指(벽지)
雄文巨擘(웅문거벽)

爪 손톱/할퀼 조 — 爪 0 — 1급
爪甲(조갑) 爪毒(조독)
牙爪(아조) 爪痕(조흔)

肱 팔뚝 굉 — 肉 4 — 1급
曲肱(곡굉) 枕肱(침굉)
股肱之臣(고굉지신)

腕 팔/팔목/재주 완 — 肉 8 — 1급
腕力(완력) 腕章(완장)
左腕(좌완) 手腕(수완)

臂 팔 비 — 肉 13 — 1급
臂力(비력) 猿臂(원비)
鼠肝蟲臂(서간충비)

膊 어깨/팔/포 박 — 肉 10 — 1급
臂膊(비박) 肩膊(견박)
二頭膊筋(이두박근)

肩 어깨/견딜 견 — 肉 4 — 3급
肩章(견장) 肩臂(견비)
肩胛(견갑) 比肩(비견)

腋 겨드랑이 액 — 肉 8 — 1급
腋窩(액와) 腋毛(액모)
腋臭症(액취증)

叉 깍지낄/갈래 차 — 又 1 — 1급
叉手(차수) 叉路(차로)
交叉(교차) 音叉(음차)

拱 팔짱낄/두손마주잡을/아름 공 — 手 6 — 1급
拱手(공수) 垂拱(수공)
拱揖(공읍) 拱木(공목)

▼ 下肢 하지

足 발/족할 족, 지날 주 — 足 0 — 7급
失足(실족) 足恭(주공)
安分知足(안분지족)

脚 다리 각 — 肉 7 — 3급Ⅱ
脚光(각광) 健脚(건각)
立脚(입각) 行脚(행각)

股 넓적다리 고 — 肉 4 — 1급
股間(고간) 股肱(고굉)
引錐刺股(인추자고)

腿 넓적다리 퇴 — 肉 10 — 1급
腿骨(퇴골) 大腿(대퇴)
下腿(하퇴) 火腿(화퇴)

膝 무릎 슬 — 肉 11 — 1급
膝下(슬하) 容膝(용슬)
膝甲盜賊(슬갑도적)

脛 정강이 경 — 肉 7 — 1급
脛骨(경골)

漢字	훈	음	부수	획수	급수	용례
踵	발꿈치/이을/이를	종	足	9	1급	接踵(접종) 旋踵(선종) 踵古(종고) 踵門(종문)
蹴	찰	축	足	12	2급	蹴球(축구) 蹴鞠(축국) 始蹴(시축) 一蹴(일축)

消化 소화

漢字	훈	음	부수	획수	급수	용례
腹	배/마음	복	肉	9	3급II	腹部(복부) 腹案(복안) 面從腹背(면종복배)
胃	밥통	위	肉	5	3급II	胃臟(위장) 胃腸(위장) 胃痛(위통) 健胃(건위)
腸	창자	장	肉	9	4급	大腸(대장) 盲腸(맹장) 消魂斷腸(소혼단장)
肝	간/마음/요긴할	간	肉	3	3급II	肝腸(간장) 肝要(간요) 肝膽相照(간담상조)
膽	쓸개/담력	담	肉	13	2급	膽囊(담낭) 膽大(담대) 膽智(담지) 落膽(낙담)
脾	지라	비	肉	8	1급	脾臟(비장) 脾胃(비위) 脾虛(비허) 脾熱(비열)
膵	췌장/이자	췌	肉	12	1급	膵臟(췌장) 膵液(췌액) 膵管(췌관) 膵癌(췌암)
肛	똥구멍/항문	항	肉	3	1급	肛門(항문) 脫肛(탈항)
唾	침/침뱉을	타	口	8	1급	唾液(타액) 唾具(타구) 唾面(타면) 唾棄(타기)

排泄 배설

漢字	훈	음	부수	획수	급수	용례
腎	콩팥/불알	신	肉	8	2급	腎臟(신장) 腎虛(신허) 腎莖(신경) 腎囊(신낭)
汗	땀	한	水	3	3급II	汗腺(한선) 汗蒸(한증) 汗疹(한진) 發汗(발한)
尿	오줌	뇨	尸	4	2급	尿道(요도) 排尿(배뇨) 凍足放尿(동족방뇨)
膀	오줌통	방	肉	10	1급	膀胱(방광)
胱	오줌통	광	肉	6	1급	膀胱(방광)
糞 註	똥/거름줄/더러울	분	米	11	1급	糞尿(분뇨) 人糞(인분) 糞田(분전) 糞壤(분양)

註 糞 ▶ 便 편할/소식/편 편 // 똥/오줌 변 p.84

漢字	훈	음	부수	획수	급수	용례
泌	분비할 / 샘물졸졸흐를	비 / 필	水	5	2급[名]	泌尿(비뇨) 內分泌腺(내분비선)
腺	샘	선	肉	9	1급	乳腺(유선) 性腺(성선) 甲狀腺(갑상선)
膣	질	질	肉	11	1급	膣腔(질강) 膣炎(질염)

▼ 睡眠 수면

漢字	훈	음	부수	획수	급수	용례
睡	졸/잘/잠	수	目	8	3급	睡魔(수마) 睡眠(수면) 昏睡(혼수) 午睡(오수)
眠	잘/잠/쉴	면	目	5	3급II	不眠(불면) 永眠(영면) 安眠(안면) 冬眠(동면)
寢	잘/잠	침	宀	11	4급	寢臺(침대) 起寢(기침) 同寢(동침) 就寢(취침)
寐	잘	매	宀	9	1급	夢寐(몽매) 假寐(가매) 輾轉不寐(전전불매)
寤	깰/깨달을	오	宀	11	1급	寤生(오생) 覺寤(각오) 寤寐不忘(오매불망)
輾	돌아누울/돌	전	車	10	1급	輾轉(전전) 輾轉反側(전전반측)
枕	베개/벨	침	木	4	3급	枕木(침목) 木枕(목침) 高枕安眠(고침안면)
衾	이불	금	衣	4	1급	衾枕(금침) 同衾(동금) 孤枕單衾(고침단금)
夢	꿈/꿈꿀	몽	夕	11	3급II	夢想(몽상) 解夢(해몽) 非夢似夢(비몽사몽)
欠	하품/모자랄/빚	흠	欠	0	1급	欠伸(흠신) 欠缺(흠결) 欠乏(흠핍) 欠錢(흠전)

3. 感覺 감각

視覺시각 • 聽覺청각 • 嗅覺후각 • 味覺미각 • 觸覺촉각

視覺 시각

한자	훈	음	부수	획수	급수	용례
視	볼	시	見	5	4급II	視覺(시각) 重視(중시) 白眼視(백안시)
見	볼/견해 뵐/나타날	견 현	見	0	5급	見解(견해) 識見(식견) 謁見(알현) 露見(노현)
觀	볼/생각/모양	관	見	18	5급	觀光(관광) 主觀(주관) 壯觀(장관) 容觀(용관)
覽	볼/전망	람	見	14	4급	觀覽(관람) 展覽(전람) 乙夜之覽(을야지람)
監	볼/살필/감옥/거울/감찰/마을	감	皿	9	4급II	監視(감시) 監査(감사) 出監(출감) 殷鑑(은감)
看	볼/지킬	간	目	4	4급	看過(간과) 看守(간수) 走馬看山(주마간산)
閱	볼/읽을/지낼/공로	열	門	7	3급	閱覽(열람) 閱讀(열독) 閱年(열년) 閥閱(벌열)
睹	볼	도	目	9	1급	睹聞(도문) 目睹(목도) 始睹(시도) 逆睹(역도)
眺	볼/바라볼	조	目	6	1급	眺望(조망) 眺覽(조람) 遠眺(원조) 臨眺(임조)
瞻	볼/쳐다볼	첨	目	13	2급[名]	瞻望(첨망) 瞻仰(첨앙) 瞻星臺(첨성대)
瞰	볼/굽어볼	감	目	12	1급	瞰臨(감림) 瞰射(감사) 鳥瞰(조감) 下瞰(하감)
謁	뵐/아뢸	알	言	9	3급	謁見(알현) 謁廟(알묘) 拜謁(배알) 請謁(청알)
覲	뵐/만날	근	見	11	1급	覲親(근친) 覲行(근행) 覲參(근참) 覲禮(근례)
眷	돌아볼/돌볼/친족	권	目	6	1급	眷顧(권고) 眷庇(권비) 眷屬(권속) 眷率(권솔)
顧	돌아볼/돌볼/생각할	고	頁	12	3급	顧問(고문) 回顧(회고) 伯樂一顧(백락일고)

察 살필 찰 | 宀 11 | 4급 II
觀察(관찰) 監察(감찰)
不察(불찰) 檢察(검찰)

窺 엿볼 규 | 穴 11 | 1급
窺視(규시) 管窺(관규)
蟷螂窺蟬(당랑규선)

眈 노려볼 탐 | 目 4 | 1급
眈眈(탐탐)
虎視眈眈(호시탐탐)

眄 곁눈질할 면 | 目 4 | 1급
眄視(면시) 顧眄(고면)
左雇右眄(좌고우면)

瞥 언뜻볼 별 | 目 12 | 1급
瞥見(별견) 一瞥(일별)
瞥眼間(별안간)

示 보일/알릴 시 | 示 0 | 5급
示範(시범) 示威(시위)
黙示(묵시) 指示(지시)

幻 헛보일/허깨비/변할/미혹할/요술 환 | 幺 1 | 2급
幻想(환상) 幻滅(환멸)
夢幻泡影(몽환포영)

顯 註 나타날/나타낼/경칭 현 | 頁 14 | 4급
顯忠(현충) 顯現(현현)
顯考(현고) 顯妣(현비)

著 나타날/지을 저 | 艸 9 | 3급 II
著名(저명) 顯著(현저)
彰著(창저) 著者(저자)

彰 드러날/드러낼/밝힐 창 | 彡 11 | 2급
彰顯(창현) 表彰(표창)
欲蓋彌彰(욕개미창)

▼ 聽覺 청각

聽 들을/받아들일 청 | 耳 16 | 4급
聽聞(청문) 視聽(시청)
盜聽(도청) 聽許(청허)

聞 들을/들릴/알려질 문 | 耳 8 | 6급
新聞(신문) 所聞(소문)
聞一知十(문일지십)

音 소리/음악/소식/음 음 | 音 0 | 6급
知音(지음) 音盤(음반)
訓民正音(훈민정음)

聲 소리/소리칠/사성 성 | 耳 11 | 4급 II
聲樂(성악) 音聲(음성)
虛張聲勢(허장성세)

響 울릴/울림 향 | 音 13 | 3급 II
響胴(향동) 音響(음향)
影響(영향) 反響(반향)

轟 울릴 굉 | 車 14 | 1급
轟音(굉음) 轟沈(굉침)
轟笑(굉소) 轟醉(굉취)

註 顯 ▶ 現 나타날/지금 현 p.145

嚆	울릴/울 효	口 14	1급
	嚆矢(효시)		

▼
嗅覺 후각

嗅	맡을 후	口 10	1급
	嗅覺(후각) 嗅感(후감) 嗅官(후관) 嗅藥(후약)		

臭	냄새/냄새날 취	自 4	3급
	體臭(체취) 香臭(향취) 惡臭(악취) 口臭(구취)		

香	향기/향기로울 향	香 0	4급 II
	香氣(향기) 墨香(묵향) 香油(향유) 香水(향수)		

馥 註	향기/향기로울 복	香 9	2급[名]
	馥馥(복복) 郁馥(욱복) 馥郁(복욱)		

誾	향기/온화할 은	言 8	2급[名]
	誾誾(은은) 南誾(남은)		

芬	향기/향기로울 분	艸 4	2급[名]
	芬芳(분방) 芳芬(방분) 芬芬(분분)		

馨	향기로울/향기 형	香 11	2급[名]
	馨香(형향)		

▼
味覺 미각

味	맛/맛볼/뜻 미	口 5	4급 II
	味覺(미각) 意味(의미) 山海珍味(산해진미)		

嘗	맛볼/일찍/시험할 상	口 11	3급
	嘗味(상미) 嘗試(상시) 未嘗不(미상불)		

苦	쓸/괴로울 고	艸 5	6급
	苦難(고난) 忍苦(인고) 良藥苦口(양약고구)		

甘	달/달게여길/맛날 감	甘 0	4급
	甘草(감초) 甘受(감수) 甘言利說(감언이설)		

糖	엿/사탕 당	米 10	3급 II
	糖分(당분) 糖尿(당뇨) 雪糖(설탕) 砂糖(사탕)		

蜜	꿀 밀	虫 8	3급
	蜜月(밀월) 蜂蜜(봉밀) 口蜜腹劍(구밀복검)		

註 馥 ▶ 郁 성할/향기로울 욱 p.90

한자	훈	음	부수/획수	급수	용례
鹹	짤	함	鹵 9	1급	鹹水(함수) 鹹度(함도) 鹹味(함미) 鹹魚(함어)
鹽	소금	염	鹵 13	3급II	鹽分(염분) 鹽基(염기) 鹽酸(염산) 食鹽(식염)
辣 (註)	매울	랄	辛 7	1급	辣手(날수) 辣腕(날완) 辛辣(신랄) 惡辣(악랄)
醋 (註)	초 / 잔돌릴	초 / 작	酉 8	1급	醋酸(초산) 醋醬(초장) 食醋(식초) 洋醋(양초)
醯	초/식혜	혜	酉 12	1급	醯醬(혜장) 醯鷄(혜계) 食醯(식혜) 魚醯(어혜)
澁	떫을/껄끄러울/막힐/말더듬을	삽	水 12	1급	澁味(삽미) 難澁(난삽) 澁滯(삽체) 訥澁(눌삽)

觸覺
촉각

한자	훈	음	부수/획수	급수	용례
觸	닿을/범할	촉	角 13	3급II	接觸(접촉) 抵觸(저촉) 一觸卽發(일촉즉발)
摩 (註)	문지를/어루만질	마	手 11	2급	摩擦(마찰) 撫摩(무마) 摩天樓(마천루)
擦	문지를/비빌	찰	手 14	1급	擦傷(찰상) 塗擦(도찰) 摩拳擦掌(마권찰장)
抑	누를	억	手 4	3급II	抑制(억제) 抑壓(억압) 抑止(억지) 抑揚(억양)
壓	누를	압	土 14	4급II	壓倒(압도) 氣壓(기압) 血壓(혈압) 彈壓(탄압)
押	누를/도장찍을/운자찍을/잡을	압	手 5	3급	押釘(압정) 押印(압인) 押韻(압운) 押送(압송)
按	누를/어루만질/살필	안	手 6	1급	按手(안수) 按摩(안마) 按撫(안무) 按擦(안찰)
捺	누를	날	手 8	1급	捺印(날인) 捺章(날장) 押捺(압날) 捺染(날염)
扼	누를/잡을	액	手 4	1급	扼喉(액후) 切齒扼腕(절치액완)
刮	비빌/긁을/닦을	괄	刀 6	1급	刮目相對(괄목상대) 龜背刮毛(귀배괄모)
搾	짤	착	手 10	1급	搾油(착유) 搾汁(착즙) 搾取(착취) 壓搾(압착)
爬	긁을/길	파	爪 4	1급	爬羅(파라) 爬蟲(파충) 隔靴爬癢(격화파양)

註 辣 ▶ 辛 매울/괴로울/여덟째천간 신 p.149
註 醋 ▶ 酸 실/괴로울/산소 산 p.171
註 摩 ▶ 撫 어루만질/위로할 무 p.42

한자	뜻	음	부수/획수	급수	용례
搔	긁을	소	手 10	1급	搔爬(소파) 搔頭(소두) 隔靴搔癢(격화소양)
滑	미끄러울 어지러울	활 골	水 10	2급	滑走(활주) 滑降(활강) 圓滑(원활) 滑稽(골계)

4. 精神 정신

精神정신 • 意志의지 • 決定결정 • 忍耐인내

▼ 精神 정신

한자	뜻	음	부수/획수	급수	용례
心	마음/염통/가운데	심	心 0	7급	心身(심신) 求心(구심) 中心(중심) 浮心(부심)
性	성품/성질/성별	성	心 5	5급	性品(성품) 性質(성질) 人性(인성) 異性(이성)
衷	속마음/정성/알맞을	충	衣 4	2급	衷心(충심) 折衷(절충) 憂國衷情(우국충정)
精	자세할/마음/영혼/참될/정액/찧을/날랠	정	米 8	4급 II	精密(정밀) 精神(정신) 精靈(정령) 精誠(정성)
魂	넋	혼	鬼 4	3급 II	魂靈(혼령) 魂魄(혼백) 精魂(정혼) 商魂(상혼)
魄	넋 영락할	백 탁	鬼 5	1급	落魄(낙백/낙탁) 魂飛魄散(혼비백산)

▼ 意志 의지

한자	뜻	음	부수/획수	급수	용례
意	뜻	의	心 9	6급	意志(의지) 意識(의식) 意義(의의) 意見(의견)
志	뜻/뜻할/적을	지	心 3	4급 II	意志(의지) 志學(지학) 志望(지망) 魏志(위지)
趣	뜻/달릴	취	走 8	4급	趣味(취미) 趣向(취향) 情趣(정취) 趣舍(취사)
旨	뜻/맛	지	日 2	2급	趣旨(취지) 要旨(요지) 密旨(밀지) 甘旨(감지)
專	오로지/마음대로할	전	寸 8	4급	專念(전념) 專門(전문) 專制(전제) 專橫(전횡)
毅	굳셀	의	殳 11	1급	毅然(의연) 嚴毅(엄의) 剛毅木訥(강의목눌)

鞏 굳을/묶을 **공** 革 6 · 1급 鞏固(공고) 鞏膜(공막)	**逞** 쾌할/마음 대로할 **령** 辵 7 · 1급 不逞(불령) 不逞鮮人(불령선인)	**懦** 나약할 /겁많을 **나** 心 14 · 1급 懦弱(나약) 懦夫(나부) 柔懦(유나) 怯懦(겁나)
▼ 決定 결정 **決** 정할/터질 **결** 水 4 · 5급 解決(해결) 決裂(결렬) 死生決斷(사생결단)	**定** (註) 정할/정하여 질 **정** 宀 5 · 6급 定立(정립) 假定(가정) 特定(특정) 協定(협정)	**選** 가릴/뽑을 **선** 辵 12 · 5급 選擇(선택) 當選(당선) 特選(특선) 選擧(선거)
擇 가릴 **택** 手 13 · 4급 擇一(택일) 取擇(취택) 取捨選擇(취사선택)	**揀** 가릴 **간** 手 9 · 1급 揀擇(간택) 分揀(분간) 揀選(간선) 料揀(요간)	**挺** 빼낼/빼어 날/앞장설 **정** 手 7 · 1급 挺身(정신) 挺出(정출) 空挺(공정) 挺秀(정수)
拔 뺄/가릴/빼 어날 **발** 手 5 · 3급 II 拔擢(발탁) 拔群(발군) 拔本塞源(발본색원)	**擢** 뽑을/빼낼 **탁** 手 14 · 1급 擢用(탁용) 擢第(탁제) 拔擢(발탁) 擢秀(탁수)	**抽** 뽑을/뺄 **추** 手 5 · 3급 抽出(추출) 抽象(추상) 抽利(추리) 抽稅(추세)
籤 제비/산가지 /찌 **첨** 竹 17 · 1급 籤子(첨자) 抽籤(추첨) 當籤(당첨) 書籤(서첨)	**勸** 권할 **권** 力 18 · 4급 勸告(권고) 勸誘(권유) 勸勉(권면) 强勸(강권)	**奬** 권면할/칭 찬할/도울 **장** 犬 11 · 4급 奬勵(장려) 奬學(장학) 勸奬(권장) 恩奬(은장)
慫 권할 **종** 心 11 · 1급 慫慂(종용)	**躊** 머뭇거릴 **주** 足 14 · 1급 躊躇(주저) 躊躇躊躇(주저주저)	**躇** 머뭇거릴 **저** 足 13 · 1급 躊躇(주저)

註 定 ▶ 奠 제사/정할 전 p.75

▼
忍耐
인내

忍	참을/모질	인
	心 3	3급Ⅱ
忍耐(인내) 殘忍(잔인) 目不忍見(목불인견)		

耐	견딜	내
	而 3	3급Ⅱ
耐性(내성) 耐久(내구) 耐空(내공) 忍耐(인내)		

堪	견딜	감
	土 9	1급
堪當(감당) 堪耐(감내) 難堪(난감) 堪忍(감인)		

支	버틸/가를/지출/지지	지
	支 0	4급Ⅱ
支持(지지) 干支(간지) 支離滅裂(지리멸렬)		

撐	버틸	탱
	手 12	1급
撐柱(탱주) 撐中(탱중) 支撐(지탱)		

5. 性稟 성품

誠實성실 • 勤勉근면 • 懶怠나태 • 寬大관대 • 苛酷가혹 • 奸邪간사

▼
誠實
성실

誠	정성/참으로	성
	言 7	4급Ⅱ
誠實(성실) 精誠(정성) 忠誠(충성) 孝誠(효성)		

款	정성/항목/음자(陰字)	관
	欠 8	2급
款誠(관성) 款待(관대) 定款(정관) 落款(낙관)		

忠	충성/정성	충
	心 4	4급Ⅱ
忠誠(충성) 忠孝(충효) 忠臣(충신) 不忠(불충)		

敦	도타울	돈
	攴 8	3급
敦篤(돈독) 敦睦(돈목) 敦厚(돈후) 敦化(돈화)		

惇	도타울	돈
	心 8	2급[名]
惇惠(돈혜) 惇信(돈신) 惇厚(돈후) 惇大(돈대)		

篤	도타울/중할	독
	竹 10	3급
篤實(독실) 篤志(독지) 懇篤(간독) 危篤(위독)		

懇	간절할/정성	간
	心 13	3급Ⅱ
懇切(간절) 懇曲(간곡) 懇求(간구) 懇誠(간성)		

摯	지극할/잡을	지
	手 11	1급
眞摯(진지) 懇摯(간지) 摯拘(지구)		

廉	청렴할/쌀/살필	렴
	广 10	3급
廉恥(염치) 淸廉(청렴) 低廉(저렴) 廉探(염탐)		

勤勉 근면

한자	훈	음	부수	획수	급수	용례
勤	부지런할/일	근	力	11	4급	勤勉(근면) 出勤(출근) 勤將補拙(근장보졸)
勉	힘쓸/권면할	면	力	7	4급	勉學(면학) 共勉(공면) 刻苦勉勵(각고면려)
努	힘쓸	노	力	5	4급 II	努力(노력) 努肉(노육)
勵	힘쓸/권면할	려	力	15	3급 II	勉勵(면려) 精勵(정려) 勵行(여행) 激勵(격려)
奮	떨칠/성낼	분	大	13	3급 II	奮發(분발) 奮鬪(분투) 奮然(분연) 興奮(흥분)

懶怠 나태

한자	훈	음	부수	획수	급수	용례
懶	게으를	라	心	16	1급	懶怠(나태) 懶惰(나타) 懶眠(나면) 懶農(나농)
怠	게으를	태	心	5	3급	怠慢(태만) 怠業(태업) 勤怠(근태) 倦怠(권태)
懈	게으를	해	心	13	1급	解弛(해이) 懈怠(해태) 懈惰(해타) 勞懈(노해)
惰	게으를	타	心	9	1급	惰性(타성) 惰怠(타태) 懶惰(나타) 懈惰(해타)
倦	게으를/고달플	권	人	8	1급	倦厭(권염) 倦憊(권비) 倦怠期(권태기)

寬大 관대

한자	훈	음	부수	획수	급수	용례
寬	너그러울	관	宀	12	3급 II	寬大(관대) 寬容(관용) 寬猛相濟(관맹상제)
綽	너그러울/얌전할	작	糸	8	1급	綽綽(작작) 綽約(작약)
恕	용서할	서	心	6	3급 II	恕宥(서유) 容恕(용서) 忠恕(충서) 寬恕(관서)
赦	용서할	사	赤	4	2급	赦免(사면) 赦罪(사죄) 特赦(특사) 恩赦(은사)
宥	용서할	유	宀	6	1급	宥和(유화) 宥罪(유죄) 恩宥(은유) 寬宥(관유)
免	면할/허락할/내칠	면	儿	5	3급 II	寬免(관면) 免除(면제) 免許(면허) 任免(임면)

▼ 苛酷 가혹

苛	가혹할/까다로울 가	艸 5	1급
苛酷(가혹) 苛責(가책) 苛政(가정) 苛細(가세)			

酷 註	심할 혹	酉 7	2급
酷甚(혹심) 酷毒(혹독) 酷評(혹평) 冷酷(냉혹)			

甚 註	심할 심	甘 4	3급 II
甚深(심심) 甚難(심난) 劇甚(극심) 莫甚(막심)			

頑	완고할 완	頁 4	1급
頑固(완고) 頑惡(완악) 頑廉懦立(완렴나립)			

愎	괴팍할 퍅	心 9	1급
愎性(퍅성) 乖愎(괴퍅) 剛愎(강퍅) 頑愎(완퍅)			

▼ 奸邪 간사

奸	간사할/범할 간	女 3	1급
奸邪(간사) 奸巧(간교) 奸計(간계) 奸雄(간웅)			

邪	간사할 사	邑 4	3급 II
邪惡(사악) 奸邪(간사) 破邪顯正(파사현정)			

妖	요망할/아리따울/요귀 요	女 4	2급
妖邪(요사) 妖婦(요부) 妖艶(요염) 妖精(요정)			

慝	사특할/악할 특	心 11	1급
慝惡(특악) 邪慝(사특) 姦慝(간특) 淑慝(숙특)			

狡	교활할 교	犬 6	1급
狡猾(교활) 狡智(교지) 狡兔三窟(교토삼굴)			

猾	교활할 활	犬 10	1급
猾智(활지) 猾賊(활적) 猾吏(활리) 老猾(노활)			

6. 態度 태도

謙遜겸손 • 驕慢교만 • 勇氣용기 • 愼重신중 • 輕率경솔

▼ 謙遜 겸손

謙	겸손할 겸	言 10	3급 II
謙遜(겸손) 謙虛(겸허) 謙卑(겸비) 謙稱(겸칭)			

遜	겸손할/못할/달아날 손	辵 10	1급
恭遜(공손) 不遜(불손) 遜色(손색) 遜避(손피)			

讓	사양할/넘겨줄 양	言 17	3급 II
謙讓(겸양) 讓渡(양도) 辭讓之心(사양지심)			

註 酷 ▶ 嚴 엄할/혹독할 엄 p.88
註 酷 ▶ 殘 남을/잔인할/해칠/멸할 잔 p.159
註 甚 ▶ 劇 연극/심할/바쁠 극 p.115

漢字	훈	음	부수	획수	급수	용례
恭	공손할	공	心	6	3급Ⅱ	恭遜(공손) 恭待(공대) 過恭非禮(과공비례)
悌	공손할/공경할	제	心	7	1급	悌友(제우) 不悌(부제) 孝悌忠信(효제충신)
順	순할/좇을/차례	순	頁	3	5급	順從(순종) 順理(순리) 順從(순종) 筆順(필순)

驕慢 교만

漢字	훈	음	부수	획수	급수	용례
驕	교만할	교	馬	12	1급	驕慢(교만) 驕傲(교오) 驕兵必敗(교병필패)
慢	거만할/게으를/느릴	만	心	11	3급	倨慢(거만) 驕慢(교만) 怠慢(태만) 緩慢(완만)
傲	거만할/업신여길	오	人	11	3급	傲慢(오만) 傲視(오시) 傲霜孤節(오상고절)
倨	거만할	거	人	8	1급	倨慢(거만) 倨傲(거오) 驕倨(교거) 倨侮(거모)
侮	업신여길	모	人	7	3급	侮辱(모욕) 侮蔑(모멸) 侮慢(모만) 受侮(수모)
蔑	업신여길/없을	멸	艸	11	2급	蔑視(멸시) 輕蔑(경멸) 侮蔑(모멸) 蔑稱(멸칭)
凌	업신여길/능가할	릉	冫	8	1급	凌蔑(능멸) 凌辱(능욕) 凌侮(능모) 凌駕(능가)
恣	방자할	자	心	6	3급	恣行(자행) 恣意(자의) 恣樂(자락) 放恣(방자)
擅	멋대로할	천	手	13	1급	擅斷(천단) 擅橫(천횡) 擅權(천권) 恣擅(자천)
僭	참람할	참	人	12	1급	僭濫(참람) 僭稱(참칭) 僭主(참주) 僭恣(참자)
誇	자랑할	과	言	6	3급Ⅱ	誇示(과시) 誇張(과장) 誇大妄想(과대망상)
衒	자랑할	현	行	5	1급	衒學(현학) 衒氣(현기) 衒言(현언) 衒能(현능)

勇氣 용기

漢字	훈	음	부수	획수	급수	용례
勇	날랠	용	力	7	6급	勇氣(용기) 武勇(무용) 匹夫之勇(필부지용)
敢	감히/굳셀	감	攴	8	4급	敢行(감행) 勇敢(용감) 敢不生意(감불생의)
壯	씩씩할/장할/젊을	장	士	4	4급	勇壯(용장) 壯觀(장관) 老當益壯(노당익장)

冒 모 — 무릅쓸/범할/가릴/쓰개 | 冂 7 | 3급
冒險(모험) 冒瀆(모독)
冒雨(모우) 冒頭(모두)

挑 도 — 돋울 | 手 6 | 3급
挑戰(도전) 挑發(도발)
挑燈(도등) 挑出(도출)

激 격 — 과격할/빠를/부딪쳐흐를 | 水 13 | 4급
激烈(격렬) 過激(과격)
感激(감격) 激流(격류)

烈 렬 — 세찰/매울/굳셀/공 | 火 6 | 4급
壯烈(장렬) 熱烈(열렬)
烈士(열사) 功烈(공렬)

猛 맹 — 사나울/날랠/엄할 | 犬 8 | 3급Ⅱ
猛獸(맹수) 猛烈(맹렬)
勇猛(용맹) 寬猛(관맹)

悍 한 — 사나울/빠를 | 心 7 | 1급
悍馬(한마) 悍婦(한부)
勇悍(용한) 猛悍(맹한)

▼
愼重
신중

謹 근 — 삼갈/삼가 | 言 11 | 3급
謹身(근신) 謹嚴(근엄)
謹呈(근정) 謙謹(겸근)

愼 신 — 삼갈 | 心 10 | 3급Ⅱ
愼重(신중) 愼獨(신독)
愼口(신구) 謹愼(근신)

兢 긍 — 삼갈/조심할/떨릴 | 儿 12 | 2급[名]
戰兢(전긍) 兢懼(긍구)
戰戰兢兢(전전긍긍)

毖 비 — 삼갈 | 比 5 | 2급[名]
懲毖(징비)

頊 욱 — 삼갈/멍할 | 頁 4 | 2급[名]
頊頊(욱욱)

虔 건 — 삼갈 | 虍 4 | 1급
虔誠(건성) 乾肅(건숙)
敬虔(경건) 恭虔(공건)

恪 각 — 삼갈 | 心 6 | 1급
恪別(각별) 恪勤(각근)
勤恪(근각)

警 경 — 경계할/경계/총민할 | 言 13 | 4급Ⅱ
警戒(경계) 警察(경찰)
警句(경구) 警敏(경민)

戒 계 — 경계할/경계/재계할/계 | 戈 3 | 4급
齋戒(재계) 破戒(파계)
一罰百戒(일벌백계)

儆 경 — 경계할 | 人 13 | 2급[名]
儆儆(경경)
儆戒無虞(경계무우)

箴 잠 — 경계할/경계/바늘/침 | 竹 9 | 1급
箴言(잠언) 箴戒(잠계)
箴石(잠석) 酒箴(주잠)

仔 자 — 자세할/새끼 | 人 3 | 1급 (註)
仔細(자세) 仔詳(자상)
仔蟲(자충)

註 仔 ▶ 精 자세할/마음/영혼/참될/정액/찧을/날랠 정 p.32

詳	자세할 상	
	言 6	3급 II
詳細(상세) 詳述(상술) 昭詳(소상) 未詳(미상)		

▼ 輕率 경솔

慌	다급할/황홀할 황	
	心 10	1급
慌忙(황망) 唐慌(당황) 恐慌(공황) 慌惚(황홀)		

遑	허둥지둥할/겨를 황	
	辵 9	1급
遑急(황급) 遑遑(황황) 未遑(미황) 不遑(불황)		

躁	성급할 조	
	足 13	1급
躁急(조급) 躁症(조증) 躁鬱(조울) 浮躁(부조)		

7. 感情 감정

感情감정 • 仁愛인애 • 戀慕연모 • 憎惡증오 • 喜樂희락 • 悲哀비애
憐憫연민 • 孤獨고독 • 哭泣곡읍 • 嘲弄조롱 • 羞恥수치 • 忿怒분노
驚愕경악 • 恐怖공포 • 憂愁우수 • 欲望욕망

▼ 感情 감정

感	느낄 감	
	心 9	6급
感情(감정) 感化(감화) 靈感(영감) 好感(호감)		

情	뜻/인정/사정/멋 정	
	心 8	5급
心情(심정) 性情(성정) 人情(인정) 情況(정황)		

誼	정분/옳을 의	
	言 8	1급
情誼(정의) 友誼(우의) 厚誼(후의) 誼理(의리)		

懷	품을/품/마음/편안히할 회	
	心 16	3급 II
懷疑(회의) 懷柔(회유) 虛心坦懷(허심탄회)		

敍	펼/차례/줄 서	
	攴 7	3급
敍情(서정) 敍懷(서회) 敍述(서술) 追敍(추서)		

抒	펼/풀 서	
	手 4	1급
抒情(서정) 抒情詩(서정시)		

攄	펼/늘어놓을 터	
	手 15	1급
攄得(터득) 攄破(터파) 攄懷(터회) 攄抱(터포)		

仁愛 인애

漢字	뜻	음	부수	획수	급수	용례
愛	사랑/사랑할/아낄	애	心	9	6급	仁愛(인애) 戀愛(연애) 愛讀(애독) 愛惜(애석)
慈	사랑/어머니	자	心	10	3급Ⅱ	慈愛(자애) 慈悲(자비) 慈善(자선) 慈堂(자당)
寵	굄/굄/사랑할	총	宀	16	1급	寵愛(총애) 寵臣(총신) 寵兒(총아) 恩寵(은총)
好	좋을/좋아할	호	女	3	4급Ⅱ	好惡(호오) 愛好(애호) 友好(우호) 好色(호색)
良	어질/좋을/잠깐/진실로	량	艮	1	5급	良心(양심) 良善(양선) 優良(우량) 良久(양구)
仁	어질/씨	인	人	2	4급	仁慈(인자) 桃仁(도인) 殺身成仁(살신성인)
善	착할/좋을/잘할/친할/옳게여길	선	口	9	5급	善良(선량) 最善(최선) 善戰(선전) 親善(친선)
价	착할/클	개	人	4	2급[名]	价人(개인)

戀慕 연모

漢字	뜻	음	부수	획수	급수	용례
戀	그리워할/그리움	련	心	19	3급Ⅱ	戀慕(연모) 戀愛(연애) 籠鳥戀雲(농조연운)
慕	그리워할/사모할	모	心	11	3급Ⅱ	慕情(모정) 思慕(사모) 愛慕(애모) 追慕(추모)
憧	그리워할/뜻정치못할	동	心	12	1급	憧憬(동경) 憧憧(동동)
憬	그리워할/깨달을	경	心	12	1급	憧憬(동경) 憬悟(경오)

憎惡 증오

漢字	뜻	음	부수	획수	급수	용례
憎 (註)	미워할	증	心	12	3급Ⅱ	憎惡(증오) 憎嫉(증질) 愛憎(애증) 可憎(가증)
嫌	싫어할/의심할	혐	女	10	3급	嫌惡(혐오) 嫌忌(혐기) 嫌疑(혐의) 嫌點(혐점)
厭	싫어할 / 누를	염 / 엽	厂	12	2급	厭世(염세) 厭症(염증) 厭惡(염오) 厭勝(엽승)

(註) 憎 ▶ 惡 악할/나쁠 악 // 미워할 오 p.72

嫉 시새움할/미워할 질
女 10 | 1급
嫉妬(질투) 嫉逐(질축)
憎嫉(증질) 嫉視(질시)

妒 강새암할 투
女 5 | 1급
妒忌(투기) 妒婦(투부)
妒妻(투처) 妒心(투심)

猜 시기할/의심할 시
犬 8 | 1급
猜忌(시기) 猜妬(시투)
嫌猜(혐시) 猜懼(시구)

怨 원망할/원한/원수 원
心 5 | 4급
怨恨(원한) 恩怨(은원)
報怨以德(보원이덕)

怏 원망할/불만스러울 앙
心 5 | 1급
怏心(앙심) 怏宿(앙숙)
怏怏不樂(앙앙불락)

▼ 喜樂 희락

喜 기쁠/기쁨 희
口 9 | 4급
喜悲(희비) 喜笑(희소)
喜悅(희열) 喜樂(희락)

悅 기쁠/기뻐할 열
心 7 | 3급II
悅樂(열락) 悅服(열복)
悅親(열친) 悅口(열구)

憙 기뻐할 희
心 12 | 2급[名]

怡 기뻐할 이
心 5 | 2급[名]
怡悅(이열) 怡顔(이안)
怡然(이연) 怡愉(이유)

歡 기뻐할/기쁨 환
欠 18 | 4급
歡迎(환영) 歡心(환심)
歡喜(환희) 哀歡(애환)

驩 기뻐할/기쁨 환
馬 18 | 1급
交驩(교환) 驩然(환연)

欣 기뻐할/기쁨 흔
欠 4 | 1급
欣然(흔연) 欣快(흔쾌)
欣喜雀躍(흔희작약)

愉 즐거울/기뻐할 유
心 9 | 1급
愉快(유쾌) 愉悅(유열)
愉絶快絶(유절쾌절)

爽 시원할/밝을/굳셀 상
爻 7 | 1급
爽快(상쾌) 颯爽(삽상)
昧爽(매상) 豪爽(호상)

快 쾌할/빠를 쾌
心 4 | 4급II
快樂(쾌락) 快感(쾌감)
明快(명쾌) 快走(쾌주)

洽 흡족할/두루미칠/화목할 흡
水 6 | 1급
洽足(흡족) 未洽(미흡)
博洽(박흡) 洽和(흡화)

笑 웃을/웃음 소 (註)
竹 4 | 4급II
笑話(소화) 微笑(미소)
談笑自若(담소자약)

註 笑 ▶ 莞 왕골 완 // 빙그레웃을 완 p.205

悲哀 비애

悲	슬플/슬퍼할/슬픔	비	心 8	4급Ⅱ	悲哀(비애) 悲痛(비통) 蕙焚蘭悲(혜분난비)
哀	슬플/슬퍼할/불쌍히여길	애	口 6	3급Ⅱ	哀切(애절) 哀願(애원) 哀矜(애긍) 哀憐(애련)
慷	강개할	강	心 11	1급	慷慨(강개) 悲憤慷慨(비분강개)
慨	슬퍼할/분개할	개	心 11	3급	慨歎(개탄) 憤慨(분개) 慷慨之士(강개지사)
悽	슬퍼할	처	心 8	2급	悽慘(처참) 悽絶(처절) 悽然(처연) 悽愴(처창)
悼	슬퍼할	도	心 8	2급	悼歌(도가) 哀悼(애도) 追悼(추도) 悲悼(비도)
惻	슬퍼할	측	心 9	1급	惻隱(측은) 惻心(측심) 懇惻(간측) 傷惻(상측)
愴	슬퍼할	창	心 10	1급	愴然(창연) 悲愴(비창) 感愴(감창) 惻愴(측창)
慟	서러워할	통	心 11	1급	慟哭(통곡) 慟泣(통읍) 慟絶(통절) 哀慟(애통)
慘	참혹할/근심할/아플	참	心 11	3급	慘酷(참혹) 慘禍(참화) 悲慘(비참) 悽慘(처참)
噫	탄식할 / 트림할	희 / 애	口 13	2급	噫鳴(희오) 噫氣(애기) 噫欠(애흠)
嗚 (註)	탄식할/노랫소리	오	口 10	3급	嗚呼(오호) 嗚泣(오읍) 嗚咽(오열) 嗚嗚(오오)

憐憫 연민

憐	불쌍히여길	련	心 12	3급	憐憫(연민) 可憐(가련) 同病相憐(동병상련)
憫	불쌍히여길	민	心 12	3급	憫惘(민망) 憫恤(민휼) 憐憫(연민) 惻憫(측민)
矜	불쌍히여길/자랑할	긍	矛 4	1급	矜憐(긍련) 矜恕(긍서) 矜持(긍지) 矜誇(긍과)
恤	구휼할/가엾게여길	휼	心 6	1급	矜恤(긍휼) 體恤(체휼) 救災恤隣(구재휼린)
慰	위로할	위	心 11	4급	慰勞(위로) 慰靈(위령) 慰藉(위자) 慰恤(위휼)
撫	어루만질/위로할	무	手 12	1급	撫摩(무마) 愛撫(애무) 慰撫(위무) 宣撫(선무)

(註) 嗚 ▶ 咽 목구멍 인 / 목멜 열 p.24

憮	어루만질/멍할 무	心 12	1급	懷憮(회무) 憮然(무연)

▼ 孤獨 고독

한자	훈음	부수·획수	급수	용례
孤	외로울/고아 고	子 5	4급	孤獨(고독) 孤兒(고아) 孤立無援(고립무원)
獨	홀로 독	犬 13	5급	獨立(독립) 獨裁(독재) 獨不將軍(독불장군)
凄	쓸쓸할/찰 처	冫 8	1급	凄凉(처량) 凄切(처절) 凄雨(처우) 凄日(처일)
蕭	쓸쓸할/맑은대쑥 소	艸 13	1급	蕭瑟(소슬) 蕭條(소조) 蕭寂(소적) 蕭森(소삼)
寥	쓸쓸할/휑할/하늘 료	宀 11	1급	寂寥(적료) 閑寥(한료) 寥闊(요활) 碧寥(벽료)
寞 (註)	쓸쓸할/고요할 막	宀 11	1급	寞寞(막막) 落寞(낙막) 寂寞江山(적막강산)

▼ 哭泣 곡읍

한자	훈음	부수·획수	급수	용례
鳴	울/울릴 명	鳥 3	4급	鳴禽(명금) 共鳴(공명) 孤掌難鳴(고장난명)
哭	울/곡할 곡	口 7	3급 II	哭泣(곡읍) 哭聲(곡성) 弔哭(조곡) 痛哭(통곡)
泣	울/눈물 읍	水 5	3급	泣訴(읍소) 泣血(읍혈) 感泣(감읍) 飮泣(음읍)
啼	울 제	口 9	1급	啼泣(제읍) 啼哭(제곡) 啼鳥(제조) 悲啼(비제)
呱	울 고	口 5	1급	呱呱(고고)
淚	눈물/울 루	水 8	3급	淚液(누액) 催淚(최루) 孤臣寃淚(고신원루)
涕	눈물/울 체	水 7	1급	涕淚(체루) 流涕(유체) 涕泣(체읍) 破涕(파체)

註 寞 ▶ 索 찾을 색 // 동아줄/쓸쓸할 삭 p.66

嘲弄 조롱

嘲 비웃을/조롱할 조 | 口 12 | 1급
嘲笑(조소) 嘲弄(조롱)
自嘲(자조) 冷嘲(냉조)

嗤 비웃을 치 | 口 10 | 1급
嗤笑(치소) 嗤罵(치매)
嗤侮(치모) 嗤點(치점)

弄 희롱할/업신여길/놀 롱 | 廾 4 | 3급Ⅱ
弄談(농담) 戲弄(희롱)
愚弄(우롱) 弄具(농구)

謔 희롱할/농 학 | 言 9 | 1급
謔笑(학소) 諧謔(해학)
嘲謔(조학) 戲謔(희학)

揶 빈정거릴 야 | 手 9 | 1급
揶揄(야유)

揄 빈정거릴/끌 유 | 手 9 | 1급
揶揄(야유) 揄揚(유양)

羞恥 수치

辱 욕될/욕되게할/욕 욕 | 辰 3 | 3급Ⅱ
榮辱(영욕) 辱知(욕지)
壽則多辱(수즉다욕)

羞 부끄러워할/음식 수 | 羊 4 | 1급
羞恥(수치) 羞辱(수욕)
含羞(함수) 珍羞(진수)

恥 부끄러워할/부끄럼 치 | 心 6 | 3급Ⅱ
恥辱(치욕) 國恥(국치)
不恥下問(불치하문)

慙 부끄러워할/부끄러움 참 | 心 11 | 3급
慙愧(참괴) 慙色(참색)
慙汗(참한) 慙德(참덕)

愧 부끄러워할 괴 | 心 10 | 3급
愧辱(괴욕) 羞愧(수괴)
自愧之心(자괴지심)

忿怒 분노

忿 성낼 분 | 心 4 | 1급
忿怒(분노) 激忿(격분)
切忿(절분) 衆忿(중분)

怒 성낼/세찰 노 | 心 5 | 4급Ⅱ
震怒(진노) 怒潮(노조)
怒發大發(노발대발)

嗔 성낼 진 | 口 10 | 1급
嗔責(진책) 嗔怒(진노)
嗔言(진언) 嗔怨(진원)

愾 성낼 개 | 心 10 | 1급
愾憤(개분) 憤愾(분개)
敵愾心(적개심)

憤 분할/분 분 | 心 12 | 4급
憤痛(분통) 義憤(의분)
發憤忘食(발분망식)

冤 원통할 원 | 冖 8 | 1급
冤痛(원통) 冤魂(원혼)
伸冤雪恥(신원설치)

驚愕 경악

驚	놀랄 경	馬 13	4급	驚歎(경탄) 勿驚(물경) 驚天動地(경천동지)
愕	놀랄 악	心 9	1급	愕視(악시) 驚愕(경악) 駭愕(해악) 錯愕(착악)
駭	놀랄 해	馬 6	1급	駭俗(해속) 驚駭(경해) 駭怪罔測(해괴망측)
怪	기이할/도깨비 괴	心 5	3급 II	怪異(괴이) 怪常(괴상) 奇怪(기괴) 妖怪(요괴)
奇	기이할/홀수/갑자기/운수사나울 기	大 5	4급	神奇(신기) 奇數(기수) 奇襲(기습) 奇薄(기박)
恍	황홀할 황	心 6	1급	恍惚(황홀) 昏恍(혼황)
惚	황홀할 홀	心 8	1급	恍惚(황홀) 恍惚境(황홀경)
惘	멍할 망	心 8	1급	惘然(망연) 憫惘(민망)

恐怖 공포

恐	두려울/으를/아마 공	心 6	3급 II	可恐(가공) 恐喝(공갈) 投鼠忌器(투서공기)
怖	두려워할/두려움 포	心 5	2급	怖伏(포복) 恐怖(공포) 驚怖(경포) 畏怖(외포)
畏	두려워할/두려움 외	田 4	3급	敬畏(경외) 三畏(삼외) 後生可畏(후생가외)
懼	두려워할 구	心 18	3급	懼憂(구우) 疑懼(의구) 恐懼(공구) 畏懼(외구)
惶	두려워할 황	心 9	1급	惶恐(황공) 惶怯(황겁) 驚惶罔措(경황망조)
悚	두려워할 송	心 7	1급	悚然(송연) 悚懼(송구) 惶悚(황송) 罪悚(죄송)
慄	두려워할/떨 률	心 10	1급	戰慄(전율) 恐慄(공률) 怖慄(포율) 悚慄(송률)
悸	두근거릴/두려워할 계	心 8	1급	動悸(동계) 心悸(심계) 恐悸(공계) 悸慄(계율)
怯	겁낼/겁많을 겁	心 5	1급	怯怖(겁포) 怯心(겁심) 怯夫(겁부) 卑怯(비겁)

▼ 憂愁 우수

漢字	훈	음	부수/획수	급수	용례
憂	근심/근심할/친상	우	心 11	3급Ⅱ	憂慮(우려) 丁憂(정우) 識字憂患(식자우환)
愁	근심/근심할	수	心 9	3급Ⅱ	憂愁(우수) 哀愁(애수) 鄕愁(향수) 愁心(수심)
患	근심/근심할/병	환	心 7	5급	患亂(환난) 患部(환부) 內憂外患(내우외환)
恙	근심/병	양	心 6	1급	恙憂(양우) 微恙(미양) 無恙(무양) 疾恙(질양)
虞	근심할/순임금성(姓)/우제	우	虍 7	1급	虞犯(우범) 三虞(삼우) 唐虞三代(당우삼대)

▼ 慾望 욕망

漢字	훈	음	부수/획수	급수	용례
欲	하고자할	욕	欠 7	3급Ⅱ	欲求(욕구) 意欲(의욕) 欲速不達(욕속부달)
慾	욕심/탐낼	욕	心 11	3급Ⅱ	物慾(물욕) 過慾(과욕) 禁慾(금욕) 性慾(성욕)
貪	탐할	탐	貝 4	3급	貪慾(탐욕) 食貪(식탐) 小貪大失(소탐대실)
羨	부러워할 / 묘도	선 / 연	羊 7	1급	羨望(선망) 欽羨(흠선) 仰羨(앙선) 羨道(연도)
僥	요행/바랄	요	人 12	1급	僥倖(요행) 僥倖數(요행수)

8. 運動 운동

運動운동 • 坐立좌립 • 起伏기복 • 回轉회전 • 步行보행
走行주행 • 往來왕래 • 發着발착 • 昇降승강 • 飛翔비상
墜落추락 • 懸垂현수

▼ 運動 운동

漢字	훈	음	부수/획수	급수	용례
動	움직일	동	力 9	7급	動作(동작) 動搖(동요) 行動擧止(행동거지)
止	그칠/머무를/막을/거동	지	止 0	5급	止血(지혈) 禁止(금지) 明鏡止水(명경지수)
入	들/들일/입성	입	入 0	7급	入力(입력) 出入(출입) 納入(납입) 入聲(입성)

出 출
날/나갈/낼/뛰어날/
凵 3 · 7급
出生(출생) 外出(외출)
出師(출사) 出衆(출중)

噴 분
뿜을/재채기할
口 12 · 1급
噴出(분출) 噴水(분수)
噴霧(분무) 噴嚏(분체)

傳 전
전할/옮길/전기/경서 의주해
人 11 · 5급
傳染(전염) 列傳(열전)
以心傳心(이심전심)

移 이
옮길
禾 6 · 4급 II
移動(이동) 遷移(천이)
怒甲移乙(노갑이을)

遷 천
옮길
辵 12 · 3급 II
左遷(좌천) 喬遷(교천)
改過遷善(개과천선)

徙 사
옮길/귀양보낼
彳 8 · 1급
移徙(이사) 徙邊(사변)
曲突徙薪(곡돌사신)

擡 대
들
手 14 · 1급
擡頭(대두) 擡擧(대거)

擧 거
들/일으킬/모두/거동/과거
手 14 · 5급
擧手(거수) 擧兵(거병)
擧國(거국) 科擧(과거)

提 제
끌/들/거느릴
手 9 · 4급 II
提携(제휴) 提起(제기)
提高(제고) 提督(제독)

牽 견
끌/이끌/별이름
牛 7 · 3급
牽引(견인) 牽制(견제)
牽强附會(견강부회)

引 인
끌/당길/이끌/늘일
弓 1 · 4급 II
引力(인력) 引伸(인신)
我田引水(아전인수)

拉 랍
끌/꺾을
手 5 · 2급
拉致(납치) 拉北(납북)
被拉(피랍) 拉枯(납고)

曳 예
끌
曰 2 · 1급
曳引(예인) 曳白(예백)
曳履聲(예리성)

輓 만
끌/만사
車 7 · 1급
輓馬(만마) 推輓(추만)
輓詞(만사) 輓歌(만가)

挽 만
당길/끌/말릴
手 7 · 1급
挽引(만인) 挽回(만회)
挽詞(만사) 挽留(만류)

推 추 / 퇴
밀/옮을/헤아릴 / 밀
手 8 · 4급
推進(추진) 推移(추이)
類推(유추) 推敲(퇴고)

振 진
떨칠/떨
手 7 · 3급 II
振興(진흥) 振動(진동)
金聲玉振(금성옥진)

搖 요
흔들/흔들릴
手 10 · 3급
搖動(요동) 搖籃(요람)
搖之不動(요지부동)

掉	흔들/흔들릴 도	
	手 8	1급
掉頭(도두) 掉尾(도미) 尾大不掉(미대부도)		

▼ 坐立 좌립

立	설/세울/곧/리터(ℓ) 립	
	立 0	7급
直立(직립) 立志(입지) 立身揚名(입신양명)		

竪	세울/설/세로/더벅머리 수	
	立 8	1급
竪立(수립) 竪童(수동) 橫說竪說(횡설수설)		

坐	앉을/죄입을 좌	
	土 4	3급 II
正坐(정좌) 坐罪(좌죄) 割席分坐(할석분좌)		

座	자리/좌 좌	
	广 7	4급
座席(좌석) 座標(좌표) 座右銘(좌우명)		

席	자리/깔 석	
	巾 7	6급
坐不安席(좌불안석) 席藁待罪(석고대죄)		

筵	대자리/자리 연	
	竹 7	1급
筵席(연석) 經筵(경연) 書筵(서연) 御筵(어연)		

藉	깔개/깔/핑계할/위로할/어지러울 자	
	艸 14	1급
藉草(자초) 憑藉(빙자) 慰藉(위자) 狼藉(낭자)		

▼ 起伏 기복

起	일어날/일으킬 기	
	走 3	4급 II
再起(재기) 起兵(기병) 起死回生(기사회생)		

勃	우쩍일어날/갑작스러울/발끈할 발	
	力 7	1급
勃起(발기) 勃發(발발) 牛溲馬勃(우수마발)		

伏	엎드릴/숨을/굴복할/복 복	
	人 4	4급
起伏(기복) 伏兵(복병) 降伏(항복) 三伏(삼복)		

臥	누울 와	
	臣 2	3급
臥病(와병) 坐臥(좌와) 臥席終身(와석종신)		

俛	머리숙일/힘쓸 면 숙일 부	
	人 7	2급[名]
俛仰(면앙) 俛焉(면언) 俛出胯下(부출과하)		

俯	구부릴 부	
	人 8	1급
俯伏(부복) 俯仰(부앙) 仰觀俯察(앙관부찰)		

한자	훈	음	부수/획수	급수	용례
匍	길	포	勹 7	1급	匍匐(포복) 匍行(포행) 匍球(포구)
匐	길	복	勹 9	1급	匐枝(복지) 匍匐(포복)
顚	넘어질/뒤집힐/이마/정수리/근본	전	頁 10	1급	顚倒(전도) 顚末(전말) 七顚八起(칠전팔기)
倒	넘어질/거꾸로	도	人 8	3급 II	卒倒(졸도) 倒置(도치) 七顚八倒(칠전팔도)
蹶	넘어질/일어설	궐	足 12	1급	顚蹶(전궐) 蹶躓(궐지) 蹶起(궐기) 蹶然(궐연)
蹉	넘어질/어긋날	차	足 10	1급	蹉跌(차질) 蹉跎(차타)
跌	넘어질/방종할	질	足 5	1급	跌倒(질도) 蹉跌(차질) 跌蕩(질탕)
靡	쓰러질/없을/써없앨/화려할	미	非 11	1급	風靡(풍미) 靡寧(미령) 靡費(미비) 華靡(화미)

▼ 回轉 회전

한자	훈	음	부수/획수	급수	용례
回	돌/돌아올/돌이킬/횟수	회	口 3	4급 II	回轉(회전) 回歸(회귀) 回心(회심) 數回(수회)
旋	돌/돌릴/돌아올	선	方 7	3급 II	旋回(선회) 凱旋(개선) 旋乾轉坤(선건전곤)
循	돌/돌아다닐/좇을	순	彳 9	3급	循環(순환) 循行(순행) 入鄕循俗(입향순속)
廻	돌/돌릴/피할	회	廴 6	2급	廻轉(회전) 上廻(상회) 輪廻(윤회) 廻避(회피)
斡	돌/주관할	알	斗 10	1급	斡流(알류) 斡旋(알선)
轉	구를/옮길	전	車 11	4급	轉回(전회) 轉落(전락) 轉勤(전근) 移轉(이전)
捲	말/걷을/힘쓸	권	手 8	1급	捲堂(권당) 捲捲(권권) 捲土重來(권토중래)

▼ 步行 보행

漢字	훈	음	부수	획수	급수	용례
步	걸음/걸을/운수	보	止	3	4급 II	行步(행보) 步行(보행) 國步(국보) 天步(천보)
踐	밟을	천	足	8	3급 II	踐踏(천답) 踐言(천언) 踐約(천약) 實踐(실천)
踏	밟을	답	足	8	3급 II	踏査(답사) 高踏(고답) 洗踏足白(세답족백)
履	밟을/신	리	尸	12	3급 II	履行(이행) 木履(목리) 如履薄氷(여리박빙)
跋	밟을/거칠/발문	발	足	5	1급	跋涉(발섭) 跋扈(발호) 跋文(발문) 序跋(서발)
跆	밟을	태	足	5	1급	跆拳道(태권도)
蹂	밟을	유	足	9	1급	蹂躪(유린) 蹂踐(유천)
躪	짓밟을	린	足	20	1급	蹂躪(유린) 征躪(정린)
巡	돌/순행할	순	巛	4	3급 II	巡禮(순례) 巡察(순찰) 巡警(순경) 巡杯(순배)
邏	돌/순행할	라	辵	19	1급	邏卒(나졸) 巡邏(순라) 警邏(경라) 偵邏(정라)
彷	거닐/비슷할	방	彳	4	1급	彷徨(방황) 彷徉(방양) 彷佛(방불)
徨	거닐	황	彳	9	1급	彷徨(방황) 迷徨(미황)
徘	어정거릴/노닐	배	彳	8	1급	徘徊(배회)
徊	어정거릴/노닐	회	彳	6	1급	徘徊(배회) 低徊(저회) 遲徊(지회)
逍	노닐/거닐	소	辵	7	1급	逍風(소풍) 逍遙吟詠(소요음영)

▼ 走行 주행

漢字	훈	음	부수	획수	급수	용례
走	달릴/달아날	주	走	0	4급 II	走破(주파) 獨走(독주) 脫走(탈주) 敗走(패주)
奔	달릴/달아날/패주할	분	大	5	3급 II	奔出(분출) 奔潰(분궤) 東奔西走(동분서주)
趨	달릴/향할	추	走	10	2급	趨步(추보) 趨勢(추세) 歸趨(귀추) 趨時(추시)

漢字	훈음	부수/획수	급수	용례
馳	달릴 치	馬 3	1급	馳走(치주) 馳驅(치구) 馳馬(치마) 相馳(상치)
驅	몰/내쫓을/달릴/대열 구	馬 11	3급	驅使(구사) 驅逐(구축) 驅步(구보) 先驅(선구)
跳	뛸 도	足 6	3급	跳躍(도약) 跳梁(도량) 廣跳(광도) 高跳(고도)
躍	뛸 약	足 14	3급	飛躍(비약) 一躍(일약) 躍進(약진) 活躍(활약)
遁	달아날/피할/숨을 둔	辶 9	1급	遁避(둔피) 遁辭(둔사) 遁甲(둔갑) 隱遁(은둔)
逃	달아날/피할 도	辶 6	4급	逃避(도피) 逃走(도주) 逃亡(도망) 遁逃(둔도)
避	피할 피	辶 13	4급	避難(피난) 避妊(피임) 待避(대피) 回避(회피)
逋	도망갈/포탈할 포	辶 7	1급	逋逃(포도) 逮捕(체포) 逋稅(포세) 逋脫(포탈)

▼ 往來 왕래

漢字	훈음	부수/획수	급수	용례
行	다닐/행할/길 행, 항렬/줄 항	行 0	6급	行人(행인) 行實(행실) 行列(항렬) 行伍(항오)
去	갈/버릴/거성 거	厶 3	5급	去來(거래) 過去(과거) 去勢(거세) 去聲(거성)
往	갈/예/이따금 왕	彳 5	4급 II	往來(왕래) 往復(왕복) 往年(왕년) 往往(왕왕)
之	갈/의/이/어조사 지	丿 3	3급 II	之東之西(지동지서) 他山之石(타산지석)
邁	갈/뛰어날/힘쓸 매	辶 13	1급	高邁(고매) 英邁(영매) 邁德(매덕) 邁進(매진)
赴	다다를/나아갈 부	走 2	3급	赴任(부임) 赴召(부소) 赴役(부역) 赴擧(부거)
退	물러날/물리칠 퇴	辶 6	4급 II	退去(퇴거) 退場(퇴장) 退出(퇴출) 辭退(사퇴)
進	나아갈/오를/올릴 진	辶 8	4급 II	進級(진급) 進上(진상) 進退兩難(진퇴양난)
就	나아갈/이룰 취	尢 9	4급	就任(취임) 成就(성취) 日就月將(일취월장)

詣	나아갈/이를	예
	言 6	1급

詣闕(예궐) 進詣(진예)
馳詣(치예) 造詣(조예)

來	올/미래/부터/오대손	래
	人 6	7급

來往(내왕) 將來(장래)
以來(이래) 來孫(내손)

臨	임할/쓸	림
	臣 11	3급Ⅱ

臨迫(임박) 臨床(임상)
再臨(재림) 臨書(임서)

復	회복할/돌아갈/되풀이할/갚을 / 다시	복 / 부
	彳 9	4급Ⅱ

光復(광복) 復歸(복귀)
復習(복습) 復活(부활)

歸	돌아올/붙좇을/시집갈	귀
	止 14	4급

歸依(귀의) 于歸(우귀)
事必歸正(사필귀정)

返	돌아올/돌려보낼/갚을	반
	辵 4	3급

往返(왕반) 返納(반납)
返還(반환) 返金(반금)

還	돌아올/돌려보낼/갚을	환
	辵 13	3급Ⅱ

還甲(환갑) 歸還(귀환)
還給(환급) 償還(상환)

▼
發着 발착

發	필/떠날/쏠/일어날/들출	발
	癶 7	6급

滿發(만발) 出發(출발)
發射(발사) 發生(발생)

着	붙을/이를/입을/시작할	착
	目 7	5급

着床(착상) 到着(도착)
着用(착용) 着手(착수)

到	이를/주밀할	도
	刀 6	5급

到達(도달) 周到(주도)
讀書三到(독서삼도)

致	이를/부를/보낼/이룰/풍취	치
	至 4	5급

致知(치지) 招致(초치)
致富(치부) 景致(경치)

至	이를/지극할/하지,동지	지
	至 0	4급Ⅱ

至今(지금) 至誠(지성)
至尊(지존) 夏至(하지)

及	미칠/및	급
	又 2	3급Ⅱ

及落(급락) 言及(언급)
足脫不及(족탈불급)

扱	미칠/다룰	급
	手 4	1급

取扱(취급)

▼ 昇降 승강

한자	훈	음	부수	획수	급수	용례
登	오를/올릴	등	癶	7	7급	登山(등산) 登錄(등록) 登龍門(등용문)
昇	오를/올릴	승	日	4	3급 II	昇降(승강) 上昇(상승) 昇騰(승등) 昇級(승급)
昂	오를/높을	앙	日	4	1급	昂騰(앙등) 昂貴(앙귀) 昂揚(앙양) 激昂(격앙)
揚	오를/날릴/드러낼	양	手	9	3급 II	浮揚(부양) 宣揚(선양) 對揚休命(대양휴명)
騰	오를	등	馬	10	3급	騰落(등락) 暴騰(폭등) 龍蛇飛騰(용사비등)
襄	오를/도울/이룰	양	衣	11	2급[名]	襄禮(양례) 襄陽(양양) 宋襄之仁(송양지인)
陟	오를/올릴/나아갈	척	阜	7	2급[名]	陟降(척강) 登陟(등척) 黜陟(출척) 進陟(진척)
降	내릴 항복할	강 항	阜	6	4급	降臨(강림) 降雨(강우) 降等(강등) 降伏(항복)

▼ 飛翔 비상

한자	훈	음	부수	획수	급수	용례
飛	날/빠를/높을	비	飛	0	4급 II	飛行(비행) 雄飛(웅비) 飛報(비보) 飛軒(비헌)
翔	날/빙빙돌아날	상	羽	6	1급	翔空(상공) 飛翔(비상) 滑翔(활상) 回翔(회상)
投	던질/줄/머무를/맞을	투	手	4	4급	投手(투수) 投稿(투고) 投宿(투숙) 投合(투합)
擲	던질	척	手	15	1급	投擲(투척) 快擲(쾌척) 乾坤一擲(건곤일척)
抛	던질/버릴	포	手	4	2급	抛擲(포척) 抛棄(포기) 抛物線(포물선)
撒	뿌릴/흩을	살	手	12	1급	撒布(살포) 撒水(살수) 撒肥(살비) 撒播(살파)

▼ 墜落 추락

한자	훈	음	부수	획수	급수	용례
墜	떨어질/떨어뜨릴	추	土	12	1급	墜落(추락) 墜下(추하) 失墜(실추) 擊墜(격추)
落	떨어질/마을/낙성할/울타리	락	艸	9	5급	落下(낙하) 部落(부락) 落成(낙성) 籬落(이락)
墮	떨어질/떨어뜨릴	타	土	12	3급	墮落(타락) 墮罪(타죄) 墮淚(타루) 墮胎(타태)

隕	떨어질	운
	阜 10	1급
隕石(운석) 隕鐵(운철) 隕星(운성)		

陷	빠질/빠뜨릴/허방다리	함
	阜 8	3급Ⅱ
陷落(함락) 陷沒(함몰) 缺陷(결함) 陷穽(함정)		

▼ 懸垂 현수

懸	매달/걸/동떨어질	현
	心 16	3급Ⅱ
懸賞(현상) 懸隔(현격) 懸河口辯(현하구변)		

垂	드리울/거의	수
	土 5	3급Ⅱ
懸垂(현수) 垂成(수성) 名垂竹帛(명수죽백)		

掛	걸	괘
	手 8	3급
掛圖(괘도) 掛念(괘념) 季札掛劍(계찰괘검)		

揭	높이들/들/걸	게
	手 9	2급
揭揚(게양) 揭示(게시) 揭載(게재) 揭帖(게첩)		

9. 行動 행동

指揮지휘 • 追從추종 • 依託의탁 • 反對반대 • 逢別봉별 • 集會집회
連結연결 • 結束결속 • 分割분할 • 贈與증여 • 取得취득 • 設施설시
收集수집 • 蓄積축적 • 把握파악 • 逮捕체포 • 製作제작 • 破壞파괴
打擊타격 • 採掘채굴 • 探索탐색

▼ 指揮 지휘

督	감독할/살필/재촉할	독
	目 8	4급Ⅱ
監督(감독) 督促(독촉) 基督教(기독교)		

制	누를/마를/법도	제
	刀 6	4급Ⅱ
抑制(억제) 制度(제도) 柔能制剛(유능제강)		

統	거느릴/줄기/합칠/근본	통
	糸 6	4급Ⅱ
統制(통제) 統督(통독) 血統(혈통) 統一(통일)		

한자	훈	음	부수	획수	급수	용례
總	거느릴/다/모을/묶을	총	糸	11	4급Ⅱ	總點(총점) 總角(총각) 親總萬機(친총만기)
領	거느릴/옷깃/요소/받을/벌	령	頁	5	5급	領率(영솔) 領袖(영수) 要領(요령) 領收(영수)
率	거느릴/소탈할/가벼울/앞장설 / 비율	솔 / 률	玄	6	3급Ⅱ	統率(통솔) 率直(솔직) 輕率(경솔) 能率(능률)
導	인도할/이끌	도	寸	13	4급Ⅱ	領導(영도) 指導(지도) 半導體(반도체)
揮	휘두를/지휘할/뿌릴	휘	手	9	4급	指揮(지휘) 揮發(휘발) 一筆揮之(일필휘지)
營	경영할/진영	영	火	13	4급	營爲(영위) 營業(영업) 經營(경영) 兵營(병영)
司	맡을/마을	사	口	2	3급Ⅱ	司書(사서) 司法(사법) 司正(사정) 上司(상사)
吩	분부할	분	口	4	1급	吩咐(분부) 嚴吩咐(엄분부)
咐	분부할	부	口	5	1급	咐囑(부촉) 吩咐(분부)
酋	우두머리/두목	추	酉	2	1급	酋長(추장) 酋領(추령) 酋帥(추수) 大酋(대추)
魁	우두머리/으뜸/클/	괴	鬼	4	1급	魁首(괴수) 首魁(수괴) 魁選(괴선) 魁偉(괴위)

▼ 追從 추종

한자	훈	음	부수	획수	급수	용례
追	쫓을/따를/쫓을	추	辵	6	3급Ⅱ	追求(추구) 追放(추방) 追友江南(추우강남)
從	좇을/따를/시중들/일할/버금/부터	종	彳	8	4급	侍從(시종) 從事(종사) 三從之道(삼종지도)
遵	좇을/따라갈	준	辵	12	3급	遵守(준수) 遵行(준행) 遵法(준법) 奉遵(봉준)
隨	따를	수	阜	13	3급Ⅱ	隨筆(수필) 隨時(수시) 隨從(수종) 附隨(부수)
扈	뒤따를/날뛸	호	戶	7	2급[名]	扈衛(호위) 扈從(호종) 陪扈(배호) 跋扈(발호)
陪	모실	배	阜	8	1급	陪侍(배시) 陪從(배종) 陪席(배석) 陪審(배심)

侍 모실 시 — 人 6 — 3급Ⅱ
侍女(시녀) 侍率(시솔) 嚴妻侍下(엄처시하)

傀 꼭두각시/클/괴이할 괴 — 人 10 — 2급
傀儡(괴뢰) 傀然(괴연) 傀奇(괴기)

儡 꼭두각시/망칠 뢰 — 人 15 — 1급
傀儡(괴뢰) 儡身(뇌신)

▼ 依託 의탁

依 의지할/좇을/전과같을 의 — 人 6 — 4급
依例(의례) 依然(의연) 無依無托(무의무탁)

據 의지할/근거/웅거할 거 — 手 13 — 4급
依據(의거) 論據(논거) 群雄割據(군웅할거)

賴 의뢰할/힘입을 뢰 — 貝 9 — 3급Ⅱ
信賴(신뢰) 依賴(의뢰) 無賴漢(무뢰한)

憑 기댈/의지할/증거 빙 — 心 12 — 1급
憑藉(빙자) 憑據(빙거) 信憑(신빙) 證憑(증빙)

委 맡길/자세할/버릴 위 — 女 5 — 4급 (註)
委託(위탁) 委任(위임) 委曲(위곡) 委棄(위기)

任 맡길/일/마음대로할 임 — 人 4 — 5급
任務(임무) 就任(취임) 責任(책임) 任意(임의)

托 맡길/받칠 탁 — 手 3 — 3급
托盞(탁잔) 花托(화탁) 三從依托(삼종의탁)

預 맡길/미리/참여할 예 — 頁 4 — 2급
預金(예금) 預置(예치) 預託(예탁) 參預(참예)

請 청할/청/청컨대 청 — 言 8 — 4급Ⅱ
請求(청구) 請婚(청혼) 請託(청탁) 懇請(간청)

託 부탁할/맡길/핑계할 탁 — 言 3 — 2급
付託(부탁) 依託(의탁) 委託(위탁) 假託(가탁)

囑 부탁할/위촉할 촉 — 口 21 — 1급
囑託(촉탁) 囑望(촉망) 懇囑(간촉) 委囑(위촉)

許 허락할/얼마/쯤/매우 허 — 言 4 — 5급
許可(허가) 幾許(기허) 少許(소허) 許多(허다)

諾 허락할/대답할 낙 — 言 9 — 3급Ⅱ
許諾(허락) 承諾(승낙) 快諾(쾌락) 應諾(응낙)

註 委 ▶ 寄 부칠/맡길/의지할 기 p.234

反對 반대

反 돌이킬/거스를 반 · 뒤칠 번
又 2 | 6급
反對(반대) 反耕(번경)
客反爲主(객반위주)

叛 배반할/배반 반
又 7 | 3급
叛逆(반역) 叛旗(반기)
背叛(배반) 謀叛(모반)

逆 거스를/거꾸로/맞이할 역
辵 6 | 4급 II
順逆(순역) 逆旅(역려)
忠言逆耳(충언역이)

遡 거스를/거슬러올라갈 소
辵 10 | 1급
遡及(소급) 溯源(소원)
遡上(소상) 遡流(소류)

妨 방해할/거리낄 방
女 4 | 4급
妨害(방해) 妨礙(방애)
無妨(무방)

禁 금할/금령/대궐/옥 금
示 8 | 4급 II
禁慾(금욕) 法禁(법금)
禁中(금중) 監禁(감금)

忌 꺼릴/미워할/시기할/기일 기
心 3 | 3급
忌避(기피) 禁忌(금기)
厭忌(염기) 忌日(기일)

憚 꺼릴 탄
心 12 | 1급
憚服(탄복) 忌憚(기탄)
嫌憚(혐탄) 畏憚(외탄)

諱 꺼릴/숨길/휘할/휘 휘
言 9 | 1급
諱忌(휘기) 諱談(휘담)
隱諱(은휘) 諱字(휘자)

逢別 봉별

逢 만날 봉
辵 7 | 3급 II
逢遇(봉우) 逢變(봉변)
逢別(봉별) 相逢(상봉)

遇 만날/대접할 우
辵 9 | 4급
境遇(경우) 不遇(불우)
待遇(대우) 禮遇(예우)

遭 만날 조
辵 11 | 1급
遭遇(조우) 遭逢(조봉)
遭難(조난) 所遭(소조)

邂 만날/우연히 만날 해
辵 13 | 1급
邂逅(해후)
邂逅相逢(해후상봉)

逅 만날/우연히만날 후
辵 6 | 1급
邂逅(해후)

迎 맞을/맞이할 영
辵 4 | 4급
迎接(영접) 迎合(영합)
歡迎(환영) 送迎(송영)

邀 맞을/초대할 요
辵 13 | 1급
邀擊(요격) 邀來(요래)
邀招(요초) 請邀(청요)

離 註 떠날/떨어질/만날/괘이름 리
隹 11 | 4급
分離(분리) 離騷(이소)
會者定離(회자정리)

散 흩을/한산할/가루약 산
攴 8 | 4급
散策(산책) 散藥(산약)
離合集散(이합집산)

註 離 ▶ 別 다를/나눌/헤어질 별 p.168

訣	이별할/비결	결
	言 4	3급 II

訣別(결별) 永訣(영결) 秘訣(비결) 要訣(요결)

餞	보낼	전
	食 8	1급

餞送(전송) 餞別(전별) 餞杯(전배) 餞春(전춘)

▼ 集會 집회

社	모일/단체/토지신	사
	示 3	6급

社會(사회) 會社(회사) 結社(결사) 社稷(사직)

集 (註)	모일/모을	집
	隹 4	6급

集散(집산) 文集(문집) 集思廣益(집사광익)

會	모일/모을/모임/때/셈/깨달을	회
	曰 9	6급

集會(집회) 機會(기회) 會計(회계) 會得(회득)

叢	모일/모을/떨기	총
	又 16	1급

叢集(총집) 淵叢(연총) 叢書(총서) 叢生(총생)

簇	모일/떼/조릿대	족
	竹 11	1급

簇擁(족옹) 簇出(족출) 簇生(족생) 簇子(족자)

參	참여할/별/헤아릴/층날 석('三'의 갖은자)	참 삼
	厶 9	5급

參加(참가) 參拜(참배) 參考(참고) 參拾(삼십)

遝	몰릴/모일/뒤섞일	답
	辵 10	1급

遝至(답지) 紛遝(분답)

輳	몰려들/모일	주
	車 9	1급

輻輳(폭주) 輻輳幷臻(폭주병진)

▼ 連結 연결

關	관계할/빗장/관문/잠글	관
	門 11	5급

關聯(관련) 關心(관심) 關鍵(관건) 難關(난관)

聯	잇닿을/나란히할/연	련
	耳 11	3급 II

聯合(연합) 聯立(연립) 聯彈(연탄) 對聯(대련)

連	이을	련
	辵 7	4급 II

連絡(연락) 連結(연결) 連續(연속) 連勝(연승)

接	이을/대접할/사귈/접붙일	접
	手 8	4급 II

連接(연접) 接客(접객) 交接(교접) 接木(접목)

續	이을	속
	糸 15	4급 II

續編(속편) 續絃(속현) 相續(상속) 永續(영속)

承	이을/받을/받들	승
	手 4	4급 II

承繼(승계) 承恩(승은) 承奉(승봉) 承服(승복)

註 集 ▶ 團 둥글/모일/모을/모임 단 p.167

字	훈/음	부수/획	급수	용례
繼	이을 계	糸 14	4급	繼續(계속) 承繼(승계) 引繼引受(인계인수)
絡	이을/감을/맥락/명주 락	糸 6	3급 II	絡繹(낙역) 絡車(낙거) 脈絡(맥락) 經絡(경락)
紹	이을/소개할 소	糸 5	2급	紹承(소승) 紹述(소술) 繼紹(계소) 紹介(소개)

結束
결속

字	훈/음	부수/획	급수	용례
結	맺을/마칠/엉길/매듭 결	糸 6	5급	結束(결속) 結氷(결빙) 起承轉結(기승전결)
締	맺을 체	糸 9	2급	締結(체결) 締約(체약) 締造(체조) 結締(결체)
繫	맬/매달릴/끈 계	糸 13	3급	繫留(계류) 連繫(연계) 捕繫(포계) 繫匏(계포)
系	맬/이을/핏줄/계보 계	糸 1	4급	系念(계념) 世系(세계) 系統(계통) 母系(모계)
係	맬/이을/계 계	人 7	4급 II	關係(관계) 係累(계루) 係數(계수) 係長(계장)
紐	맬/끈 뉴	糸 4	1급	紐帶(유대) 結紐(결뉴) 龜紐(귀뉴)
束	묶을/묶음/약속할 속	木 3	5급	拘束(구속) 約束(약속) 束手無策(속수무책)
縛	묶을/오랏줄/얽을 박	糸 10	1급	束縛(속박) 結縛(결박) 繫縛(계박) 捕縛(포박)
括	묶을/쌀 괄	手 6	1급	括髮(괄발) 總括(총괄) 括弧(괄호) 包括(포괄)
絆	얽을/줄 반	糸 5	1급	羈絆(기반) 脚絆(각반) 絆瘡膏(반창고)
纏	얽을/묶을/감을 전	糸 15	1급	纏結(전결) 纏縛(전박) 纏足(전족) 行纏(행전)
綴	철할/이을/꿰맬 철	糸 8	1급	綴字(철자) 連綴(연철) 點綴(점철) 分綴(분철)

分割
분할

字	훈/음	부수/획	급수	용례
斷	끊을/결단할/결단 단	斤 14	4급 II	斷絶(단절) 英斷(영단) 斷機之戒(단기지계)
絶	끊을/뛰어날/극할 절	糸 6	4급 II	根絶(근절) 絶頂(절정) 絶類離倫(절류이륜)
切	끊을/갈/절박할/정성스러울 절, 온통/모두 체	刀 2	5급	切斷(절단) 切迫(절박) 親切(친절) 일체(일체)

한자	훈	음	부수	획수	급수	용례
截	끊을	절	戈	10	1급	截斷(절단) 截片(절편) 去頭截尾(거두절미)
裂 註	찢을/찢어질	렬	衣	6	3급 II	破裂(파열) 決裂(결렬) 四分五裂(사분오열)
割	나눌/벨/할	할	刀	10	3급 II	割賦(할부) 分割(분할) 割禮(할례) 三割(삼할)
班	나눌/차례/줄/양반/반	반	玉	6	6급	班田(반전) 班次(반차) 班列(반열) 班常(반상)
頒	나눌/반포할/반쯤셀	반	頁	4	1급	頒賜(반사) 頒給(반급) 頒布(반포) 頒白(반백)
析	쪼갤/가를	석	木	4	3급	析出(석출) 分析(분석) 解析(해석) 透析(투석)
剖	쪼갤/가를	부	刀	8	1급	剖檢(부검) 剖析(부석) 剖決(부결) 解剖(해부)
劈	쪼갤	벽	刀	13	1급	劈頭(벽두) 劈開(벽개) 劈破門閥(벽파문벌)

▼ 贈與 증여

한자	훈	음	부수	획수	급수	용례
給	줄/넉넉할/댈	급	糸	6	5급	發給(발급) 需給(수급) 家給人足(가급인족)
授	줄	수	手	8	4급 II	授與(수여) 授受(수수) 授乳(수유) 敎授(교수)
與	줄/참여할/더불어/및	여	臼	7	4급	贈與(증여) 關與(관여) 與民同樂(여민동락)
付	줄/붙을/부탁할	부	人	3	3급 II	給付(급부) 交付(교부) 貼付(첩부) 付託(부탁)
贈	줄/선물	증	貝	12	3급	贈與(증여) 寄贈(기증) 惠贈(혜증) 受贈(수증)
賜	줄	사	貝	8	3급	賜額(사액) 賜藥(사약) 恩賜(은사) 厚賜(후사)
貢	바칠/공물	공	貝	3	3급 II	貢獻(공헌) 貢物(공물) 朝貢(조공) 幣貢(폐공)
獻	드릴/어진이	헌	犬	16	3급 II	獻金(헌금) 獻血(헌혈) 獻身(헌신) 文獻(문헌)
呈	드릴/나타낼	정	口	4	2급	贈呈(증정) 獻呈(헌정) 呈示(정시) 露呈(노정)

註 裂 ▶ 龜 거북 귀 // 나라이름 구 // 틀/터질 균 p.195

漢字	훈	음	부수/획수	급수	용례
供	이바지할/받들/공초할	공	人 6	3급 II	供給(공급) 供與(공여) 供養(공양) 供述(공술)

取得 취득

漢字	훈	음	부수/획수	급수	용례
取 (註)	취할/가질	취	又 6	4급 II	取得(취득) 取材(취재) 進取(진취) 攝取(섭취)
持	가질/버틸	지	手 6	4급	持論(지론) 維持(유지) 曠日持久(광일지구)
携	가질/들/끌/이끌	휴	手 10	3급	携帶(휴대) 携持(휴지) 必携(필휴) 提携(제휴)
獲	얻을/계집종	획	犬 14	3급 II	獲得(획득) 捕獲(포획) 濫獲(남획) 臧獲(장획)
得	얻을/깨달을/이익/만족할	득	彳 8	4급 II	得點(득점) 納得(납득) 一擧兩得(일거양득)
拾	주울 / 열	습 / 십	手 6	3급 II	拾得(습득) 拾萬(십만) 道不拾遺(도불습유)
受 (註)	받을/입을	수	又 6	4급 II	受納(수납) 受動(수동) 收受(수수) 接受(접수)
納	들일/바칠	납	糸 4	4급	歸納(귀납) 納稅(납세) 開門納賊(개문납적)
摘	딸/들추어낼/가리킬	적	手 11	3급 II	摘出(적출) 摘要(적요) 摘發(적발) 指摘(지적)

設施 설시

漢字	훈	음	부수/획수	급수	용례
設	베풀/설령	설	言 4	4급 II	排設(배설) 陳設(진설) 建設(건설) 設令(설령)
施 (註)	베풀/행할/은혜	시	方 5	4급 II	施設(시설) 實施(실시) 倒行逆施(도행역시)
張	베풀/당길/자랑할/장	장	弓 8	4급	主張(주장) 張力(장력) 誇張(과장) 冊張(책장)
陳	베풀/묵을/말할/나라이름	진	阜 8	3급 II	陳列(진열) 陳情(진정) 新陳代謝(신진대사)
展	펼/늘일/살필	전	尸 7	5급	展開(전개) 展示(전시) 伸展(신전) 展墓(전묘)
舒	펼/느긋할	서	舌 6	2급[名]	舒眉(서미) 振舒(진서) 展舒(전서) 安舒(안서)

註 取 ▶ 占 점/점칠 점 // 차지할 점 p.77
註 受 ▶ 膺 가슴/받을/칠 응 p.21
註 施 ▶ 布 베/펼/베풀 포 p.228

敷	펼/나눌 부	
	攴 11	2급
敷衍(부연) 敷設(부설) 敷地(부지) 敷土(부토)		

鋪	펼/가게 포	
	金 7	2급
鋪裝(포장) 鋪陳(포진) 店鋪(점포) 老鋪(노포)		

▼ 收集 수집

收	거둘/잡을 수	
	攴 2	4급Ⅱ
收拾(수습) 收支(수지) 收納(수납) 收監(수감)		

斂	거둘/감출 렴	
	攴 13	1급
收斂(수렴) 稅斂(세렴) 後斂(후렴) 斂跡(염적)		

募	모을/뽑을/부를 모	
	力 11	3급
募集(모집) 募金(모금) 應募(응모) 招募(초모)		

綜	모을/잉아 종	
	糸 8	2급
綜合(종합) 綜核(종핵) 錯綜(착종) 綜絲(종사)		

聚	모을/모일/마을 취	
	耳 8	2급[名]
聚合(취합) 類聚(유취) 聚斂(취렴) 聚落(취락)		

蒐	모을/꼭두서니 수	
	艸 10	1급
蒐集(수집) 蒐輯(수집) 蒐補(수보) 茅蒐(모수)		

萃	모을/모일 췌	
	艸 8	1급
拔萃(발췌) 出萃(출췌) 出類拔萃(출류발췌)		

▼ 蓄積 축적

貯	쌓을 저	
	貝 5	5급
貯蓄(저축) 貯藏(저장) 貯水(저수) 貯穀(저곡)		

蓄	쌓을/모을 축	
	艸 10	4급Ⅱ
蓄積(축적) 備蓄(비축) 電蓄(전축) 蓄財(축재)		

積	쌓을/쌓일/모을 적	
	禾 11	4급
積雪(적설) 積金(적금) 積小成大(적소성대)		

堆	쌓을/쌓일 퇴	
	土 8	1급
堆積(퇴적) 堆疊(퇴첩) 堆石(퇴석) 堆肥(퇴비)		

蘊	쌓을/속내 온	
	艸 16	1급
蘊蓄(온축) 蘊抱(온포) 餘蘊(여온) 蘊奧(온오)		

把握 파악

漢字	훈	음	부수	획수	급수	용례
操	잡을/부릴/지조/운동	조	手	13	5급	操心(조심) 操舵(조타) 志操(지조) 體操(체조)
執	잡을/맡아볼/벗	집	土	8	3급 II	執權(집권) 執念(집념) 執務(집무) 父執(부집)
秉	잡을	병	禾	3	2급[名]	秉權(병권) 秉燭(병촉) 秉軸(병축) 秉彝(병이)
把	잡을/쥘/자루/묶음	파	手	4	3급	把握(파악) 把捉(파착) 把守(파수) 劍把(검파)
握	쥘/손아귀	악	手	9	2급	握手(악수) 握力(악력) 吐哺握發(토포악발)
攀	더위잡을	반	手	15	1급	攀登(반등) 登攀(등반) 攀龍附鳳(반룡부봉)
撮	집을/취할/자밤/찍을	촬	手	12	1급	撮要(촬요) 撮土(촬토) 一撮(일촬) 撮影(촬영)

逮捕 체포

漢字	훈	음	부수	획수	급수	용례
拘	잡을/거리낄	구	手	5	3급 II	拘束(구속) 拘禁(구금) 拘礙(구애) 不拘(불구)
逮	잡을	체	辵	8	3급	逮捕(체포) 逮繫(체계) 被逮(피체) 連逮(연체)
捕	잡을	포	手	7	3급 II	捕獲(포획) 捕盜(포도) 捕手(포수) 生捕(생포)
捉	잡을/붙잡을	착	手	7	3급	捉囚(착수) 捕捉(포착) 被捉(피착) 誤捉(오착)
拏	잡을	나	手	5	1급	漢拏山(한라산) * 拿의 本字
拿	잡을	나	手	6	1급	拿捕(나포) 拿來(나래) 拿問(나문) 拿鞫(나국)
虜	사로잡을/포로/종/오랑캐	로	虍	6	1급	虜囚(노수) 捕虜(포로) 僕虜(복로) 胡虜(호로)
擒	사로잡을	금	手	13	1급	擒縱(금종) 生擒(생금) 七縱七擒(칠종칠금)

製作 제작

製	지을/만들	제
	衣 8	4급 II
御製(어제) 製造(제조) 製品(제품) 木製(목제)		

造	지을/이를/갑자기	조
	辵 7	4급 II
造作(조작) 創造(창조) 造詣(조예) 造次(조차)		

作	지을/일으킬/일할/농사/저작	작
	人 5	6급
製作(제작) 作興(작흥) 作況(작황) 習作(습작)		

做	지을	주
	人 9	1급
做作(주작) 做工(주공) 做恭(주공) 看做(간주)		

構	얽을/맺을/집	구
	木 10	4급
構成(구성) 構造(구조) 構怨(구원) 構內(구내)		

破壞 파괴

破	깨뜨릴/깨질/가를/다할	파
	石 5	4급 II
破損(파손) 走破(주파) 破竹之勢(파죽지세)		

壞	무너질/무너뜨릴	괴
	土 16	3급 II
壞滅(괴멸) 倒壞(도괴) 損壞(손괴) 破壞(파괴)		

崩	무너질/천자(天子)죽을	붕
	山 8	3급
崩壞(붕괴) 土崩(토붕) 山崩(산붕) 崩御(붕어)		

頹	무너질/쇠할/질풍	퇴
	頁 7	1급
頹廢(퇴폐) 頹落(퇴락) 頹齡(퇴령) 頹風(퇴풍)		

潰	무너질/문드러질	궤
	水 12	1급
潰滅(궤멸) 決潰(결궤) 潰瘍(궤양) 潰爛(궤란)		

毁	헐/비방할/야윌	훼
	殳 9	3급
毁破(훼파) 毁節(훼절) 毁謗(훼방) 毁瘠(훼척)		

碎	부술/부서질	쇄
	石 8	1급
破碎(파쇄) 玉碎(옥쇄) 粉骨碎身(분골쇄신)		

挫	꺾을/꺾일	좌
	手 7	1급
挫折(좌절) 挫傷(좌상) 挫辱(좌욕) 捻挫(염좌)		

折	꺾을/꺾일/일찍죽을	절
	手 4	4급
屈折(굴절) 夭折(요절) 太剛則折(태강즉절)		

拗	꺾을/비뚤	요
	手 5	1급
拗矢(요시) 執拗(집요) 拗體(요체)		

▼ 打擊 타격

打 칠/타(dozen) 타 | 手 2 | 5급
打電(타전) 安打(안타) 打令(타령) 打算(타산)

擊 칠/마주칠/계도할 격 | 手 13 | 4급
打擊(타격) 攻擊(공격) 目擊(목격) 擊蒙(격몽)

拍 칠/손뼉칠/박자 박 | 手 5 | 4급
拍手(박수) 拍車(박차) 迫擊(박격) 拍子(박자)

拷 칠 고 | 手 6 | 1급
拷問(고문) 拷訊(고신) 拷打(고타) 拷掠(고략)

搏 칠 박 | 手 10 | 1급
搏動(박동) 脈搏(맥박) 搏擊(박격) 手搏(수박)

撲 칠/두드릴 박 | 手 12 | 1급
撲滅(박멸) 撲殺(박살) 打撲(타박) 相撲(상박)

撞 칠/부딪칠 당 | 手 12 | 1급
撞球(당구) 撞木(당목) 自家撞着(자가당착)

敲 두드릴 고 | 攴 10 | 1급
敲擊(고격) 推敲(퇴고) 敲金擊石(고금격석)

叩 두드릴/조아릴/물을 고 | 口 2 | 1급
叩門(고문) 叩問(고문) 叩頭謝罪(고두사죄)

毆 때릴 구 | 殳 11 | 1급
毆打(구타) 毆擊(구격) 毆傷(구상) 毆罵(구매)

撻 매질할 달 | 手 13 | 1급 (註)
撻罰(달벌) 撻楚(달초) 楚撻(초달) 鞭撻(편달)

▼ 採掘 채굴

採 캘/가릴 채 | 手 8 | 4급
採鑛(채광) 採摘(채적) 採用(채용) 採擇(채택)

采 캘/풍채/가릴/채색/식읍 채 | 采 1 | 2급[名]
采緞(채단) 文采(문채) 風采(풍채) 采地(채지)

掘 팔 굴 | 手 8 | 2급
發掘(발굴) 採掘(채굴) 臨渴掘井(임갈굴정)

鑿 뚫을/구멍 착/조 | 金 20 | 1급
鑿巖(착암) 掘鑿(굴착) 方枘圓鑿(방예원조)

穿 뚫을/뀁 천 | 穴 4 | 1급
穿鑿(천착) 穿孔(천공) 穿刺(천자) 貫穿(관천)

鑽 뚫을/끌/송곳 찬 | 金 19 | 2급[名]
鑽刺(찬자) 鑽石(찬석) 鑽研(찬연) 研鑽(연찬)

註 撻 ▶ 鞭 채찍/매질할 편 p.196

窟	굴/움 굴	
	穴 8	2급
窟穴(굴혈) 洞窟(동굴) 石窟(석굴) 巢窟(소굴)		

穴	구멍/굴/움 혈	
	穴 0	3급Ⅱ
穴居(혈거) 墓穴(묘혈) 偕老同穴(해로동혈)		

坑	구덩이/구덩이에 묻을 갱	
	土 4	2급
坑內(갱내) 炭坑(탄갱) 焚書坑儒(분서갱유)		

穽	함정/허방다리 정	
	穴 4	1급
陷穽(함정) 墜穽(추정) 落穽下石(낙정하석)		

探索 탐색

求	구할/탐낼 구	
	水 2	4급Ⅱ
求職(구직) 要求(요구) 實事求是(실사구시)		

探	찾을/더듬을 탐	
	手 8	4급
探究(탐구) 探險(탐험) 探索(탐색) 廉探(염탐)		

索	찾을 색 동아줄/쓸쓸할 삭	
	糸 4	3급Ⅱ
索引(색인) 思索(사색) 索道(삭도) 索莫(삭막)		

搜	찾을 수	
	手 10	3급
搜索(수색) 搜探(수탐) 搜所聞(수소문)		

尋	찾을/보통/여덟자 심	
	寸 9	3급
尋人(심인) 尋常(심상) 枉尺直尋(왕척직심)		

訪	찾을/물을 방	
	言 4	4급Ⅱ
訪問(방문) 探訪(탐방) 尋訪(심방) 訪議(방의)		

覓	찾을/구할 멱	
	見 4	2급[名]
覓來(멱래) 覓得(멱득) 吹毛覓疵(취모멱자)		

摸	더듬어찾을/본뜰 모	
	手 11	1급
摸稜(모릉) 摸倣(모방) 暗中摸索(암중모색)		

偵	염탐할/염탐꾼 정	
	人 9	2급
偵探(정탐) 偵諜(정첩) 探偵(탐정) 偵察(정찰)		

諜	염탐할/염탐꾼 첩	
	言 9	2급
諜報(첩보) 諜者(첩자) 防諜(방첩) 間諜(간첩)		

Ⅱ. 人文編 인문편

10. 哲學 철학

思惟사유 • 存在존재 • 智慧지혜 • 愚昧우매

思惟 사유

한자	뜻	음	부수	획수	급수	용례
思	생각할/생각	사	心	5	5급	思想(사상) 思考(사고) 易地思之(역지사지)
想	생각할/생각	상	心	9	4급 II	想像(상상) 想起(상기) 感想(감상) 假想(가상)
念	생각할/생각/욀	념	心	4	5급	念頭(염두) 念願(염원) 信念(신념) 念佛(염불)
慮	생각할/생각/걱정할	려	心	11	4급	考慮(고려) 念慮(염려) 千慮一失(천려일실)
憶	생각할/기억할	억	心	13	3급 II	憶起(억기) 記憶(기억) 追憶(추억) 回憶(회억)
惟	생각할/오직	유	心	8	3급	惟憂(유우) 惟房(유방) 思惟(사유) 惟獨(유독)
考	상고할/죽은 아비/오래살	고	老	2	5급	詳考(상고) 先考(선고) 考終命(고종명)
料	헤아릴/다스릴/거리/삯	료	斗	6	5급	思料(사료) 料理(요리) 材料(재료) 無料(무료)
勘	헤아릴/국문할	감	力	9	1급	勘案(감안) 勘檢(감검) 校勘(교감) 勘罪(감죄)
忖	헤아릴	촌	心	3	1급	忖度(촌탁)
省	살필/성 덜	성 생	目	4	6급	省察(성찰) 反省(반성) 省都(성도) 省略(생략)
諦	살필/이치	체	言	9	1급	諦觀(체관) 諦念(체념) 要諦(요체) 妙諦(묘체)

諒	살필/참/믿을	량
	言 8	3급
諒解(양해) 諒察(양찰) 海諒(해량) 直諒(직량)		

辨	분별할	변
	辛 9	3급
辨別(변별) 辨證(변증) 辨理(변리) 辨濟(변제)		

覺	깨달을/느낄/드러날	각
	見 13	4급
覺書(각서) 知覺(지각) 感覺(감각) 發覺(발각)		

悟	깨달을/총명할	오
	心 7	3급 II
覺悟(각오) 悔悟(회오) 省悟(성오) 悟性(오성)		

忘	잊을	망
	心 3	3급
忘却(망각) 健忘(건망) 刻骨難忘(각골난망)		

▼ 存在 존재

存	있을/존문할	존
	子 3	4급
存在(존재) 存續(존속) 尙存(상존) 存問(존문)		

在	있을	재
	土 3	6급
內在(내재) 所在(소재) 偏在(편재) 在位(재위)		

有	있을/가질/또	유
	月 2	7급
有名(유명) 有形(유형) 所有(소유) 保有(보유)		

無	없을/아닐	무
	火 8	5급
有無(유무) 無視(무시) 四顧無親(사고무친)		

罔	없을/속일/그물	망
	网 3	3급
罔極(망극) 罔測(망측) 誣罔(무망) 欺罔(기망)		

含	머금을/품을	함
	口 4	3급 II
含蓄(함축) 包含(포함) 含哺鼓腹(함포고복)		

▼ 智慧 지혜

智	슬기로울/슬기	지
	日 8	4급
智慧(지혜) 智略(지략) 理智(이지) 叡智(예지)		

慧	슬기로울/슬기	혜
	心 11	3급 II
慧眼(혜안) 慧智(혜지) 聰慧(총혜) 靈慧(영혜)		

睿	슬기로울	예
	目 9	2급[名]
睿德(예덕) 睿旨(예지) 聰明睿智(총명예지)		

策	꾀/대쪽/채찍질할/과제	책
	竹 6	3급 II
策士(책사) 簡策(간책) 策勵(책려) 對策(대책)		

謨	꾀/꾀할	모
	言 11	2급[名]
謨訓(모훈) 高謨(고모) 奇謨(기모) 典謨(전모)		

謀	꾀할/꾀	모
	言 9	3급 II
謀略(모략) 圖謀(도모) 上兵伐謀(상병벌모)		

字	訓	音	部首/획수	급수	用例
知	알/맡을	지	矢 3	5급	知性(지성) 知事(지사) 知彼知己(지피지기)
識	알/지식 표/기록할	식 지	言 12	5급	知識(지식) 標識(표지) 博學多識(박학다식)
認	알/허락할	인	言 7	4급 II	認知(인지) 認識(인식) 否認(부인) 承認(승인)
賢	어질/어진이	현	貝 8	4급 II	賢人(현인) 賢明(현명) 先賢(선현) 聖賢(성현)
悧	영리할	리	心 7	1급	怜悧(영리)
聰	귀밝을	총	耳 11	3급	聰明(총명) 聰氣(총기) 聰敏(총민) 聰俊(총준)
哲	밝을	철	口 7	3급 II	哲學(철학) 哲理(철리) 明哲保身(명철보신)
喆	밝을/쌍길	철	口 9	2급[名]	* 哲과 同字

▼
愚昧
우매

字	訓	音	部首/획수	급수	用例
愚 (註)	어리석을/자기의겸칭	우	心 9	3급 II	愚直(우직) 愚見(우견) 愚公移山(우공이산)
癡	어리석을	치	疒 14	1급	癡情(치정) 癡漢(치한) 天癡(천치) 音癡(음치)
呆	어리석을	매	口 4	1급	癡呆(치매)
魯	노둔할/노나라	로	魚 4	2급[名]	魯鈍(노둔) 魯論(노론) 鄒魯之鄕(추로지향)

註 愚 ▶ 昧 어두울/어리석을 매 p.177

11. 宗教 종교

信仰신앙 • 悔改회개 • 救助구조 • 生命생명 • 罪惡죄악
死亡사망 • 喪葬상장 • 墳墓분묘 • 祭祀제사 • 佛敎불교
占卜점복

▼ 信仰 신앙

漢字	훈	음	부수	획수	급수	용례
信	믿을/소식/신표/이틀/밤잘/진실로	신	人	7	6급	信念(신념) 信書(신서) 印信(인신) 信宿(신숙)
仰	우러를	앙	人	4	3급Ⅱ	仰慕(앙모) 仰望(앙망) 信仰(신앙) 崇仰(숭앙)
祈	빌/고할	기	示	4	3급Ⅱ	祈禱(기도) 祈願(기원) 祈求(기구) 祈穀(기곡)
禱	빌	도	示	14	1급	禱祈(도기) 祝禱(축도) 默禱(묵도) 泣禱(읍도)
祝	빌/하례할/축문	축	示	5	5급	祝福(축복) 祝願(축원) 感祝(감축) 慶祝(경축)
神	귀신/영묘할/혼	신	示	5	6급	神格(신격) 神學(신학) 神妙(신묘) 精神(정신)
聖	성인/성스러울/천자	성	耳	7	4급Ⅱ	聖人(성인) 聖經(성경) 神聖(신성) 聖恩(성은)
靈	신령/영혼	령	雨	16	3급Ⅱ	神靈(신령) 靈魂(영혼) 聖靈(성령) 靈肉(영육)

▼ 悔改 회개

漢字	훈	음	부수	획수	급수	용례
悔	뉘우칠	회	心	7	3급Ⅱ	悔改(회개) 悔淚(회루) 後悔(후회) 憾悔(감회)
懺	뉘우칠	참	心	17	1급	懺悔(참회) 懺洗(참세)
恨	한할/한/뉘우칠	한	心	6	4급	恨歎(한탄) 情恨(정한) 痛恨(통한) 悔恨(회한)
憾	한할/섭섭할	감	心	13	2급	憾怨(감원) 憾悔(감회) 宿憾(숙감) 遺憾(유감)
懊	한할	오	心	13	1급	懊恨(오한) 懊惱(오뇌) 懊嘆(오탄)
嗟	탄식할/감탄할	차	口	10	1급	嗟歎(차탄) 嗟乎(차호) 嗟惜(차석) 嗟稱(차칭)

한자	훈	음	부수	획수	급수	용례
歎	탄식할/감탄할/한숨	탄	欠	11	4급	歎息(탄식) 感歎(감탄) 晩時之歎(만시지탄)
改	고칠	개	攴	3	5급	改革(개혁) 悔改(회개) 改新敎(개신교)
悛	고칠	전	心	7	1급	悛心(전심) 悛換(전환) 悛容(전용) 改悛(개전)

▼ 救助 구조

한자	훈	음	부수	획수	급수	용례
救	구원할/도울	구	攴	7	5급	救援(구원) 救主(구주) 救濟(구제) 救助(구조)
助 註	도울/도움	조	力	5	4급 II	助力(조력) 自助(자조) 內助(내조) 協助(협조)
援	도울/끌/당길	원	手	9	4급	援助(원조) 援護(원호) 支援(지원) 援引(원인)
扶	도울/부축할	부	手	4	3급 II	扶助(부조) 扶養(부양) 抑强扶弱(억강부약)
贊	도울/기릴	찬	貝	12	3급 II	贊助(찬조) 協贊(협찬) 贊否(찬부) 贊成(찬성)
輔	도울/덧방나무	보	車	7	2급[名]	輔佐(보좌) 輔導(보도) 輔車相依(보거상의)
佐	도울/도움	좌	人	5	3급	輔佐(보좌) 上佐(상좌) 王佐之材(왕좌지재)
弼	도울/도지개	필	弓	9	2급[名]	弼導(필도) 弼成(필성) 輔弼(보필) 匡弼(광필)
佑	도울/도움	우	人	5	2급[名]	保佑(보우) 眷佑(권우) 天佑神助(천우신조)
祐	도울/도움	우	示	5	2급[名]	祐助(우조) 默祐(묵우)
翊	도울	익	羽	5	2급[名]	翊成(익성) 翊戴(익대) 輔翊(보익)
毘	도울	비	比	5	2급[名]	茶毘(다비) 毘盧峯(비로봉)
裨	도울/더할	비	衣	8	1급	裨補(비보) 裨益(비익) 寄與補裨(기여보비)
幇	도울/패거리	방	巾	9	1급	幇助(방조) 助幇(조방) 四人幇(사인방)
恩	은혜	은	心	6	4급 II	恩功(은공) 恩寵(은총) 結草報恩(결초보은)

註 助 ▶ 護 지킬/도울 호 p.133

漢字	훈	음	부수	획수	급수	용례
惠	은혜	혜	心	8	4급Ⅱ	恩惠(은혜) 施惠(시혜) 保惠師(보혜사)
謝	사례할/사죄할/끊을/물러갈	사	言	10	4급Ⅱ	謝恩(사은) 陳謝(진사) 謝絶(사절) 代謝(대사)

▼ 生命 생명

漢字	훈	음	부수	획수	급수	용례
生	날/살/설/사람/백성	생	生	0	8급	生日(생일) 生存(생존) 生硬(생경) 學生(학생)
活	살/살릴 물콸콸흐를	활 괄	水	6	7급	活動(활동) 死活(사활) 復活(부활) 活活(괄괄)
壽	목숨/나이/수할	수	士	11	3급Ⅱ	壽命(수명) 喜壽(희수) 萬壽無疆(만수무강)
命	목숨/운수/명할/이름지을	명	口	5	7급	生命(생명) 運命(운명) 知天命(지천명)
呼	부를/숨내쉴/슬프다할	호	口	5	4급Ⅱ	呼吸(호흡) 嗚呼(오호) 指呼之間(지호지간)
吸	숨들이쉴/마실	흡	口	4	4급Ⅱ	呼吸(호흡) 吸收(흡수) 吸引(흡인) 吸力(흡력)
蘇	깨어날	소	艸	16	3급Ⅱ	蘇生(소생) 蘇聯(소련) 蘇塗(소도) 蘇鐵(소철)
甦	깨어날	소	生	7	1급	甦生(소생)

▼ 罪惡 죄악

漢字	훈	음	부수	획수	급수	용례
罪	허물/벌줄	죄	网	8	5급	罪惡(죄악) 罪人(죄인) 原罪(원죄) 斷罪(단죄)
辜	허물	고	辛	5	1급	無辜(무고) 不辜(불고) 保辜(보고) 罪辜(죄고)
瑕	허물/티	하	玉	9	1급	瑕疵(하자) 瑕玉(하옥) 微瑕(미하) 無瑕(무하)
疵	허물/흠	자	疒	5	1급	疵痕(자흔) 瑕疵(하자) 大醇小疵(대순소자)
惡	악할/나쁠 미워할	악 오	心	8	5급	善惡(선악) 惡食(악식) 惡寒(오한) 憎惡(증오)
害	해할/해	해	宀	7	5급	害惡(해악) 公害(공해) 陰害(음해) 利害(이해)

字	훈/음	부수/획	급	용례
毒	독/독할/해칠 독	毋 4	4급 II	毒氣(독기) 消毒(소독) 毒婦(독부) 毒舌(독설)
弊	폐단/해질/곤할 폐	廾 12	3급 II	弊端(폐단) 語弊(어폐) 弊國(폐국) 疲弊(피폐)
凶	흉할/흉악할/흉년들 흉	凵 2	5급	凶兆(흉조) 吉凶(길흉) 陰凶(음흉) 豊凶(풍흉)
兇	흉악할/두려워할 흉	儿 4	1급	兇漢(흉한) 兇賊(흉적) 元兇(원흉) 兇兇(흉흉)
暴	사나울 폭·포 드러낼/쬘 폭	日 11	4급 II	暴力(폭력) 暴露(폭로) 暴惡(포악) 橫暴(횡포)
虐	사나울 학	虍 3	2급	虐待(학대) 虐政(학정) 自虐(자학) 暴虐(포학)
妄	망령될 망	女 3	3급 II	妄靈(망령) 妖妄(요망) 輕擧妄動(경거망동)
悖	어그러질 패	心 7	1급	悖倫(패륜) 悖德(패덕) 悖類(패류) 行悖(행패)
乖	어그러질 괴	丿 7	1급	乖離(괴리) 乖隔(괴격) 乖悖(괴패) 乖愎(괴팍)
戾	어그러질/돌려줄 려	戶 4	1급	悖戾(패려) 背戾(배려) 乖戾(괴려) 返戾(반려)
猥	외람할/더러울/추잡할 외	犭 9	1급	猥濫(외람) 猥言(외언) 猥書(외서) 猥褻(외설)
違	어길/어긋날/잘못 위	辶 9	3급	違犯(위범) 違法(위법) 違禮(위례) 非違(비위)
犯	범할/범죄/범인/침범할 범	犬 2	4급	犯罪(범죄) 防犯(방범) 共犯(공범) 侵犯(침범)

▼ 死亡 사망

字	훈/음	부수/획	급	용례
死 (註)	죽을/죽음 사	歹 2	6급	死亡(사망) 生死(생사) 九死一生(구사일생)
歿 (註)	죽을 몰	歹 4	1급	歿後(몰후) 戰歿(전몰) 戰歿將兵(전몰장병)
殞	죽을/떨어질 운	歹 10	1급	殞命(운명) 殞斃(운폐) 殞泣(운읍)

註 死 ▶ 卒 군사/마칠/죽을/갑자기 졸 p.134
註 歿 ▶ 沒 빠질/다할/죽을/없을/빼앗을 몰 p.191

字	훈/음	부수/획수	급수	용례
斃	죽을/넘어질 폐	攴 14	1급	斃死(폐사) 斃畜(폐축) 自斃(자폐) 致斃(치폐)
逝 註	갈/죽을 서	辵 7	3급	逝去(서거) 急逝(급서) 夭逝(요서) 永逝(영서)
殉	따라죽을/목숨바칠 순	歹 6	3급	殉死(순사) 殉葬(순장) 殉教(순교) 殉國(순국)
夭	일찍죽을 요	大 1	1급	夭折(요절) 免夭(면요) 壽夭長短(수요장단)
殺	죽일/살 살, 감할/매우 쇄	殳 7	4급II	殺傷(살상) 黙殺(묵살) 相殺(상쇄) 殺到(쇄도)
戮	죽일/욕보일/합할 륙	戈 11	1급	殺戮(살육) 屠戮(도륙) 戮辱(육욕) 戮力(육력)
屠	죽일/백장 도	尸 9	1급	屠殺(도살) 屠漢(도한) 屠龍之技(도룡지기)
煞	죽일/살 살	火 9	1급	急煞(급살) 亡身煞(망신살)
殲	다죽일 섬	歹 17	1급	殲滅(섬멸) 殄殲(진섬) 殲撲(섬박)
弑	윗사람죽일/죽일 시	弋 9	1급	弑害(시해) 弑殺(시살) 弑逆(시역) 毒弑(독시)
絞	목맬/묶을 교, 염포 효	糸 6	2급	絞死(교사) 絞殺(교살) 絞首(교수) 絞布(효포)
縊	목맬 액	糸 10	1급	縊死(액사) 縊殺(액살)

▼ 喪葬 상장

字	훈/음	부수/획수	급수	용례
喪	죽을/초상/잃을 상	口 9	3급II	喪葬(상장) 喪章(상장) 落膽喪魂(낙담상혼)
葬	장사지낼/장사 장	艸 9	3급II	葬事(장사) 葬禮(장례) 葬儀(장의) 火葬(화장)
弔 註	조상할/불쌍히여길/매달 조	弓 1	3급	弔喪(조상) 慶弔(경조) 弔恤(조휼) 弔橋(조교)
殮	염할 렴	歹 13	1급	殮襲(염습) 殮布(염포) 大斂(대렴) 小殮(소렴)
殯	초빈할 빈	歹 14	1급	殯所(빈소) 殯殿(빈전) 殯禮(빈례) 草殯(초빈)
訃	부고 부	言 2	1급	訃告(부고) 訃音(부음) 訃報(부보) 聞訃(문부)

註 逝 ▶ 崩 무너질/천자(天子)죽을 붕 p.64
註 弔 ▶ 輓 끌/만사 만 p.47

賻 — 부의 부 | 貝 10 | 1급
賻儀(부의) 賦斂(부렴) 弔賻(조부)

▼ 墳墓 분묘

墳 — 무덤 분 | 土 12 | 3급
墳墓(분묘) 古墳(고분) 封墳(봉분) 雙墳(쌍분)

墓 註 — 무덤 묘 | 土 11 | 4급
墓地(묘지) 墓碑(묘비) 省墓(성묘) 陵墓(능묘)

塚 註 — 무덤 총 | 土 10 | 1급
貝塚(패총) 石塚(석총) 疑塚(의총) 掘塚(굴총)

壙 — 뫼구덩이 광 | 土 15 | 1급
壙穴(광혈) 作壙(작광) 土壙墓(토광묘)

埋 — 묻을/묻힐 매 | 土 7 | 3급
埋葬(매장) 埋沒(매몰) 埋立(매립) 埋伏(매복)

屍 — 주검 시 | 尸 6 | 2급
屍體(시체) 屍身(시신) 檢屍(검시)

棺 — 널 관 | 木 8 | 1급
棺柩(관구) 入棺(입관) 蓋棺事定(개관사정)

柩 — 널 구 | 木 5 | 1급
運柩(운구) 返柩(반구) 靈柩車(영구차)

槨 — 덧널 곽 | 木 11 | 1급
棺槨(관곽) 木槨(목곽) 石槨(석곽)

碑 — 비석 비 | 石 8 | 4급
碑石(비석) 詩碑(시비) 口碑文學(구비문학)

▼ 祭祀 제사

祭 註 — 제사/제사 지낼 제 | 示 6 | 4급 II
祝祭(축제) 司祭(사제) 冠婚喪祭(관혼상제)

祀 — 제사/제사 지낼 사 | 示 3 | 3급 II
祭祀(제사) 告祀(고사) 奉祀(봉사) 享祀(향사)

奠 — 제사/정할 전 | 大 9 | 1급
釋奠(석전) 祭奠(제전) 奠雁(전안) 奠都(전도)

註 墓 ▶ 陵 언덕/무덤/업신여길/넘을 릉 p.179
註 塚 ▶ 羨 부러워할 선 // 묘도 연 p.46
註 祭 ▶ 忌 꺼릴/미워할/시기할/기일 기 p.57

廟 사당/묘당 묘 | 广 12 | 3급
廟堂(묘당) 文廟(문묘) 宗廟(종묘) 謁廟(알묘)

祠 사당/제사 지낼/제사 사 | 示 5 | 1급
祠堂(사당) 祠院(사원) 廟祠(묘사) 祠壇(사단)

壇 제터/단 단 | 土 13 | 5급
壇上(단상) 祭壇(제단) 敎壇(교단) 文壇(문단)

犧 희생 희 | 牛 16 | 1급
犧牲(희생) 供犧(공희) 犧樽(희준)

牲 희생 생 | 牛 5 | 1급
牲幣(생폐) 牲犢(생독) 犧牲(희생)

贖 속바칠 속 | 貝 15 | 1급
贖罪(속죄) 贖錢(속전) 代贖(대속) 救贖(구속)

歆 흠향할 흠 | 欠 9 | 1급
歆饗(흠향) 歆感(흠감) 歆格(흠격)

佛教 불교

佛 부처/불교 불 | 人 5 | 4급 II
佛敎(불교) 念佛(염불) 佛蘭西(불란서)

陀 부처/비탈질 타 | 阜 5 | 1급
佛陀(불타) 彌陀(미타) 頭陀(두타) 密陀(밀타)

迦 부처이름 가 (註) | 辵 5 | 2급[名]
迦葉(가섭) 釋迦牟尼(석가모니)

彌 두루/오랠/기울/미륵 미 | 弓 14 | 2급[名]
彌漫(미만) 彌久(미구) 彌縫(미봉) 彌勒(미륵)

菩 보살 보 | 艸 8 | 1급
菩薩(보살) 菩提樹(보리수)

薩 보살 살 | 艸 14 | 1급
菩薩(보살)

寺 절 사 / 내시 시 | 寸 3 | 4급 II
寺院(사원) 寺塔(사탑) 山寺(산사) 寺人(시인)

刹 절 찰 | 刀 6 | 2급
寺刹(사찰) 古刹(고찰) 名刹(명찰) 刹那(찰나)

伽 절 가 | 人 5 | 2급[名]
伽藍(가람) 伽倻(가야) 伽陀(가타) 僧伽(승가)

註 迦 ▶ 釋 풀/풀이/내놓을/석가 석 p.103

한자	훈	음	부수	획수	급수	용례
庵	암자	암	广	8	1급	庵子(암자) 庵主(암주) 草庵(초암) 禪庵(선암)
僧	중	승	人	12	3급II	僧侶(승려) 僧舞(승무) 僧服(승복) 道僧(도승)
尼	여승/신중	니	尸	2	2급	尼僧(이승) 僧尼(승니) 比丘尼(비구니)
梵	범어/깨끗할	범	木	7	1급	梵語(범어) 梵唄(범패) 梵閣(범각) 梵行(범행)
唄	염불소리	패	口	7	1급	梵唄(범패) 歌唄(가패)
偈	중의귀글/불시	게	人	9	1급	偈頌(게송) 揭句(게구) 佛偈(불게)
鉢	바리때	발	金	5	2급[名]	鉢囊(발낭) 托鉢(탁발) 衣鉢(의발) 周鉢(주발)
鐸	방울	탁	金	13	1급	木鐸(목탁) 鈴鐸(영탁) 風鐸(풍탁) 銅鐸(동탁)
衲	장삼/기울	납	衣	4	1급	衲衣(납의) 衲子(납자) 梵衲(범납) 衲被(납피)
袈	가사	가	衣	5	1급	袈裟(가사) 錦袈(금가)
禪	선위할/봉선/선	선	示	12	3급II	禪讓(선양) 封禪(봉선) 禪敎(선교) 參禪(참선)
涅	개흙/검게물들일/열반	녈	水	7	1급	涅齒(열치) 涅槃(열반)
卍	만자	만	十	4	1급	卍字(만자) 卍海(만해)

▼ 占卜 점복

한자	훈	음	부수	획수	급수	용례
占	점/점칠 차지할	점 점	卜	3	4급	易占(역점) 占術(점술) 占取(점취) 獨占(독점)
卜	점/점칠/짐	복	卜	0	3급	卜債(복채) 卜術(복술) 占卜(점복) 卜馬(복마)
卦	점괘	괘	卜	6	1급	卦兆(괘조) 八卦(팔괘) 占卦(점괘) 吉卦(길괘)

艮	괘이름	간
	艮 0	2급[名]
艮卦(간괘) 艮方(간방)		

爻	효/육효	효
	爻 0	1급
爻辭(효사) 數爻(수효) 卦爻(괘효) 六爻(육효)		

讖	참서/조짐	참
	言 17	1급
讖言(참언) 讖書(참서) 圖讖(도참) 詩讖(시참)		

巫	무당	무
	工 4	1급
巫堂(무당) 巫俗(무속) 巫卜(무복) 男巫(남무)		

覡	박수	격
	見 7	1급
巫覡(무격)		

鬼	귀신	귀
	鬼 0	3급Ⅱ
鬼神(귀신) 雜鬼(잡귀) 神出鬼沒(신출귀몰)		

魔	마귀/마술	마
	鬼 11	2급
斷末魔(단말마) 好事多魔(호사다마)		

儺	푸닥거리	나
	人 19	1급
儺禮(나례) 儺者(나자) 大儺(대나) 驅儺(구나)		

12. 倫理 윤리

道德도덕 • 根本근본 • 眞正진정 • 虛僞허위 • 欺瞞기만
誘惑유혹 • 竊盜절도 • 姦淫간음

▼
道德
도덕

倫	인륜/무리	륜
	人 8	3급Ⅱ
倫理(윤리) 人倫(인륜) 倫匹(윤필) 絶倫(절륜)		

孝	효도/효자	효
	子 4	7급
孝道(효도) 孝親(효친) 不孝(불효) 篤孝(독효)		

德	덕/복/어진이	덕
	彳 12	5급
德望(덕망) 道德(도덕) 賢德(현덕) 人德(인덕)		

悳	덕	덕
	心 8	2급[名]
大悳(대덕) *德의 古字		

禮	예도/예/예물	례
	示 13	6급
禮節(예절) 禮拜(예배) 婚禮(혼례) 禮緞(예단)		

儀	거동/본보기/예의	의
	人 13	4급
禮儀(예의) 威儀(위의) 儀表(의표) 儀式(의식)		

俗 풍속/속될/속인 — 속
人 7 | 4급 II
俗談(속담) 風俗(풍속)
通俗(통속) 雅俗(아속)

慣 익숙할 — 관
心 11 | 3급 II
慣性(관성) 慣行(관행)
慣習(관습) 習慣(습관)

公 공변될/드러낼/공작 — 공
八 2 | 6급
公平(공평) 公開(공개)
公明正大(공명정대)

私 사사/사사로이할 — 사
禾 2 | 4급
私事(사사) 私通(사통)
先公後私(선공후사)

義 옳을/뜻 — 의
羊 7 | 4급 II
義足(의족) 正義(정의)
見利思義(견리사의)

庸 떳떳할/쓸/어리석을/범상할/구실 — 용
广 8 | 3급
中庸(중용) 登庸(등용)
庸劣(용렬) 庸常(용상)

效 본받을/힘쓸/보람 — 효
攴 6 | 5급
效則(효칙) 效顰(효빈)
效忠(효충) 效驗(효험)

楷 본보기/해서 — 해
木 9 | 1급
模式(해식) 模楷(모해)
楷書(해서) 楷正(해정)

▼
根本
근본

本 근본/책 — 본 (註)
木 1 | 6급
本分(본분) 根本(근본)
原本(원본) 納本(납본)

原 근원/들/벌판/용서할 — 원
厂 8 | 5급
原形(원형) 原則(원칙)
草原(초원) 原諒(원량)

源 근원 — 원
水 10 | 4급
根源(근원) 起源(기원)
本源(본원) 語源(어원)

宗 마루/갈래/사당 — 종
宀 5 | 4급 II
宗家(종가) 宗教(종교)
宗派(종파) 宗社(종사)

紀 벼리/적을/해/다스릴 — 기
糸 3 | 4급
紀綱(기강) 紀傳(기전)
西紀(서기) 紀元(기원)

綱 벼리/대강/다스릴 — 강
糸 8 | 3급 II
綱領(강령) 綱目(강목)
三綱五倫(삼강오륜)

維 벼리/맬/지탱할/줄 — 유
糸 8 | 3급 II
四維(사유) 纖維(섬유)
進退維谷(진퇴유곡)

綸 벼리/다스릴 륜 / 관건 관
糸 8 | 1급
釣綸(조륜) 經綸(경륜)
綸音(윤음) 綸巾(관건)

註 本 ▶ 根 뿌리/근본/밑동/근 근 p.200
基 터/바탕/근본/기(단위) 기 p.232
樞 지도리/고동/근본/별이름 추 p.232

▼
眞正
진정

한자	훈	음	부수	획수	급수	용례
眞	참/화상	진	目	5	4급Ⅱ	眞理(진리) 御眞(어진) 弄假成眞(농가성진)
正	바를/바로잡을/본/정월/과녁	정	止	1	7급	正直(정직) 正副(정부) 賀正(하정) 正鵠(정곡)
匡	바룰/바로잡을	광	匚	4	1급	匡救(광구) 一匡(일광) 改善匡正(개선광정)
矯	바로잡을/속일	교	矢	12	3급	矯正(교정) 矯奪(교탈) 矯角殺牛(교각살우)
訂	바로잡을	정	言	2	3급	訂正(정정) 訂定(정정) 校訂(교정) 改訂(개정)
董	바로잡을	동	艸	9	2급[名]	董督(동독) 骨董(골동) 董狐之筆(동호지필)
可	옳을/가히/허락할	가	口	2	5급	可否(가부) 可謂(가위) 不可(불가) 許可(허가)
是	옳을/이	시	日	5	4급Ⅱ	是日(시일) 是正(시정) 是是非非(시시비비)
妥	온당할/평온할	타	女	4	3급	妥當(타당) 妥協(타협) 妥結(타결) 未妥(미타)
適	맞을/갈	적	辵	11	4급	適當(적당) 適性(적성) 自適(자적) 適歸(적귀)
當	마땅할/맡을/이,그/저당	당	田	8	5급	當然(당연) 勘當(감당) 當時(당시) 典當(전당)
宜	마땅할/옳을	의	宀	5	3급	宜當(의당) 便宜(편의) 時宜適切(시의적절)
確	확실할/굳을	확	石	10	4급Ⅱ	確證(확증) 正確(정확) 確立(확립) 確志(확지)
貞	곧을	정	貝	2	3급Ⅱ	貞淑(정숙) 貞操(정조) 童貞(동정) 不貞(부정)
肯	즐길/긍정할	긍	肉	4	3급	肯諾(긍낙) 肯意(긍의) 肯定(긍정) 首肯(수긍)
允	진실로/허락할/마땅할	윤	儿	2	2급[名]	允許(윤허) 允當(윤당) 允文允武(윤문윤무)
洵	진실로/소리없이울	순	水	6	2급[名]	洵美(순미) 洵涕(순체)

虛僞 허위

假	거짓/빌/잠시/가령	가
	人 9	4급 II
假名(가명) 假借(가차) 假縫(가봉) 假令(가령)		

僞	거짓	위
	人 12	3급 II
僞善(위선) 僞造(위조) 虛僞(허위) 眞僞(진위)		

不	아닐/아니	불·부
	一 3	7급
不便(불편) 不滿(불만) 不當(부당) 不足(부족)		

非	아닐/그를/나무랄	비
	非 0	4급 II
是非(시비) 非難(비난) 非一非再(비일비재)		

未	아닐/여덟째지지/미래	미
	木 1	4급 II
未然(미연) 未來(미래) 未安(미안) 未正(미정)		

否	아닐 막힐/나쁠	부 비
	口 4	4급
否認(부인) 可否(가부) 否塞(비색) 否運(비운)		

弗	아닐/달러/불소	불
	弓 2	2급
弗豫(불예) 弗貨(불화) 美弗(미불) 弗素(불소)		

誤	그르칠/잘못	오
	言 7	4급 II
誤解(오해) 誤發(오발) 誤入(오입) 正誤(정오)		

謬	그릇될/잘못	류
	言 11	2급
過謬(과류) 誤謬(오류) 訛謬(와류) 無謬(무류)		

訛	그릇될/거짓/사투리	와
	言 4	1급
訛傳(와전) 訛脫(와탈) 訛僞(와위) 訛語(와어)		

捏	이길	날
	手 7	1급
捏造(날조)		

欺瞞 기만

詐	속일	사
	言 5	3급
詐欺(사기) 詐僞(사위) 兵不厭詐(병불염사)		

欺	속일	기
	欠 8	3급
欺瞞(기만) 欺罔(기망) 詐欺(사기) 誣欺(무기)		

瞞	속일	만
	目 11	1급
瞞着(만착) 欺瞞(기만)		

詭	속일/괴이할	궤
	言 6	1급
詭辯(궤변) 詭計(궤계) 詭譎(궤휼) 詭特(궤특)		

誣	속일/무고할	무
	言 7	1급
誣罔(무망) 誣告(무고) 惑世誣民(혹세무민)		

騙	속일/뛰어오를	편
	馬 19	1급
騙取(편취) 騙馬(편마) 欺人騙財(기인편재)		

疑 의심할/의심 의
疋 9 4급
疑心(의심) 疑惑(의혹)
質疑(질의) 嫌疑(혐의)

訝 의심할/맞을 아
言 4 1급
訝惑(아혹) 疑訝(의아)
驚訝(경아) 訝賓(아빈)

誘惑 유혹

迷 미혹할/헤맬 미
辵 6 3급
迷惑(미혹) 迷信(미신)
昏迷(혼미) 迷宮(미궁)

惑 미혹할 혹
心 8 3급 II
惑星(혹성) 疑惑(의혹)
迷惑(미혹) 不惑(불혹)

魅 호릴/도깨비 매
鬼 5 2급
魅惑(매혹) 魅了(매료)
魅醉(매취) 鬼魅(귀매)

誘 꾈/달랠 유
言 7 3급 II
誘惑(유혹) 誘引(유인)
誘致(유치) 勸誘(권유)

拐 후릴/속일/지팡이 괴
手 5 1급
誘拐(유괴) 拐騙(괴편)
拐帶(괴대) 拐杖(괴장)

唆 부추길 사
口 7 2급
敎唆(교사) 示唆(시사)

嗾 부추길 주
口 11 1급
使嗾(사주) 嗾囑(주촉)

煽 부추길/부채질할 선
火 10 1급
煽動(선동) 煽情(선정)
煽惑(선혹) 煽亂(선란)

惹 이끌 야
心 9 2급
惹端(야단) 惹鬧(야료)
惹起鬧端(야기요단)

眩 아찔할/현혹할/현혹하게할 현
目 5 1급
瞑眩(명현) 眩惑(현혹)
眩氣(현기) 眩暈(현훈)

竊盜 절도

盜 도둑/훔칠 도
皿 7 4급
盜賊(도적) 盜用(도용)
鷄鳴狗盜(계명구도)

賊 도둑/훔칠/해칠/역적 적
貝 6 4급
逆賊(역적) 賊民(적민)
賊反荷杖(적반하장)

寇 도둑/약탈할 구
宀 8 1급
寇賊(구적) 寇掠(구략)
窮寇莫追(궁구막추)

漢字	훈	음	부수	획수	급수	용례
匪	비적/도둑	비	匚	8	2급	匪賊(비적) 匪徒(비도) 共匪(공비) 討匪(토비)
竊	훔칠/도둑/몰래	절	穴	17	3급	竊盜(절도) 竊取(절취) 剽竊(표절) 竊笑(절소)
剽	빼앗을/겁박할	표	刀	11	1급	剽竊(표절) 剽盜(표도) 剽奪(표탈) 剽掠(표략)
擄	노략질할	로	手	13	1급	擄掠(노략) 侵擄(침노)
掠	노략질할	략	手	8	3급	掠奪(약탈) 侵掠(침략) 攻掠(공략) 擄掠(노략)

▼ 姦淫 간음

漢字	훈	음	부수	획수	급수	용례
姦	간음할/간사할	간	女	6	3급	姦淫(간음) 姦通(간통) 大姦似忠(대간사충)
淫	음란할	음	水	8	3급 II	淫亂(음란) 淫蕩(음탕) 淫談悖說(음담패설)
蕩	방탕할/쓸	탕	艸	12	1급	蕩盡(탕진) 掃蕩(소탕) 虛浪放蕩(허랑방탕)
宕 註	방탕할/탕건	탕	宀	5	1급	豪宕(호탕) 跌宕(질탕) 宕巾(탕건) 巾宕(건탕)
娼	창녀/노는 계집	창	女	8	1급	娼女(창녀) 娼婦(창부) 私娼(사창) 街娼(가창)
妓	기생	기	女	4	1급	妓生(기생) 妓房(기방) 娼妓(창기) 義妓(의기)

註 宕 ▶ 佚 편안할/숨을 일 // 흐릴/갈마들 질 p.85

13. 價値 가치

平和평화 • 希望희망 • 幸福행복 • 不幸불행 • 超越초월
貴賤귀천 • 尊敬존경 • 實用실용 • 成功성공 • 全體전체
部分부분 • 喪失상실 • 變化변화 • 混亂혼란 • 純粹순수
汚濁오탁 • 洗淨세정

▼
平和 평화

平	**평평할**/고를/쉬울/평정할	평
	干 2	7급
平面(평면) 平和(평화) 平凡(평범) 平定(평정)		

和	**화할**/답할/섞을/나라 이름	화
	口 5	6급
和平(화평) 唱和(창화) 混和(혼화) 和食(화식)		

協	**화할**/화합할	협
	十 6	4급Ⅱ
協和(협화) 協力(협력) 協奏(협주) 協商(협상)		

燮	**화할**/불꽃	섭
	火 13	2급[名]
燮和(섭화) 燮理(섭리) 燮伐(섭벌)		

雍	**화할**/화목할	옹
	隹 5	2급[名]
雍和(옹화) 雍齒(옹치)		

旼	**화할**/온화할	민
	日 4	2급[名]

諧	**화할**/희롱할/농	해
	言 9	1급
諧和(해화) 諧調(해조) 諧謔(해학) 諧語(해어)		

睦	**화목할**	목
	目 8	3급Ⅱ
睦族(목족) 和睦(화목) 親睦(친목) 敦睦(돈목)		

穆	**화목할**/아름다울/사당차례	목
	禾 11	2급[名]
和穆(화목) 穆穆(목목) 昭穆(소목)		

邕	**화목할**	옹
	邑 3	2급[名]
邕穆(옹목)		

便	**편할**/소식/편 똥/오줌	편 변
	人 7	7급
便利(편리) 便紙(편지) 增便(증편) 便所(변소)		

安	**편안**/편안할/어찌/값쌀	안
	宀 3	7급
安全(안전) 安價(안가) 安得不然(안득불연)		

한자	뜻	음	부수	획수	급수	용례
康	**편안할**/풍년들/오거리	강	广	8	4급II	平康(평강) 小康(소강) 康年(강년) 康衢(강구)
寧	**편안할**/차라리/어찌	녕	宀	11	3급II	寧日(영일) 安寧(안녕) 壽福康寧(수복강녕)
逸	**편안할**/숨을/달아날/뛰어날	일	辵	8	3급II	隱逸(은일) 逸走(일주) 一勞永逸(일로영일)
穩	**편안할**	온	禾	14	2급	穩健(온건) 穩當(온당) 平穩(평온) 不穩(불온)
佚	**편안할**/숨을 일 **흐릴**/갈마들 질	일/질	人	5	1급	佚遊(일유) 佚民(일민) 佚蕩(질탕) 更佚(경질)
靖	**편안할**/다스릴	정	靑	5	1급	靖國(정국) 安靖(안정) 靖亂功臣(정란공신)
憺	**편안할**/두려워할	담	心	13	1급	憺然(담연) 憺畏(담외) 慘憺(참담)

▼ 希望 희망

한자	뜻	음	부수	획수	급수	용례
希	**바랄**	희	巾	4	4급II	希望(희망) 希求(희구) 希願(희원) 希慕(희모)
望	**바랄**/바라볼/이름/보름	망	月	7	5급	所望(소망) 眺望(조망) 名望(명망) 朔望(삭망)
願	**바랄**/원할/소망	원	頁	10	5급	願望(원망) 願書(원서) 所願(소원) 歎願(탄원)
冀	**바랄**	기	八	14	2급[名]	冀圖(기도) 冀望(기망) 冀願(기원) 幸冀(행기)
企	**꾀할**/바랄/발돋움할	기	人	4	3급II	企劃(기획) 企業(기업) 企待(기대) 企望(기망)
待	**기다릴**/대접할	대	彳	6	6급	待望(대망) 優待(우대) 鶴首苦待(학수고대)

▼ 幸福 행복

한자	뜻	음	부수	획수	급수	용례
幸	**다행**/바랄/필/거동할	행	干	5	6급	幸運(행운) 幸冀(행기) 幸姬(행희) 行幸(행행)
福	복/제수	복	示	9	5급	福音(복음) 福祿(복록) 幸福(행복) 飮福(음복)
祚	복/자리	조	示	5	2급[名]	福祚(복조) 國祚(국조) 年祚(연조) 登祚(등조)

祜 복 — 호 | 示 5 | 2급[名]
天祜(천호)

禧 복/길할 — 희 | 示 12 | 2급[名]
禧年(희년) 新禧(신희)

祉 복 — 지 | 示 4 | 1급
祉福(지복) 福祉(복지)
祥祉(상지)

吉 길할 — 길 | 口 3 | 5급
吉兆(길조) 吉禮(길례)
立春大吉(입춘대길)

祥 상서로울/조짐/제사 — 상 | 示 6 | 3급
祥瑞(상서) 吉祥(길상)
發祥(발상) 大祥(대상)

瑞 상서로울/상서/홀 — 서 | 玉 9 | 2급
瑞氣(서기) 瑞祥(서상)
瑞兆(서조) 瑞雪(서설)

禎 상서/복 — 정 | 示 9 | 2급[名]
禎祥(정상)

慶 경사/하례할 — 경 | 心 11 | 4급II
慶事(경사) 慶祝(경축)
慶賀(경하) 同慶(동경)

賀 하례할 — 하 | 貝 5 | 3급II
賀禮(하례) 祝賀(축하)
謹賀新年(근하신년)

享 누릴/드릴/제사지낼 — 향 | 亠 6 | 3급
享有(향유) 享年(향년)
享禮(향례) 享祀(향사)

▼ 不幸 불행

災 재앙 — 재 | 火 3 | 5급
災害(재해) 災難(재난)
防災(방재) 水災(수재)

殃 재앙 — 앙 | 歹 5 | 3급
殃禍(앙화) 災殃(재앙)
殃及池魚(앙급지어)

禍 재앙 — 화 | 示 9 | 3급II
禍福(화복) 禍根(화근)
轉禍爲福(전화위복)

厄 재앙 — 액 | 厂 2 | 3급
厄年(액년) 厄運(액운)
災厄(재액) 橫厄(횡액)

困 곤할/지칠/어려울/괴로움 — 곤 | 口 4 | 4급
困難(곤란) 困境(곤경)
困獸猶鬪(곤수유투)

難 어려울/난리/나무랄 — 난 | 隹 11 | 4급II
難題(난제) 患難(환난)
難兄難弟(난형난제)

漢字	훈	음	부수	획수	급수	용례
艱	어려울/당고(當故)	간	艮	11	1급	艱難(간난) 艱辛(간신) 內艱(내간) 遭艱(조간)

▼ 超越 초월

漢字	훈	음	부수	획수	급수	용례
超	뛰어넘을/뛰어날	초	走	5	3급Ⅱ	超越(초월) 超脫(초탈) 出超(출초) 超人(초인)
越	넘을/넘길/월나라	월	走	5	3급Ⅱ	追越(추월) 越等(월등) 越女齊姬(월녀제희)
踰	넘을	유	足	9	2급[名]	踰年(유년) 踰月(유월) 踰嶺(유령) 踰越(유월)
卓	높을/뛰어날/탁자	탁	十	6	5급	卓越(탁월) 卓見(탁견) 卓上空論(탁상공론)
能	능할/재능	능	肉	6	5급	能通(능통) 能爛(능란) 本能(본능) 知能(지능)
特 (註)	특별할/홀로/수소	특	牛	6	6급	特別(특별) 英特(영특) 特有(특유) 特行(특행)
最	가장	최	曰	8	5급	最初(최초) 最高(최고) 最善(최선) 最適(최적)
優	넉넉할/뛰어날/구차할/광대	우	人	15	4급	優待(우대) 優劣(우열) 優柔不斷(우유부단)
秀	빼어날/이삭팰	수	禾	2	4급	秀麗(수려) 秀才(수재) 優秀(우수) 秀穎(수영)
元	으뜸/근본/원나라/연호	원	儿	2	5급	元祖(원조) 壯元(장원) 元本(원본) 建元(건원)
霸	으뜸	패	雨	13	2급	霸者(패자) 霸權(패권) 霸氣(패기) 制霸(제패)
副	버금	부	刀	9	4급Ⅱ	副次(부차) 副業(부업) 副賞(부상) 正副(정부)
次	버금/차례/번차	차	欠	2	4급Ⅱ	次男(차남) 副次(부차) 次例(차례) 兩次(양차)
亞	버금	아	二	6	3급Ⅱ	亞流(아류) 亞聖(아성) 亞細亞(아세아)

註 特 ▶ 殊 다를/뛰어날/벨 수 p.168

貴賤 귀천

한자	훈음	음	부수/획수	급수	용례
貴	귀할/귀히 여길	귀	貝 5	5급	貴重(귀중) 貴下(귀하) 尊貴(존귀) 品貴(품귀)
賤	천할/천히 여길	천	貝 8	3급Ⅱ	賤民(천민) 貴賤(귀천) 卑賤(비천) 賤易(천이)
卑	낮을/낮출	비	十 6	3급Ⅱ	尊卑(존비) 卑下(비하) 登高自卑(등고자비)
俚 (註)	속될	리	人 7	1급	俚言(이언) 俚俗(이속) 詞俚不載(사리부재)

尊敬 존경

한자	훈음	음	부수/획수	급수	용례
尊	높을/높일	존	寸 9	4급Ⅱ	尊屬(존속) 尊重(존중) 男尊女卑(남존여비)
崇 (註)	높을/높일	숭	山 8	4급	崇高(숭고) 尊崇(존숭) 崇尙(숭상) 崇拜(숭배)
敬	공경할/공경/삼갈	경	攴 9	5급	敬拜(경배) 恭敬(공경) 敬天愛人(경천애인)
欽	공경할/칙명	흠	欠 8	2급[名]	欽慕(흠모) 欽服(흠복) 欽定(흠정) 欽命(흠명)
奉	받들/바칠	봉	大 5	5급	奉仕(봉사) 奉養(봉양) 奉讀(봉독) 信奉(신봉)
捧	받들	봉	手 8	1급	捧納(봉납) 高捧(고봉) 代捧(대봉) 秋捧(추봉)
威	위엄/세력	위	女 6	4급	威嚴(위엄) 威壓(위압) 權威(권위) 示威(시위)
嚴	엄할/혹독할	엄	口 17	4급	嚴格(엄격) 嚴寒(엄한) 嚴父慈母(엄부자모)
肅	엄숙할/삼갈/공경할	숙	聿 7	4급	肅然(숙연) 靜肅(정숙) 肅淸(숙청) 自肅(자숙)
莊	엄숙할/별장	장	艸 7	3급Ⅱ	莊嚴(장엄) 莊重(장중) 莊子(장자) 別莊(별장)
儼	의젓할	엄	人 20	1급	儼然(엄연) 儼存(엄존) 儼恪(엄각)
拜	절/삼갈/받을	배	手 5	4급Ⅱ	拜金(배금) 崇拜(숭배) 拜命(배명) 拜謁(배알)

註 俚 ▶ 俗 풍속/속될 속 p.79
註 崇 ▶ 尙 오히려/숭상할/높을 상 p.108

漢字	훈	음	부수/획수	급수	용례
頓 註	조아릴/가지런히할/갑자기	돈	頁 4	2급[名]	頓首(돈수) 頓喫(돈끽) 停頓(정돈) 頓悟(돈오)
揖	읍할	읍	手 9	1급	揖禮(읍례) 揖讓(읍양) 揖遜(읍손) 拜揖(배읍)

▼ 實用 실용

漢字	훈	음	부수/획수	급수	용례
用	쓸/씀씀이	용	用 0	6급	用途(용도) 費用(비용) 利用厚生(이용후생)
費	쓸/비용	비	貝 5	5급	消費(소비) 浪費(낭비) 費目(비목) 經費(경비)
具 註	갖출/그릇/함께	구	八 6	5급	具備(구비) 具色(구색) 道具(도구) 器具(기구)
備	갖출/예비	비	人 10	4급 II	備考(비고) 準備(준비) 有備無患(유비무환)
該	갖출/그	해	言 6	3급	該博(해박) 該悉(해실) 該當(해당) 該氏(해씨)
需	구할/요구	수	雨 6	3급 II	需要(수요) 需給(수급) 婚需(혼수) 軍需(군수)
要	구할/요긴할/요할/요컨대/사북	요	襾 3	5급	要請(요청) 要緊(요긴) 重要(중요) 必要(필요)
緊	긴할/팽팽할/줄일	긴	糸 8	3급 II	緊急(긴급) 緊切(긴절) 緊張(긴장) 緊縮(긴축)

▼ 成功 성공

漢字	훈	음	부수/획수	급수	용례
成	이룰/이루어질	성	戈 3	6급	成功(성공) 成形(성형) 成婚(성혼) 完成(완성)
遂	이룰/드디어	수	辵 9	3급	遂行(수행) 完遂(완수) 遂誠(수성) 遂成(수성)
功	공	공	力 3	6급	功勞(공로) 成功(성공) 功過相半(공과상반)
勳	공	훈	力 14	2급	勳功(훈공) 勳章(훈장) 殊勳(수훈) 報勳(보훈)
興	일/일으킬/흥	흥	臼 9	4급 II	興國(흥국) 勃興(발흥) 興業(흥업) 興趣(흥취)
榮	영화/번영할/빛	영	木 10	4급 II	榮光(영광) 榮辱(영욕) 虛榮(허영) 榮落(영락)

註 頓 ▶ 叩 두드릴/조아릴/물을 고 p.65
註 具 ▶ 俱 함께/갖출 구 p.20

漢字	訓	音	部首	劃數	級數	用例
亨	형통할	형	亠	5	3급	亨通(형통) 亨國(형국) 亨嘉(형가)
繁	번성할/많을/번잡할	번	糸	11	3급 II	繁榮(번영) 繁華(번화) 繁殖(번식) 繁閑(번한)
昌	창성할	창	日	4	3급 II	昌盛(창성) 殷昌(은창) 繁昌(번창) 隆昌(융창)
旺	왕성할	왕	日	4	2급[名]	旺盛(왕성) 旺運(왕운) 興旺(흥왕) 康旺(강왕)
盛 註	성할/담을	성	皿	7	4급 II	盛況(성황) 全盛(전성) 盛水不漏(성수불루)
郁	성할/향기로울	욱	邑	6	2급[名]	郁郁(욱욱) 郁烈(욱렬) 鬱郁(울욱) 馥郁(복욱)
熹	성할/희미할	희	火	12	2급[名]	熹微(희미) 朱熹(주희)
賞	상줄/상/즐길/칭찬할	상	貝	8	5급	賞罰(상벌) 玩賞(완상) 論功行賞(논공행상)

▼ 全體 전체

漢字	訓	音	部首	劃數	級數	用例
完	완전할/완전히할	완	宀	4	5급	完全(완전) 完成(완성) 未完(미완) 補完(보완)
全	온전할/온통	전	入	4	7급	全體(전체) 全身(전신) 文武兼全(문무겸전)
諸	모든/여러	제	言	9	3급 II	諸君(제군) 諸賢(제현) 諸氏(제씨) 諸元(제원)
皆 註	다	개	白	4	3급	皆勤(개근) 擧皆(거개) 國民皆兵(국민개병)
咸	다	함	口	6	3급	咸告(함고) 咸池(함지) 咸興差使(함흥차사)
僉	다/모두	첨	人	11	1급	僉知(첨지) 僉議(첨의) 僉意(첨의) 僉位(첨위)
悉	다	실	心	7	1급	悉皆(실개) 備悉(비실) 知悉(지실) 詳悉(상실)
梗	대개/곧을/굳셀/막힐	경	木	7	1급	梗槪(경개) 梗正(경정) 剛梗(강경) 梗塞(경색)
槪	대개/절개/풍치	개	木	11	3급 II	槪要(개요) 槪念(개념) 節槪(절개) 景槪(경개)

註 盛 ▶ 隆 높을/성할/두터울/클 륭 p.162
註 皆 ▶ 總 거느릴/다/모을/묶을 총 p.55

每 매양/마다 **매**
毋 3 | 7급
每每(매매) 每樣(매양)
每番(매번) 每日(매일)

部分 부분

附 붙을/붙일 **부**
阜 5 | 3급Ⅱ
附着(부착) 附錄(부록)
附和雷同(부화뇌동)

屬 붙일/무리/살붙이 **속**
尸 18 | 4급
附屬(부속) 從屬(종속)
金屬(금속) 族屬(족속)

貼 붙일/붙을/첩 **첩**
貝 5 | 1급
貼付(첩부) 公貼(공첩)
貼藥(첩약) 分貼(분첩)

片 조각/한쪽 **편**
片 0 | 3급Ⅱ
片鱗(편린) 片戀(편련)
一片丹心(일편단심)

段 조각/구분/층계/방법/단 **단**
殳 5 | 4급
段落(단락) 段階(단계)
手段(수단) 高段(고단)

各 각각/여러 **각**
口 3 | 6급
各各(각각) 各其(각기)
各界(각계) 各種(각종)

喪失 상실

失 (註) 잃을/허물 **실**
大 2 | 6급
失業(실업) 亡失(망실)
失言(실언) 過失(과실)

廢 폐할/버릴/못쓰게될/폐질 **폐**
广 12 | 3급Ⅱ
廢止(폐지) 廢棄(폐기)
存廢(존폐) 廢品(폐품)

棄 버릴 **기**
木 8 | 3급
棄權(기권) 破棄(파기)
自暴自棄(자포자기)

捨 버릴/베풀 **사**
手 8 | 3급
捨象(사상) 喜捨(희사)
捨生取義(사생취의)

捐 버릴/기부할 **연**
手 7 | 1급
捐棄(연기) 捐軀(연구)
出捐(출연) 義捐(의연)

拌 버릴/섞을 **반**
手 5 | 1급
攪拌(교반)
攪拌機(교반기)

抹 지울/바를 **말**
手 5 | 1급
抹消(말소) 抹殺(말살)
一抹(일말) 塗抹(도말)

消 사라질/꺼질/끌 **소**
水 7 | 6급
消滅(소멸) 消化(소화)
取消(취소) 消燈(소등)

耗 줄/줄일/쓸 **모**
耒 4 | 1급
磨耗(마모) 耗損(모손)
減耗(감모) 消耗(소모)

註 失 ▶ 喪 죽을/초상/잃을 상 p.74

漢字	訓	音	部首/획수	급수	용례
滅	멸할/꺼질	멸	水 10	3급Ⅱ	消滅(소멸) 明滅(명멸) 生者必滅(생자필멸)
亡	망할/잃을/죽을/달아날	망	亠 1	5급	興亡(흥망) 亡命(망명) 存亡之秋(존망지추)
脫	벗을/벗길/빠질	탈	肉 7	4급	脫衣(탈의) 脫皮(탈피) 逸脫(일탈) 脫漏(탈루)
剝	벗길	박	刀 8	1급	剝奪(박탈) 剝皮(박피) 剝離(박리) 剝製(박제)
奪	빼앗을/잃을	탈	大 11	3급Ⅱ	奪取(탈취) 與奪(여탈) 換骨奪胎(환골탈태)
簒	빼앗을	찬	竹 10	1급	簒奪(찬탈) 簒逆(찬역) 簒位(찬위) 簒弑(찬시)

變化 변화

漢字	訓	音	部首/획수	급수	용례
變 註	변할/고칠/변화/변고	변	言 16	5급	變法(변법) 事變(사변) 突然變異(돌연변이)
化	화할/교화할	화	匕 2	5급	化學(화학) 化石(화석) 歸化(귀화) 敎化(교화)
代	대신할/시대/대/값	대	人 3	6급	代理(대리) 現代(현대) 十代(십대) 食代(식대)
替	바꿀/쇠할	체	曰 8	3급	代替(대체) 交替(교체) 移替(이체) 隆替(융체)
易	바꿀/주역 / 쉬울	역 / 이	日 4	4급	易經(역경) 難易(난이) 易地皆然(역지개연)
兌	바꿀/기쁠/태괘	태	儿 5	2급[名]	兌換(태환) 發兌(발태) 兌方(태방) 兌卦(태괘)
換	바꿀	환	手 9	3급Ⅱ	換率(환율) 交換(교환) 互換(호환) 置換(치환)
遞	갈마들/역말	체	辵 10	3급	遞減(체감) 數遞(삭체) 遞代(체대) 郵遞(우체)
迭	갈마들	질	辵 5	1급	迭代(질대) 更迭(경질) 交迭(교질)

混亂 혼란

漢字	訓	音	部首/획수	급수	용례
混	섞을/섞일	혼	水 8	4급	混合(혼합) 混濁(혼탁) 混線(혼선) 混血(혼혈)
雜	섞일/섞을/번거로울	잡	隹 10	4급	雜多(잡다) 混雜(혼잡) 雜湯(잡탕) 煩雜(번잡)
錯	섞일/어긋날	착	金 8	3급Ⅱ	錯雜(착잡) 錯亂(착란) 錯誤(착오) 錯覺(착각)

註 變 ▶ 更 다시 갱 // 고칠/바꿀/시각 경 p.108

한자	훈	음	부수/획수	급수	용례
紛	어지러울/엉킬	분	糸 4	3급Ⅱ	紛亂(분란) 紛失(분실) 內紛(내분) 紛爭(분쟁)
亂	어지러울/어지럽힐/난리	란	乙 12	4급	混亂(혼란) 亂離(난리) 亂臣賊子(난신적자)
紊	어지러울/어지럽힐	문	糸 4	2급	紊亂(문란) 國憲紊亂(국헌문란)
擾	어지러울/길들일	요	手 15	1급	擾亂(요란) 騷擾(소요) 民擾(민요) 擾柔(요유)
攪	어지러울/흔들	교	手 20	1급	攪亂(교란) 攪拌(교반) 攪土(교토) 攪車(교거)
訌	어지러울/집안싸움	홍	言 3	1급	訌爭(홍쟁) 內訌(내홍)

▼ 純粹 순수

한자	훈	음	부수/획수	급수	용례
純	순수할/천진할/오로지	순	糸 4	4급Ⅱ	純潔(순결) 淸純(청순) 純眞(순진) 純全(순전)
粹	순수할	수	米 8	1급	粹白(수백) 粹學(수학) 純粹(순수) 國粹(국수)
淨	깨끗할/깨끗하게할	정	水 8	3급Ⅱ	淨化(정화) 淨潔(정결) 不淨(부정) 洗淨(세정)
潔	깨끗할/깨끗이할	결	水 12	4급Ⅱ	潔白(결백) 簡潔(간결) 淸潔(청결) 聖潔(성결)
淸	맑을/깨끗할/청나라	청	水 8	6급	淸明(청명) 淸淨(청정) 百年河淸(백년하청)
淑	맑을/착할/사모할	숙	水 8	3급Ⅱ	淑淸(숙청) 淑女(숙녀) 賢淑(현숙) 私淑(사숙)
澄	맑을	징	水 12	1급	澄淸(징청) 澄水(징수) 明澄(명징) 淸澄(청징)
澈 (註)	맑을	철	水 12	2급[名]	澄澈(징철) 瑩澈(형철) 鄭澈(정철)
湜	물맑을/마음바를	식	水 9	2급[名]	湜湜(식식)
瀅	물맑을/시내	형	水 15	2급[名]	汀瀅(정형)
淳	순박할	순	水 8	2급[名]	淳朴(순박) 淳厚(순후) 淳淳(순순) 淳實(순실)
朴	순박할/후박나무/성(姓)	박	木 2	6급	素朴(소박) 質朴(질박) 淳朴(순박) 厚朴(후박)

註 澈 ▶ 瑩 옥돌/맑을/밝을 영 // 맑을/의혹할 형 p.211

漢字	훈	음	부수	획수	급수	용례
樸	순박할/통나무	박	木	12	1급	樸鈍(박둔) 淳樸(순박) 質樸(질박) 樸頭(박두)
澹	담박할/조용할	담	水	13	1급	澹泊(담박) 澹艶(담염) 澹月(담월) 暗澹(암담)

▼ 汚濁 오탁

漢字	훈	음	부수	획수	급수	용례
汚	더러울/더럽힐	오	水	3	3급	汚濁(오탁) 汚染(오염) 汚名(오명) 汚損(오손)
鄙	더러울/촌스러울	비	邑	11	1급	鄙陋(비루) 鄙劣(비열) 鄙俚(비리) 鄙見(비견)
陋	더러울/좁을/천할	루	阜	6	1급	陋醜(누추) 陋名(누명) 固陋(고루) 陋習(누습)
穢	더러울/거칠	예	禾	13	1급	穢德(예덕) 淨穢(정예) 汚穢(오예) 荒穢(황예)
瀆	더럽힐/도랑	독	水	15	1급	瀆職(독직) 冒瀆(모독) 汚瀆(오독) 南瀆(남독)
濁	흐릴/어지러울	탁	水	13	3급	濁流(탁류) 淸濁(청탁) 一魚濁水(일어탁수)
渾	흐릴/온/섞일/클	혼	水	9	1급	渾濁(혼탁) 渾身(혼신) 渾淪(혼륜) 雄渾(웅혼)
腐	썩을	부	肉	8	3급Ⅱ	腐敗(부패) 腐蝕(부식) 陳腐(진부) 豆腐(두부)
朽	썩을/쇠할	후	木	2	1급	老朽(노후) 不朽(불후) 朽木糞牆(후목분장)
垢	때/때묻을/수치	구	土	6	1급	垢濁(구탁) 無垢(무구) 含垢納汚(함구납오)

▼ 洗淨 세정

漢字	훈	음	부수	획수	급수	용례
洗	씻을	세	水	6	5급	洗禮(세례) 洗手(세수) 洗練(세련) 洗鍊(세련)
濯	씻을/빨	탁	水	14	3급	濯足(탁족) 洗濯(세탁)
滌	씻을	척	水	11	1급	洗滌(세척) 滌暑(척서) 蕩滌敍用(탕척서용)

漢字	訓/音	部首/획수	급수	용례
沐	머리감을 목	水 4	2급	沐浴(목욕) 沐雨(목우) 沐猴而冠(목후이관)
浴	목욕할 욕	水 7	5급	浴室(욕실) 浴湯(욕탕) 入浴(입욕) 溫浴(온욕)
齋	재계할/집 재	齊 3	1급	齋戒(재계) 淸齋(청재) 書齋(서재) 齋舍(재사)
掃 註	쓸 소	手 8	4급 II	掃除(소제) 掃射(소사) 淸掃(청소) 一掃(일소)
拂	떨칠/거스를/치를 불	手 5	3급 II	拂拭(불식) 拂子(불자) 拂逆(불역) 支拂(지불)
拭	닦을/씻을 식	手 6	1급	拭拂(식불) 拭目(식목) 拭淨(식정) 掃拭(소식)
澣	빨래할/열흘 한	水 13	1급	澣濯(한탁) 澣滌(한척) 上澣(상한) 下澣(하한)

14. 學問 학문

學問학문 • 敎育교육 • 書籍서적 • 出版출판 • 文具문구

▼
學問
학문

漢字	訓/音	部首/획수	급수	용례
學	배울/학문/학자/학교 학	子 13	8급	學生(학생) 修學(수학) 學界(학계) 大學(대학)
科	과정/법/과거 과	禾 4	6급	科目(과목) 登科(등과) 金科玉條(금과옥조)
課	매길/과정/시험할/일/부서 과	言 8	5급	課稅(과세) 課程(과정) 日課(일과) 課長(과장)
修	닦을/다스릴/꾸밀/고칠 수	人 8	4급 II	修德(수덕) 編修(편수) 修辭(수사) 補修(보수)
練 註	익힐/누일/가릴 련	糸 9	5급	修練(수련) 熟練(숙련) 練絲(연사) 練日(연일)
習	익힐/버릇 습	羽 5	6급	習作(습작) 練習(연습) 講習(강습) 口習(구습)

註 掃 ▶ 彗 비/살별 혜 p.174
註 練 ▶ 鍊 쇠불릴/익힐 련 p.209

講 익힐/풀이할/꾀할/화해할/강의 강
言 10 | 4급 II
講學(강학) 講義(강의)
講究(강구) 講和(강화)

讀 읽을 구두/이두 독 두
言 15 | 6급
精讀(정독) 講讀(강독)
句讀(구두) 吏讀(이두)

誦 욀 송
言 7 | 3급
暗誦(암송) 愛誦(애송)
讀誦(독송) 諷誦(풍송)

諷 욀/변죽울릴 풍
言 9 | 1급
諷詠(풍영) 諷刺(풍자)
諷諭(풍유) 諷諫(풍간)

研 갈/궁구할 연
石 6 | 4급 II
研削(연삭) 研究(연구)
研修(연수) 研鍊(연련)

究 궁구할/끝/다할 구
穴 2 | 4급 II
窮究(궁구) 究明(구명)
究竟(구경) 究極(구극)

試 시험할/시험 시
言 6 | 4급 II
試驗(시험) 試合(시합)
試圖(시도) 入試(입시)

驗 시험/증험할/보람 험
馬 13 | 4급 II
經驗(경험) 體驗(체험)
證驗(증험) 效驗(효험)

儒 선비/유교 유
人 14 | 4급
儒士(유사) 儒生(유생)
儒家(유가) 儒林(유림)

士 선비/벼슬/군사 사
士 0 | 5급
士林(사림) 士卒(사졸)
國士無雙(국사무쌍)

彦 선비 언
彡 6 | 2급[名]
彦士(언사) 諸彦(제언)
英彦(영언) 俊彦(준언)

▼ 教育 교육

教 가르칠/종교 교
攴 7 | 8급
教授(교수) 教會(교회)
教學相長(교학상장)

訓 가르칠/새길/새김 훈
言 3 | 6급
教訓(교훈) 字訓(자훈)
山上垂訓(산상수훈)

誨 가르칠/가르침 회
言 7 | 1급
誨言(회언) 誨諭(회유)
訓誨(훈회) 教誨(교회)

諭 깨우칠/타이를 유
言 9 | 1급
諭示(유시) 默諭(묵유)
訓諭(훈유) 面諭(면유)

育 기를/자랄 육
肉 4 | 7급
育成(육성) 育英(육영)
訓育(훈육) 發育(발육)

養 기를/다스릴/받들 양
食 6 | 5급
養育(양육) 教養(교양)
療養(요양) 奉養(봉양)

鞠	기르/굽힐/국문할/공/성(姓)	국
革 8	2급[名]	
鞠育(국육) 鞠問(국문) 鞠躬盡瘁(국궁진췌)		

馴	길들/길들일	순
馬 3	1급	
馴鹿(순록) 馴性(순성) 馴致(순치) 馴化(순화)		

師	스승/스승으로삼을/군사	사
巾 7	4급 II	
師道(사도) 師事(사사) 恩師(은사) 出師(출사)		

傅	스승/도울	부
人 10	2급[名]	
師傅(사부) 太傅(태부) 傅佐(부좌) 傅育(부육)		

校	학교/교정할/장교	교
木 6	8급	
敎育(교육) 學校(학교) 校書(교서) 將校(장교)		

庠	학교	상
广 6	2급[名]	
庠序(상서) 庠校(상교)		

塾	글방	숙
土 11	1급	
塾舍(숙사) 塾生(숙생) 義塾(의숙) 家塾(가숙)		

書籍 서적

冊 註	책/칙서/권	책
冂 3	4급	
冊子(책자) 書冊(서책) 冊立(책립) 冊封(책봉)		

卷	책/두루마리/말/권	권
卩 6	4급	
壓卷(압권) 席卷(석권) 手不釋卷(수불석권)		

篇	책/시문/편	편
竹 9	4급	
玉篇(옥편) 長篇(장편) 千篇一律(천편일률)		

帙	책갑/책/질	질
巾 5	1급	
全帙(전질) 卷帙(권질) 完帙(완질) 書帙(서질)		

券	문서/증서	권
刀 6	4급	
食券(식권) 旅券(여권) 證券(증권) 券契(권계)		

籍	문서/책/적을	적
竹 14	4급	
書籍(서적) 在籍(재적) 戶籍(호적) 地籍(지적)		

帖	문서/주련 / 체지	첩 / 체
巾 5	1급	
手帖(수첩) 書帖(서첩) 春帖(춘첩) 帖紙(체지)		

簿	장부/문서	부
竹 13	3급 II	
簿記(부기) 帳簿(장부) 名簿(명부) 置簿(치부)		

稿	볏짚/원고	고
禾 10	3급 II	
稿料(고료) 原稿(원고) 拙稿(졸고) 草稿(초고)		

註 冊 ▶ 書 글/책/쓸/글씨/편지/서경 서 p.99
經 날/경서/지날/지낼/다스릴/길/법/월경/일찍이 경 p.227
典 법/책/의식/바를/맡을/전당잡힐 전 p.129

出版 출판

한자	훈	음	부수	획수	급수	용례
編	엮을/얽을/책끈/편	편	糸	9	3급Ⅱ	編成(편성) 編著(편저) 編述(편술) 編物(편물)
述 註	지을/펼/말할	술	辵	5	3급Ⅱ	著述(저술) 陳述(진술) 述而不作(술이부작)
撰	지을	찬	手	12	1급	撰述(찬술) 撰進(찬진) 新撰(신찬) 杜撰(두찬)
輯	모을/화목할	집	車	9	2급	輯要(집요) 特輯(특집) 編輯(편집) 輯睦(집목)
纂	모을/편찬할/이을	찬	糸	14	1급	纂輯(찬집) 纂述(찬술) 編纂(편찬) 纂承(찬승)
版	판목/널/호적	판	片	4	3급Ⅱ	版木(판목) 版權(판권) 出版(출판) 版圖(판도)
刊	새길/책펴낼	간	刀	3	3급Ⅱ	刊行(간행) 出刊(출간) 月刊(월간) 停刊(정간)
刷	인쇄할/쓸	쇄	刀	6	3급Ⅱ	刷行(쇄행) 印刷(인쇄) 刷新(쇄신) 刷掃(쇄소)

文具 문구

한자	훈	음	부수	획수	급수	용례
紙	종이	지	糸	4	7급	紙面(지면) 用紙(용지) 洛陽紙貴(낙양지귀)
筆	붓/글씨/쓸	필	竹	6	5급	名筆(명필) 筆削(필삭) 春秋筆法(춘추필법)
硯	벼루	연	石	7	2급	硯池(연지) 硯滴(연적) 欲燒筆硯(욕소필연)
墨	먹/자자할	묵	土	12	3급Ⅱ	墨客(묵객) 墨刑(묵형) 紙筆硯墨(지필연묵)
案	책상/소반/안건/생각할	안	木	6	5급	案席(안석) 法案(법안) 考案(고안) 案內(안내)
机	책상	궤	木	2	1급	机床(궤상) 机下(궤하)
几	안석/책상	궤	几	0	1급	几杖(궤장) 几案(궤안) 書几(서궤) 竹几(죽궤)

註 述 ▶ 著 나타날/지을 저 p.29

15. 文字 문자

文字문자 • 文章문장 • 象徵상징

▼ 文字 문자

한자	훈	음	부수/획수	급수	용례
字	글자/사랑할/자(字)	자	子 3	7급	字母(자모) 字典(자전) 文字(문자) 字恤(자휼)
書	글/책/쓸/글씨/편지/서경	서	曰 6	6급	書類(서류) 書冊(서책) 書藝(서예) 詩書(시서)
記 註	기록할/적을/기억할/문서	기	言 3	7급	記錄(기록) 筆記(필기) 記憶(기억) 日記(일기)
錄	기록할/문서	록	金 8	4급 II	錄名(녹명) 登錄(등록) 語錄(어록) 目錄(목록)
誌	기록할/기록	지	言 7	4급	誌文(지문) 日誌(일지) 書誌(서지) 雜誌(잡지)
寫	베낄/그릴	사	宀 12	5급	寫眞(사진) 複寫(복사) 試寫(시사) 寫生(사생)
抄	베낄/초할/노략질할	초	手 4	3급	抄本(초본) 抄錄(초록) 手抄(수초) 抄略(초략)
謄	베낄	등	言 10	2급	謄抄(등초) 謄本(등본) 謄書(등서) 謄寫(등사)
篆 註	전자	전	竹 9	1급	篆書(전서) 印篆(인전) 雕蟲篆刻(조충전각)

▼ 文章 문장

한자	훈	음	부수/획수	급수	용례
詩	시/시경	시	言 6	4급 II	詩篇(시편) 詩經(시경) 詩人(시인) 詩想(시상)
文	글월/글자/문서/문채/자자할	문	文 0	7급	文學(문학) 文字(문자) 文明(문명) 文身(문신)
章	글/장/법/도장	장	立 6	6급	文章(문장) 章節(장절) 章典(장전) 印章(인장)
節	마디/절개/때/부신/알맞게할	절	竹 9	5급	結節(결절) 節概(절개) 時節(시절) 調節(조절)
句	글귀/구절	구	口 2	4급 II	句節(구절) 佳句(가귀) 月章星句(월장성구)
題	제목/표/물음/이마	제	頁 9	6급	題目(제목) 命題(명제) 題字(제자) 問題(문제)

註 記 ▶ 傳 전할/옮길/전기/경서의주해 전 p.47
註 篆 ▶ 隸 종/붙을/서체이름 례 p.19
註 篆 ▶ 楷 본보기/해서 해 p.79

韻	운/운치/울림	운
	音 10	3급 Ⅱ
韻律(운률) 音韻(음운) 氣韻(기운) 餘韻(여운)		

飜	번역할/뒤집을/날	번
	飛 12	3급
飜譯(번역) 飜案(번안) 飜覆(번복) 飜意(번의)		

譯	번역할/풀이할	역
	言 13	3급 Ⅱ
通譯(통역) 英譯(영역) 意譯(의역) 評譯(평역)		

郵	우편/역참	우
	邑 8	4급
郵送(우송) 郵政(우정) 郵票(우표) 郵驛(우역)		

簡	편지/대쪽/단출할/가릴	간
	竹 12	4급
簡札(간찰) 簡牘(간독) 簡略(간략) 簡擇(간택)		

札	편지/패/돈	찰
	木 1	2급
書札(서찰) 落札(낙찰) 名札(명찰) 現札(현찰)		

翰	편지/붓/깃	한
	羽 10	2급
書翰(서한) 公翰(공한) 翰林(한림) 筆翰(필한)		

牒 (註)	편지/공문서/장부	첩
	片 9	1급
請牒(청첩) 通牒(통첩) 移牒(이첩) 簿牒(부첩)		

箋	찌지/주석/편지	전
	竹 8	1급
箋註(전주) 短箋(단전) 處方箋(처방전)		

榜	방붙일/배저을/매질할	방
	木 10	1급
榜文(방문) 落榜(낙방) 榜聲(방성) 榜答(방태)		

檄	격문/격서	격
	木 13	1급
檄文(격문) 檄書(격서) 檄召(격소) 飛檄(비격)		

詔	조서/고할	조
	言 5	1급
詔告(조고) 詔書(조서) 詔勅(조칙) 密詔(밀조)		

勅	칙서/신칙할	칙
	力 7	1급
勅命(칙명) 勅書(칙서) 勅使(칙사) 勅勸(칙권)		

▼ 象徵 상징

票	표/쪽지/불똥튈	표
	示 6	4급 Ⅱ
票決(표결) 投票(투표) 車票(차표) 手票(수표)		

標	표/표할/나무끝	표
	木 11	4급
標識(표지) 標準(표준) 目標(목표) 標榜(표방)		

符	부신/맞을/미래기/부적	부
	竹 5	3급 Ⅱ
符信(부신) 符號(부호) 符合(부합) 符書(부서)		

(註) 牒 ▶ 狀 형상/모양 상 // 문서/편지 장 p.165

牌	패/방패 패	片 8	1급	號牌(호패) 賞牌(상패) 位牌(위패) 防牌(방패)
印 ㊟	도장/찍을 인	卩 4	4급 II	印章(인장) 印象(인상) 檢印(검인) 印版(인판)
璽	옥새/인장 새	玉 14	1급	璽書(새서) 玉璽(옥새) 國璽(국새) 御璽(어새)

16. 言語 언어

言語언어 • 云謂운위 • 問答문답 • 招聘초빙 • 稱讚칭찬
批評비평 • 靜寂정적 • 騷亂소란

▼ 言語 언어

한자	훈/음	부수/획	급수	용례
言	말씀/말할 언	言 0	6급	言語(언어) 言行(언행) 重言復言(중언부언)
語	말씀/말할 어	言 7	7급	國語(국어) 單語(단어) 語不成說(어불성설)
談	말씀/이야기할 담	言 8	5급	情談(정담) 談話(담화) 談論(담론) 談笑(담소)
話	말씀/이야기할 화	言 6	7급	話法(화법) 話頭(화두) 說話(설화) 對話(대화)
說	말씀 설 / 달랠 세 / 기쁠 열	言 7	5급	遊說(유세) 說樂(열락) 說往說來(설왕설래)
辭	말/말씀/사양할/사퇴할 사	辛 12	4급	辭說(사설) 辭典(사전) 辭讓(사양) 辭職(사직)
詞	말/말씀/글/사 사	言 5	3급 II	品詞(품사) 臺詞(대사) 詞章(사장) 歌詞(가사)
譚	이야기/깊을 담	言 12	1급	譚詩(담시) 民譚(민담) 奇譚(기담) 譚思(담사)
諺	속담/상말/언문 언	言 9	1급	法諺(법언) 俗諺(속언) 諺文(언문) 諺解(언해)

▼ 云謂 운위

한자	훈/음	부수/획	급수	용례
曰	가로 왈	曰 0	3급	或曰(혹왈) 所曰(소왈) 曰可曰否(왈가왈부)
云	이를 운	二 2	3급	云云(운운) 云謂(운위) 云爲(운위)
謂	이를 위	言 9	3급 II	所謂(소위) 可謂(가위) 云謂(운위)

㊟ 印 ▶ 款 정성/항목/음자(陰字) 관 p.34

辯	말잘할/말다툴	변
	辛 14	4급

辯士(변사) 雄辯(웅변)
辯護(변호) 辯論(변론)

論 (註)	논할/견해	론
	言 8	4급 II

論述(논술) 論語(논어)
理論(이론) 公論(공론)

議	의논할/의견	의
	言 13	4급 II

議論(의논) 抗議(항의)
物議(물의) 異議(이의)

宣	베풀/펼/임금의말/조칙	선
	宀 6	4급

宣布(선포) 宣言(선언)
宣教(선교) 宣旨(선지)

告	고할 뵙고청할	고 곡
	口 4	5급

出必告(출필곡)
以實直告(이실직고)

奏	아뢸/상소/연주할/	주
	大 6	3급 II

奏請(주청) 上奏(상주)
奏稟(주품) 演奏(연주)

稟	여쭐/받을/바탕	품
	禾 8	1급

稟議(품의) 稟賦(품부)
稟性(품성) 氣稟(기품)

諫	간할	간
	言 9	1급

諫言(간언) 忠諫(충간)
直諫(직간) 泣諫(읍간)

譬	비유할	비
	言 13	1급

譬喩(비유)

喩	깨우칠/비유할	유
	口 9	1급

訓喩(훈유) 比喩(비유)
直喩(직유) 隱喩(은유)

闡	밝힐/열	천
	門 12	1급

闡明(천명) 發闡(발천)
微顯闡幽(미현천유)

盟	맹세할/맹세	맹
	皿 8	3급 II

盟誓(맹세) 同盟(동맹)
金石盟約(금석맹약)

誓	맹세할	서
	言 7	3급

誓約(서약) 誓盟(서맹)
誓願(서원) 宣誓(선서)

契	맺을 종족이름	계 글
	大 6	3급 II

契約(계약) 契機(계기)
默契(묵계) 契丹(거란)

約	맺을/묶을/검소할/간략할/약속	약
	糸 3	5급

約束(약속) 要約(요약)
百年佳約(백년가약)

訥	말더듬을	눌
	言 4	1급

訥辯(눌변) 語訥(어눌)
訥言敏行(눌언민행)

註 論 ▶ 駁 얼룩말/섞일/논박할 박 p.195

問答 문답

漢字	뜻	음	부수	획수	급수
問	물을/찾을	문	口	8	7급
諮	물을/상의할	자	言	9	2급
訊	물을/신문할	신	言	3	1급
劾	캐물을	핵	力	6	1급
答	대답할/대답/갚을	답	竹	6	7급
解	풀/깨달을/가를	해	角	6	4급 II
釋	풀/풀이/내놓을/석가	석	釆	13	3급 II
繹	풀/실마리/찾을/연달을	역	糸	13	1급
註	주낼/주	주	言	5	1급

- 問: 問答(문답) 訪問(방문) 不問可知(불문가지)
- 諮: 諮問(자문) 諮詢(자순) 諮諏(자추) 諮議(자의)
- 訊: 訊問(신문) 訊檢(신검) 訊鞫(신국) 拷訊(고신)
- 劾: 劾奏(핵주) 彈劾(탄핵) 論劾(논핵) 自劾(자핵)
- 答: 答案(답안) 報答(보답) 東問西答(동문서답)
- 解: 解得(해득) 解剖(해부) 結者解之(결자해지)
- 釋: 解釋(해석) 註釋(주석) 釋放(석방) 釋尊(석존)
- 繹: 演繹(연역) 玩繹(완역) 尋繹(심역) 絡繹(낙역)
- 註: 註解(주해) 集註(집주) 疏註(소주) 脚註(각주)

招聘 초빙

漢字	뜻	음	부수	획수	급수
招	부를	초	手	5	4급
聘	부를/찾을/장가들	빙	耳	7	3급
徵	부를/거둘/조짐/효험	징	彳	12	3급 II
	음률이름	치			
召	부를	소	口	2	3급
喚 (註)	부를	환	口	9	1급

- 招: 招待(초대) 招來(초래) 招魂(초혼) 自招(자초)
- 聘: 聘召(빙소) 招聘(초빙) 聘問(빙문) 聘母(빙모)
- 徵: 徵召(징소) 追徵(추징) 徵兆(징조) 特徵(특징)
- 召: 召命(소명) 召喚(소환) 遠禍召福(원화소복)
- 喚: 喚起(환기) 喚呼(환호) 阿鼻叫喚(아비규환)

稱讚 칭찬

漢字	뜻	음	부수	획수	급수
讚	기릴/문체이름	찬	言	19	4급
頌	기릴/송	송	頁	4	4급
譽	기릴/명예	예	言	14	3급 II

- 讚: 讚揚(찬양) 稱讚(칭찬) 自畫自讚(자화자찬)
- 頌: 頌祝(송축) 頌德(송덕) 讚頌(찬송) 稱頌(칭송)
- 譽: 譽言(예언) 毁譽(훼예) 賞譽(상예) 榮譽(영예)

註 喚 ▶ 呼 부를/숨내쉴/슬프다할 호 p.72

한자	훈	음	부수	획수	급수	용례
褒	기릴	포	衣	9	1급	褒賞(포상) 褒貶(포폄) 褒徵(포징) 過褒(과포)
諂 註	아첨할/아양떨	첨	言	8	1급	諂諛(첨유) 諂曲(첨곡) 諂笑(첨소) 阿諂(아첨)
諛	아첨할	유	言	9	1급	諛言(유언) 巧諛(교유) 阿諛(아유) 諛媚(유미)
媚	아첨할/아양떨/아름다울	미	女	9	1급	媚附(미부) 嬌媚(교미) 媚藥(미약) 婉媚(완미)

▼ 批評 비평

한자	훈	음	부수	획수	급수	용례
批	비평할/칠/비답할	비	手	4	4급	批評(비평) 批判(비판) 批頰(비협) 批答(비답)
評	품평할/품평	평	言	5	4급	評價(평가) 評論(평론) 定評(정평) 寸評(촌평)
責	꾸짖을/책임/권할	책	貝	4	5급	責望(책망) 嚴責(엄책) 重責(중책) 責善(책선)
叱	꾸짖을	질	口	2	1급	叱責(질책) 叱正(질정) 叱咤(질타) 面叱(면질)
呵	꾸짖을/껄껄웃을	가	口	5	1급	呵責(가책) 呵禁(가금) 呵呵大笑(가가대소)
喝	꾸짖을/큰소리	갈	口	9	1급	喝破(갈파) 大喝(대갈) 喝采(갈채) 一喝(일갈)
詰	꾸짖을	힐	言	6	1급	詰難(힐난) 詰責(힐책) 詰問(힐문) 相詰(상힐)
譴	꾸짖을	견	言	14	1급	譴責(견책) 譴呵(견가) 譴告(견고) 嚴譴(엄견)
譏	나무랄/살필	기	言	12	1급	譏謗(기방) 譏弄(기롱) 譏笑(기소) 譏察(기찰)
誹	헐뜯을	비	言	8	1급	誹謗(비방) 誹毁(비훼) 誹駁(비박) 怨誹(원비)
謗	헐뜯을	방	言	10	1급	謗書(방서) 毁謗(훼방) 怨謗(원방) 猜謗(시방)
罵	욕할/꾸짖을/욕	매	网	10	1급	罵倒(매도) 唾罵(타매) 怒罵(노매) 醉罵(취매)

註 諂 ▶ 阿 언덕/아첨할/호칭 아 p.179

한자	훈	음	부수	획수	급수	용례
詛	저주할	저	言	5	1급	詛呪(저주)
呪	빌/저주할	주	口	5	1급	呪文(주문) 呪術(주술) 巫呪(무주) 呪詛(주저)
讒	참소할/헐뜯을	참	言	17	1급	讒訴(참소) 讒說(참설) 讒毁(참훼) 讒臣(참신)
貶	낮출/폄할/떨어뜨릴	폄	貝	5	1급	貶降(폄강) 貶下(폄하) 貶論(폄론) 貶謫(폄적)

▼ 靜寂 정적

한자	훈	음	부수	획수	급수	용례
靜	고요할	정	靑	8	4급	動靜(동정) 平靜(평정) 靜觀自得(정관자득)
寂	고요할/쓸쓸할/죽을	적	宀	8	3급Ⅱ	寂寂(적적) 靜寂(정적) 破寂(파적) 入寂(입적)
謐	고요할/편안할	밀	言	10	1급	靜謐(정밀) 安謐(안밀) 寧謐(영밀)
窈	그윽할/얌전할	요	穴	5	1급	窈然(요연) 窈冥(요명) 窈窕淑女(요조숙녀)
幽	그윽할/숨을/어두울/가둘/귀신/저승	유	幺	6	3급Ⅱ	幽谷(유곡) 幽明(유명) 幽閉(유폐) 幽靈(유령)
默	잠잠할/입다물	묵	黑	4	3급Ⅱ	默默(묵묵) 默想(묵상) 寡默(과묵) 沈默(침묵)

▼ 騷亂 소란

한자	훈	음	부수	획수	급수	용례
騷	떠들/시부	소	馬	10	3급	騷亂(소란) 騷音(소음) 騷人(소인) 離騷(이소)
哄	떠들	홍	口	6	1급	哄笑(홍소) 哄動(홍동) 哄然大笑(홍연대소)
喧	떠들/시끄러울	훤	口	9	1급	喧譁(훤화) 喧騷(훤소) 喧擾(훤요) 喧藉(훤자)
喊	소리칠	함	口	9	1급	喊聲(함성) 高喊(고함) 鼓喊(고함)
叫	부르짖을	규	口	2	3급	叫聲(규성) 叫喚(규환) 叫號(규호) 絶叫(절규)

17. 文法 문법

虛辭허사 • 人稱인칭

▼ 虛辭 허사

한자	훈	음	부수	획수	급수	용례
焉	어찌/어조사	언	火	7	3급	焉烏(언오) 終焉(종언) 於焉間(어언간)
哉	어조사/비롯할	재	口	6	3급	快哉(쾌재) 哀哉(애재) 嗚呼痛哉(오호통재)
乎	어조사	호	丿	4	3급	斷乎(단호) 確乎(확호) 焉哉乎也(언재호야)
也	어조사/잇기	야	乙	2	3급	及其也(급기야) 言則是也(언즉시야)
於	어조사	어	方	4	3급	於中間(어중간) 間於齊楚(간어제초)
于	어조사/갈/탄식할	우	二	1	3급	于先(우선) 于今(우금) 于歸(우귀) 于嗟(우차)
兮	어조사	혜	八	2	3급	美目盼兮(미목반혜)
矣 註	어조사	의	矢	2	3급	六矣廛(육의전) 萬事休矣(만사휴의)
耶	어조사	야	耳	3	3급	有耶無耶(유야무야) 千耶萬耶(천야만야)
以	써/부터/까닭	이	人	3	5급	以前(이전) 所以(소이) 以夷制夷(이이제이)
或	혹/어떤사람	혹	戈	4	4급	或是(혹시) 設或(설혹) 間或(간혹) 或者(혹자)
且	또/우선/구차할/장차/이	차	一	4	3급	且置(차치) 苟且(구차) 重且大(중차대)
此	이/이에	차	止	2	3급Ⅱ	此日(차일) 此後(차후) 如此(여차) 彼此(피차)
斯	이	사	斤	8	3급	斯界(사계) 斯學(사학) 斯文亂賊(사문난적)
玆	이/검을	자	玄	5	3급	今玆(금자) 來玆(내자)

註 矣 ▶ 耳 귀/뿐/어조사 이 p.23

漢字	訓	音	部首	획수	급수	용례
彼	저/그	피	彳	5	3급Ⅱ	彼岸(피안) 彼我(피아) 此日彼日(차일피일)
伊	저	이	人	4	2급[名]	伊時(이시) 伊呂(이려) 伊太利(이태리)
其	그/어조사	기	八	6	3급Ⅱ	其實(기실) 其他(기타) 其人(기인) 各其(각기)
然	그럴	연	火	8	7급	必然(필연) 泰然(태연) 無爲自然(무위자연)
何	어찌/어느	하	人	5	3급Ⅱ	何等(하등) 何處(하처) 他尙何說(타상하설)
那	어찌/어느/저	나	邑	4	3급	那何(나하) 那邊(나변) 那中(나중) 刹那(찰나)
誰	누구	수	言	8	3급	誰何(수하) 誰某(수모) 誰怨誰咎(수원수구)
孰	누구/어느	숙	子	8	3급	誰怨孰尤(수원숙우) 未知孰是(미지숙시)
使	하여금/부릴/심부름꾼/가령	사	人	6	6급	使役(사역) 使徒(사도) 使命(사명) 設使(설사)
被	입을/이불/옷	피	衣	5	3급Ⅱ	被動(피동) 被害(피해) 被衾(피금) 被服(피복)
莫	없을/아닐/말/아득할	막	艸	7	3급Ⅱ	莫論(막론) 莫重(막중) 莫上莫下(막상막하)
勿	말/없을	물	勹	2	3급Ⅱ	勿驚(물경) 勿論(물론) 勿失好機(물실호기)
毋	말/없을	무	毋	0	1급	毋慮(무려) 毋論(무론) 毋望之福(무망지복)
僅	겨우/적을	근	人	11	3급	僅僅(근근) 僅少(근소) 僅僅得生(근근득생)
頗	자못/치우칠	파	頁	5	3급	頗多(파다) 偏頗(편파)
已	이미/말/그칠/너무/따름	이	己	0	3급Ⅱ	已往(이왕) 已甚(이심) 不得已(부득이)
旣	이미	기	无	7	3급	旣往(기왕) 旣存(기존) 旣望(기망) 旣婚(기혼)
竟	마침내/마칠/도리어	경	立	6	3급	畢竟(필경) 竟夜(경야) 究竟(구경)

한자	훈	음	부수	획수	급수	용례
但	다만	단	人	5	3급Ⅱ	但只(단지) 但書(단서) 非但(비단)
只	다만	지	口	2	3급	只今(지금) 但只(단지)
雖	비록	수	隹	9	3급	雖然(수연)
尙	오히려/숭상할/높을	상	小	5	3급Ⅱ	尙古(상고) 尙志(상지) 口尙乳臭(구상유취)
猶	오히려/같을/망설일	유	犬	9	3급Ⅱ	猶豫(유예) 猶太(유태) 過猶不及(과유불급)
唯	오직/대답할	유	口	8	3급	唯一(유일) 唯諾(유락) 唯我獨尊(유아독존)
聊	애오라지/힘입을/즐길/귀울	료	耳	5	1급	聊爾(요이) 聊賴(요뢰) 無聊(무료) 聊啾(요추)
必	반드시	필	心	1	5급	必然(필연) 必要(필요) 必是(필시) 何必(하필)
須	모름지기/필요할/잠깐	수	頁	3	3급	須知(수지) 須要(수요) 必須(필수) 須臾(수유)
凡	무릇/대강/범상할	범	几	1	3급Ⅱ	大凡(대범) 凡例(범례) 凡事(범사) 非凡(비범)
苟	진실로/구차할/한때	구	艸	5	3급	苟且(구차) 苟免(구면) 苟安偸生(구안투생)
亦	또/또한	역	亠	4	3급Ⅱ	亦然(역연) 亦是(역시) 盜亦有道(도역유도)
又	또	우	又	0	3급	又況(우황) 又賴(우뢰) 兼之又兼(겸지우겸)
更	다시/고칠/바꿀/시각	갱/경	曰	3	4급	更生(갱생) 更張(경장) 變更(변경) 三更(삼경)
尤	더욱/허물/탓할	우	尢	1	3급	尤甚(우심) 尤物(우물) 尤悔(우회) 怨尤(원우)
如	같을/어찌/만일/갈	여	女	3	4급Ⅱ	如何(여하) 或如(혹여) 如反掌(여반장)
若	같을/만일/반야	약/야	艸	5	3급Ⅱ	萬若(만약) 般若(반야) 明若觀火(명약관화)
故	연고/옛/짐짓/일/죽을	고	攴	5	4급Ⅱ	無故(무고) 故意(고의) 事故(사고) 故人(고인)

卽	곧/나아갈	즉
	卩 7	3급II

卽時(즉시) 卽決(즉결)
卽興(즉흥) 卽位(즉위)

乃	이에/너/접때	내
	ノ 1	3급

乃至(내지) 乃父(내부)
人乃天(인내천)

奈	어찌 / 나락	내 / 나
	大 5	3급

奈何(내하) 奈落(나락)
莫無可奈(막무가내)

奚	어찌/종	해
	大 7	3급

奚若(해약) 奚琴(해금)
奚囊(해낭) 奚奴(해노)

豈	어찌	기
	豆 3	3급

豈敢毁傷(기감훼상)

由	말미암을/까닭/부터	유
	田 0	6급

自由(자유) 經由(경유)
理由(이유) 由來(유래)

因	인할/까닭/인연	인
	口 3	5급

因習(인습) 原因(원인)
因果應報(인과응보)

所	바/곳	소
	戶 4	7급

所望(소망) 所有(소유)
名所(명소) 場所(장소)

況	하물며/모양	황
	水 5	4급

況且(황차) 狀況(상황)
現況(현황) 好況(호황)

而	말이을/같을/너	이
	而 0	3급

而立(이립) 然而(연이)
形而上學(형이상학)

▼ 人稱 인칭

自 ㊟	스스로/자기/부터	자
	自 0	7급

自律(자율) 自我(자아)
自初至終(자초지종)

他	다를/남	타
	人 3	5급

他界(타계) 他人(타인)
出他(출타) 自他(자타)

吾	나	오
	口 4	3급

吾等(오등) 吾門(오문)
吾不關焉(오불관언)

予	나	여
	亅 3	3급

予一人(여일인)
予小子(여소자)

余	나/사월	여
	人 5	3급

余等(여등) 余輩(여배)
余月(여월)

汝	너	여
	水 5	3급

汝等(여등) 汝輩(여배)
汝矣島(여의도)

㊟ 自 ▶ 我 나/우리 아 p.122

爾	너/그	이
	爻 10	1급
爾汝(이여) 爾曹(이조) 爾時(이시) 爾來(이래)		

厥	그/숙일/오랑캐이름	궐
	厂 10	3급
厥者(궐자) 厥初(궐초) 厥角(궐각) 突厥(돌궐)		

某	아무	모
	木 5	3급
某某(모모) 某氏(모씨) 某種(모종) 某日(모일)		

18. 名稱 명칭

姓氏성씨 • 人名인명 • 國名국명 • 地名지명 • 種族종족

▼ 姓氏 성씨

姓	성(姓)/백성	성
	女 5	7급
姓名(성명) 稀姓(희성) 複姓(복성) 百姓(백성)		

氏	성(姓)/씨	씨
	氏 0	4급
氏族(씨족) 姓氏(성씨) 攝氏(섭씨) 華氏(화씨)		

哥	성(姓)/노래/형	가
	口 7	1급
哥哥(가가) 金哥(김가) * 歌의 古字		

姜 註	성(姓)	강
	女 6	2급[名]
姜世晃(강세황)		

劉	성(姓)/죽일/이길/묘금도	류
	刀 13	2급[名]
劉備(유비) 劉邦(유방) 劉郞(유랑)		

牟	성(姓)/보리/탐할/소우는소리	모
	牛 2	2급[名]
牟麥(모맥) 牟利(모리) 牟然(모연)		

閔	성(姓)/근심할/가엾게 여길	민
	門 4	2급[名]
閔妃(민비) 閔然(민연) 閔閔(민민)		

潘	성(姓)/뜨물/강이름	반
	水 12	2급[名]
潘沐(반목) 潘基文(반기문)		

裵	성(姓)/옷치렁치렁할	배
	衣 8	2급[名]
裵裨將傳(배비장전)		

范	성(姓)/거푸집	범
	艸 5	2급[名]
鎔范(용범)		

卞	성(姓)/조급할	변
	卜 2	2급[名]
卞急(변급) 抗卞(항변)		

薛	성(姓)/나라이름/쑥	설
	艸 13	2급[名]
薛卞(설변) 薛聰(설총)		

註 姜 ▶ 盧 검을/성(姓)/밥그릇 로 p.119

人名
인명

한자	음	뜻	부수	획수	급수	용례
芮	예	성(姓)/풀 뾰족뾰족날/나라이름	艸	4	2급[名]	芮芮(예예)
阮	완	성(姓)/나라 이름	阜	4	1급	阮丈(완장) 阮堂(완당) 阮籍(완적) 阮咸(완함)
袁	원	성(姓)/옷길	衣	4	2급[名]	袁世凱(원세개)
兪	유	성(姓)/그러할/응답할/인월도	入	7	2급[名]	兪音(유음) 允兪(윤유) 兪扁之術(유편지술)
尹	윤	성(姓)/다스릴/벼슬	尸	1	2급[名]	判尹(판윤) 府尹(부윤) 卿尹(경윤) 令尹(영윤)
蔣	장	성(姓)/줄	艸	11	2급[名]	蔣茅(장모) 蔣介石(장개석)
曺	조	성(姓)	曰	6	2급[名]	曺植(조식)
蔡	채	성(姓)/나라 이름	艸	11	2급[名]	蔡倫(채륜)
崔	최	성(姓)/높을	山	8	2급[名]	崔崔(최최) 崔致遠(최치원)
彭	팽	성(姓)/장수/띵띵할/땅이름	彡	9	2급[名]	彭祖(팽조) 彭湃(팽배)
馮	풍 / 빙	성(姓) / 탈	馬	2	2급[名]	咆虎馮河(포호빙하)
邢	형	성(姓)/나라 이름	邑	4	2급[名]	邢臺(형대)
名	명	이름/이름날/명	口	3	7급	名實(명실) 名門(명문) 名手(명수) 名數(명수)
號	호	이름/부르짖을/차례/표/호/번호	虍	7	6급	名號(명호) 號令(호령) 號外(호외) 記號(기호)
稱	칭	일컬을/칭찬할/저울/맞을	禾	9	4급	稱號(칭호) 稱譽(칭예) 稱錘(칭추) 稱職(칭직)
諡	시	시호/시호 내릴	言	9	1급	諡號(시호) 諡福(시복) 諡法(시법) 追諡(추시)
羲	희	복희	羊	10	2급[名]	伏羲(복희) 羲經(희경) 王羲之(왕희지)
堯	요	요임금/높을	土	9	2급[名]	堯年(요년) 唐堯(당요) 堯舜之節(요순지절)

舜 註	순임금	순
	舛 6	2급[名]
堯舜(요순) 大舜(대순) 堯趨舜步(요추순보)		

禹	하우씨/성(姓)	우
	禸 4	2급[名]
禹域(우역) 禹跡(우적) 夏禹氏(하우씨)		

卨	은나라조상 이름	설
	卜 9	2급[名]
李相卨(이상설)		

桀	하왕이름	걸
	木 6	2급[名]
傑惡(걸악) 奸桀(간걸) 桀犬吠堯(걸견폐요)		

紂	주임금	주
	糸 3	1급
紂王(주왕) 桀紂(걸주)		

乭	사람이름	돌
	乙 5	2급[名]
申乭石(신돌석) *우리나라에서 만든 字		

▼ 國名 국명

殷	은나라/성할	은
	殳 6	2급[名]
殷墟(은허) 殷盛(은성) 殷鑑不遠(은감불원)		

秦	진나라/성(姓)	진
	禾 5	2급[名]
秦篆(진전) 先秦(선진) 秦始皇帝(진시황제)		

楚	초나라/아플/고울/매질할	초
	木 9	2급[名]
苦楚(고초) 淸楚(청초) 四面楚歌(사면초가)		

漢	한수/한나라/한민족/은하수/놈	한
	水 11	7급
漢水(한수) 漢字(한자) 銀漢(은한) 村漢(촌한)		

魏	나라이름/성(姓)/높을	위
	鬼 8	2급[名]
魏志(위지) 北魏(북위) 魏闕(위궐)		

蜀	나라이름	촉
	虫 7	2급[名]
蜀漢(촉한) 蜀相(촉상) 得隴望蜀(득롱망촉)		

吳	오나라/성(姓)	오
	口 4	2급[名]
吳吟(오음) 吳姬(오희) 吳越同舟(오월동주)		

晉	진나라	진
	日 6	2급[名]
晉秩(진질) 晉州(진주) 東晉(동진) 西晉(서진)		

隋	수나라	수
	阜 9	2급[名]
隋煬帝(수양제)		

唐	당나라/황당할	당
	口 7	3급Ⅱ
唐宋(당송) 唐詩(당시) 荒唐無稽(황당무계)		

宋	송나라/성(姓)	송
	宀 4	2급[名]
宋詞(송사) 宋學(송학) 宋儒(송유) 北宋(북송)		

鄭	정나라/정중할/성(姓)	정
	邑 12	2급[名]
鄭聲(정성) 鄭重(정중) 鄭鑑錄(정감록)		

註 舜 ▶ 虞 근심할/순임금성(姓)/우제 우 p.46

한자	뜻	음	부수	획수	급수	용례
鄧	나라이름/성(姓)	등	邑	12	2급[名]	鄧小平(등소평)
鄒 註	나라이름/성(姓)	추	邑	10	2급[名]	鄒魯(추로) 鄒魯學(추로학)
趙	조나라	조	走	7	2급[名]	前趙(전조) 後趙(후조) 趙光祖(조광조)
韓	나라이름/한국	한	韋	8	8급	韓國(한국) 韓族(한족) 韓流(한류) 三韓(삼한)
倻	나라이름/가야	야	人	9	2급[名]	伽倻(가야) 伽倻琴(가야금)
倭	왜나라	왜	人	8	2급[名]	倭亂(왜란) 倭政(왜정) 北虜南倭(북로남왜)

地名 지명

한자	뜻	음	부수	획수	급수	용례
鎬	호경/냄비	호	金	10	2급[名]	鎬京(호경)
邯	조나라서울 / 사람이름	한 / 감	邑	5	2급[名]	邯鄲之夢(한단지몽) 姜邯贊(강감찬)
陜	땅이름	섬	阜	7	2급[名]	陜西(섬서)
邵	땅이름/성(姓)	소	邑	5	2급[名]	邵雍(소옹)
巴	땅이름	파	己	1	1급	파촉(巴蜀) 巴人(파인) 三巴戰(삼파전)
歐	구라파/토할/칠	구	欠	11	2급	西歐(서구) 歐刀(구도) 歐羅巴(구라파)

種族 종족

한자	뜻	음	부수	획수	급수	용례
夷 註	오랑캐/평평할/멸할	이	大	3	3급	東夷(동이) 華夷(화이) 陵夷(능이) 夷滅(이멸)
蠻	오랑캐/업신여길	만	虫	19	2급	蠻勇(만용) 蠻觸(만촉) 南蠻(남만) 野蠻(야만)
戎	오랑캐/병장기/싸움	융	戈	2	1급	戎夷(융이) 西戎(서융) 戎馬(융마) 興戎(흥융)
狄	오랑캐	적	犬	4	1급	北狄(북적) 夷狄(이적) 夷蠻戎狄(이만융적)
胡 註	오랑캐/오래살/어찌	호	肉	5	3급 II	胡人(호인) 胡亂(호란) 胡狄(호적) 胡考(호고)
匈 註	오랑캐	흉	勹	4	2급[名]	匈奴(흉노)

註 鄒 ▶ 魯 노둔할/노나라 로 p.69
註 夷 ▶ 華 빛날/꽃/고울/번성할/중화/산이름 화 p.174
註 胡 ▶ 虜 사로잡을/포로/종/오랑캐 로 p.63
註 匈 ▶ 厥 그/숙일/오랑캐이름 궐 p.110

靺	오랑캐이름 말	
	革 5	2급[名]
靺鞨(말갈)		

鞨 註	오랑캐이름 갈	
	革 9	2급[名]
靺鞨(말갈)		

濊	종족이름/더러울 예	
	水 13	2급[名]
濊貊(예맥) 東濊(동예)		

貊 註	종족이름/오랑캐 맥	
	豸 6	2급[名]
貊弓(맥궁) 蠻貊(만맥)		

19. 藝術 예술

技藝기예 • 舞踊무용 • 美醜미추 • 化粧화장

▼
技藝 기예

藝	재주/심을 예	
	艸 15	4급Ⅱ
藝術(예술) 藝能(예능) 文藝(문예) 武藝(무예)		

術	재주/꾀 술	
	行 5	6급
術藝(술예) 仁術(인술) 權謀術數(권모술수)		

才 註	재주 재	
	手 0	6급
才致(재치) 天才(천재) 蓋世之才(개세지재)		

技	재주/재능 기	
	手 4	5급
技能(기능) 技藝(기예) 技術(기술) 特技(특기)		

伎	재주 기	
	人 4	1급
技倆(기량)		

倆	재주 량	
	人 8	1급
技倆(기량) 伎倆(기량)		

巧	공교할/예쁠/재주 교	
	工 2	3급Ⅱ
巧笑(교소) 計巧(계교) 巧言令色(교언영색)		

妙	묘할/예쁠/젊을 묘	
	女 4	4급
妙技(묘기) 巧妙(교묘) 妙麗(묘려) 妙齡(묘령)		

拙	졸할 졸	
	手 5	3급
拙劣(졸렬) 拙訥(졸눌) 巧拙(교졸) 拙稿(졸고)		

註 鞨 ▶ 契 맺을 계 // 종족이름 글 p.102
註 貊 ▶ 蒙 어릴/어리석을/입을/무릅쓸/받을/몽고 몽 p.126
註 才 ▶ 能 능할/재능 능 p.87

劣	못할/용렬할	렬
	力 4	3급

劣等(열등) 劣惡(열악)
優劣(우열) 庸劣(용렬)

工	장인/일/공교할	공
	工 0	7급

職工(직공) 工藝(공예)
同工異曲(동공이곡)

匠	장인/궁리	장
	匚 4	1급

匠人(장인) 巨匠(거장)
工匠(공장) 意匠(의장)

演	펼/부연할/행할	연
	水 11	4급 II

演繹(연역) 演義(연의)
演技(연기) 演藝(연예)

劇	연극/심할/바쁠	극
	刀 13	4급

演劇(연극) 劇藥(극약)
劇毒(극독) 劇職(극직)

俳 註	광대	배
	人 8	2급

俳優(배우) 俳倡(배창)
俳諧(배해) 嘉俳(가배)

倡	광대/기생/부를	창
	人 8	1급

倡優(창우) 倡樓(창루)
倡道(창도) 倡義(창의)

▼ 舞踊 무용

舞	춤출/춤/환롱할	무
	舛 8	4급

舞臺(무대) 歌舞(가무)
按舞(안무) 舞弄(무롱)

娑	춤출/사바	사
	女 7	1급

婆娑(파사) 娑婆(사바)

踊	뛸/춤출	용
	足 7	1급

踊躍(용약) 踊貴(용귀)
舞踊(무용)

蹈	밟을/춤출	도
	足 10	1급

蹈舞(도무) 足蹈(족도)
舞蹈會(무도회)

佾	줄춤	일
	人 6	2급[名]

佾舞(일무)
八佾舞(팔일무)

▼ 美醜 미추

美	아름다울/맛날/좋을/기릴/미국/미주	미
	羊 3	6급

美麗(미려) 美德(미덕)
美味(미미) 賞美(상미)

佳	아름다울/좋을	가
	人 6	3급 II

佳約(가약) 佳節(가절)
絶世佳人(절세가인)

徽	아름다울/표기/기러기발/노끈	휘
	彳 14	2급[名]

徽音(휘음) 徽章(휘장)
琴徽(금휘) 徽纆(휘묵)

註 俳 ▶ 優 넉넉할/뛰어날/구차할/광대 우 p.87

漢字	훈	음	부수	획수	급수	용례
烋	아름다울/경사로울	휴	火	6	2급[名]	
嬅	아름다울/탐스러울	화	女	12	2급[名]	
婉 註	아름다울/순할/은근할	완	女	8	1급	婉艶(완염) 婉麗(완려) 婉順(완순) 婉曲(완곡)
嘉	아름다울/즐길/기릴	가	口	11	1급	嘉尙(가상) 嘉言(가언) 嘉納(가납) 嘉奬(가장)
嬌	아리따울/사랑스러울/계집애	교	女	12	1급	嬌態(교태) 嬌聲(교성) 愛嬌(애교) 阿嬌(아교)
鮮	고울/새/생선/적을	선	魚	6	5급	鮮明(선명) 新鮮(신선) 生鮮(생선) 鮮少(선소)
麗	고울/나라이름	려	鹿	8	4급Ⅱ	華麗(화려) 佳麗(가려) 鮮麗(선려) 麗謠(여요)
姸	고울	연	女	6	2급[名]	姸麗(연려) 姸醜(연추) 姸艶(연염) 鮮姸(선연)
艶	고울	염	色	13	1급	艶聞(염문) 艶福(염복) 妖艶(요염) 濃艶(농염)
姚	예쁠	요	女	6	2급[名]	姚姚(요요)
媛	예쁠/미녀/궁녀	원	女	9	2급[名]	才媛(재원) 令媛(영원) 良媛(양원) 淑媛(숙원)
雅	우아할/바를	아	隹	4	3급Ⅱ	雅致(아치) 優雅(우아) 雅量(아량) 雅樂(아악)
醜	추할/더러울	추	酉	10	3급	醜男(추남) 美醜(미추) 醜態(추태) 醜行(추행)

▼ 化粧 화장

漢字	훈	음	부수	획수	급수	용례
粧	단장할/단장	장	米	6	3급Ⅱ	粧飾(장식) 化粧(화장) 丹粧(단장) 濃粧(농장)
飾	꾸밀/꾸밈	식	食	5	3급Ⅱ	修飾(수식) 假飾(가식) 服飾(복식) 外飾(외식)
扮	꾸밀	분	手	4	1급	扮演(분연) 扮飾(분식) 扮裝師(분장사)

註 婉 ▶ 媚 아첨할/아양떨/아름다울 미 p.104

한자	훈	음	부수	획수	급수	용례
裝	꾸밀/차릴/차림	장	衣	7	4급	裝飾(장식) 裝置(장치) 變裝(변장) 正裝(정장)
鏡	거울/비출	경	金	11	4급	鏡臺(경대) 鏡銅(경동) 破鏡重圓(파경중원)
鑑	거울/거울삼을/본보기/볼	감	金	14	3급 II	鏡鑑(경감) 鑑戒(감계) 龜鑑(귀감) 鑑賞(감상)
珥	귀고리	이	玉	6	2급[名]	玉珥(옥이) 李珥(이이)
釧	팔찌	천	金	3	2급[名]	玉釧(옥천) 銀釧(은천) 寶釧(보천) 腕釧(완천)
簪	비녀	잠	竹	12	1급	簪笏(잠홀) 簪筆(잠필) 玉簪(옥잠) 鳳簪(봉잠)
梳	빗/얼레빗/빗을	소	木	7	1급	木梳(목소) 梳櫛(소즐) 梳洗(소세) 梳沐(소목)
櫛	빗/빗을/늘어설	즐	木	15	1급	巾櫛(건즐) 櫛比(즐비) 櫛風沐雨(즐풍목우)

20. 音樂 음악

歌唱가창 • 樂器악기

▼ 歌唱 가창

한자	훈	음	부수	획수	급수	용례
歌	노래/노래할	가	欠	10	7급	歌曲(가곡) 歌手(가수) 校歌(교가) 祝歌(축가)
謠	노래/노래할/소문	요	言	10	4급 II	謠詠(요영) 歌謠(가요) 民謠(민요) 謠言(요언)
唱	부를/노래/인도할	창	口	8	5급	唱歌(창가) 名唱(명창) 唱導(창도) 主唱(주창)
謳	노래할/노래	구	言	11	1급	謳歌(구가) 謳吟(구음)
吟	읊을/끙끙거릴	음	口	4	3급	吟味(음미) 呻吟(신음) 吟風弄月(음풍농월)
詠	읊을/시가	영	言	5	3급	詠歌(영가) 吟詠(음영) 誦詠(송영) 歌詠(가영)

呂 註
음률/성(姓) 려
口 4 | 2급[名]
律呂(율려) 六呂(육려)
大呂(대려) 呂尙(여상)

樂器
악기

樂 註
풍류 악
즐길 락
좋아할 요
木 11 | 6급
娛樂(오락) 音樂(음악)
樂山樂水(요산요수)

管
대롱/피리/맡을 관
竹 8 | 4급
管理(관리) 血管(혈관)
管中窺豹(관중규표)

絃
줄/현악기/탈 현
糸 5 | 3급
管絃(관현) 絃誦(현송)
伯牙絶絃(백아절현)

鼓
북/칠/두드릴 고
鼓 0 | 3급Ⅱ
鼓手(고수) 鼓舞(고무)
鼓腹擊壤(고복격양)

鍾
쇠북/술잔/모을 종
金 9 | 4급
鍾閣(종각) 打鍾(타종)
鍾鉢(종발) 鍾情(종정)

鏞
쇠북 용
金 11 | 2급[名]
鏞鼓(용고)
丁若鏞(정약용)

磬
경쇠 경
石 11 | 1급
風磬(풍경) 石磬(석경)
鐘磬(종경) 編磬(편경)

笛
피리 적
竹 5 | 3급Ⅱ
草笛(초적) 鼓笛(고적)
汽笛(기적) 警笛(경적)

琯
옥피리 관
玉 8 | 2급[名]
玉琯(옥관)

簫
퉁소 소
竹 13 | 1급
簫鼓(소고) 簫管(소관)
短簫(단소) 玉簫(옥소)

壎
질나발 훈
土 14 | 2급[名]
壎篪(훈지)
壎篪相和(훈지상화)

琴
거문고 금
玉 8 | 3급Ⅱ
心琴(심금) 風琴(풍금)
琴瑟相和(금슬상화)

瑟
큰거문고/쓸쓸할 슬
玉 9 | 2급[名]
膠瑟(교슬) 蕭瑟(소슬)
琴瑟之樂(금실지락)

琵
비파 비
玉 8 | 1급
琵琶(비파)

琶
비파 파
玉 8 | 1급
琵琶行(비파행)

註 呂 ▶ 律 법/정도/가락/율 률 p.129
註 呂 ▶ 拍 칠/손뼉칠/박자 박 p.65
註 樂 ▶ 奏 아뢸/상소/연주할/ 주 p.102

21. 美術 미술

色彩색채 • 繪畫회화 • 彫塑조소

色彩 색채

色	빛/낯/색정/갈래	색
	色 0	7급
	色相(색상) 色彩(색채) 色動(색동) 好色(호색)	

彩	채색/빛/무늬	채
	彡 8	3급 II
	彩色(채색) 光彩(광채) 異彩(이채) 文彩(문채)	

白	흰/깨끗할/밝을/아뢸/빌	백
	白 0	8급
	潔白(결백) 明白(명백) 告白(고백) 餘白(여백)	

素	흴/본디/바탕/질박할/평소	소
	糸 4	4급 II
	素服(소복) 素質(소질) 素朴(소박) 平素(평소)	

皓	흴/밝을	호
	白 7	2급[名]
	皓月(호월) 皓雪(호설) 丹脣皓齒(단순호치)	

黑	검을/어두울	흑
	黑 0	5급
	黑白(흑백) 黑字(흑자) 黑心(흑심) 暗黑(암흑)	

玄	검을/오묘할/현손	현
	玄 0	3급 II
	玄素(현소) 玄黃(현황) 玄妙(현묘) 玄孫(현손)	

盧	검을/성(姓)/밥그릇	로
	皿 11	2급[名]
	盧弓盧矢(노궁노시) 盧生之夢(노생지몽)	

黎	검을/많을/뭇/녘/즈음	려
	黍 3	1급
	黔黎(검려) 黎民(여민) 群黎(군려) 黎明(여명)	

漆	옻칠할/검을	칠
	水 11	3급 II
	漆器(칠기) 漆夜(칠야) 膠漆之交(교칠지교)	

灰	재/재로될/석회	회
	火 2	4급
	灰色(회색) 石灰(석회) 死灰復燃(사회부연)	

朱	붉을/연지	주
	木 2	4급
	朱紅(주홍) 朱門(주문) 朱雀(주작) 印朱(인주)	

紅	붉을	홍
	糸 3	4급
	紅潮(홍조) 粉紅(분홍) 紅一點(홍일점)	

赤	붉을/빌/벌거벗을	적
	赤 0	5급
	赤道(적도) 赤軍(적군) 赤貧(적빈) 赤身(적신)	

赫	붉을/빛날/성낼	혁
	赤 7	2급[名]
	赫赫(혁혁) 赫業(혁업) 顯赫(현혁) 赫怒(혁노)	

한자	훈	음	부수	획수	급수	용례
爀	붉을/불빛	혁	火	14	2급[名]	
丹	붉을/성심/주사	단	丶	3	3급Ⅱ	丹青(단청) 朱丹(주단) 丹心(단심) 仙丹(선단)
黃	누를/어린애/황제	황	黃	0	6급	黃土(황토) 卵黃(난황) 黃口(황구) 黃老(황로)
青	푸를/젊을	청	青	0	8급	青紅(청홍) 青史(청사) 青雲(청운) 青春(청춘)
碧 註	푸를/옥돌	벽	石	9	3급Ⅱ	碧空(벽공) 碧眼(벽안) 碧玉(벽옥) 碧波(벽파)
蒼	푸를/우거질/허둥지둥할	창	艸	10	3급Ⅱ	蒼空(창공) 鬱蒼(울창) 萬頃蒼波(만경창파)
滄	푸를/찰/큰 바다	창	水	10	2급	滄溟(창명) 滄熱(창열) 滄桑之變(창상지변)
藍	쪽/쪽빛	람	艸	14	2급	藍色(남색) 出藍(출람) 青出於藍(청출어람)
紺	감색	감	糸	5	1급	紺色(감색) 紺青(감청) 紺碧(감벽) 紺瞳(감동)
綠	푸를/초록빛	록	糸	8	6급	綠陰(녹음) 新綠(신록) 草綠同色(초록동색)
紫 註	자줏빛	자	糸	5	3급Ⅱ	紫朱(자주) 紫煙(자연) 千紫萬紅(천자만홍)
濃	짙을/두터울	농	水	13	2급	濃淡(농담) 濃度(농도) 濃縮(농축) 濃厚(농후)
淡	묽을/엷을/담백할/싱거울	담	水	8	3급Ⅱ	淡白(담백) 淡味(담미) 淡水之交(담수지교)
染 註	물들일/더러워질/옮을	염	木	5	3급Ⅱ	染色(염색) 染料(염료) 汚染(오염) 感染(감염)
褪	바랠/벗을	퇴	衣	10	1급	褪色(퇴색) 褪紅(퇴홍)

▼ 繪畫 회화

한자	훈	음	부수	획수	급수	용례
圖	그림/그릴/꾀할	도	囗	11	6급	圖畫(도화) 圖書(도서) 圖謀(도모) 試圖(시도)
畫	그림/그릴 / 그을/꾀할/획	화 / 획	田	7	6급	畫家(화가) 名畫(명화) 畫順(획순) 畫策(획책)
繪	그림/그릴	회	糸	13	1급	繪畫(회화) 繪圖(회도) 繪事後素(회사후소)

註 碧 ▶ 翡 물총새/비취 비 p.198
註 碧 ▶ 翠 물총새/푸를/비취 취 p.198
註 紫 ▶ 褐 베옷/털옷/갈색 갈 p.226
註 染 ▶ 塗 진흙/칠할/길 도 p.178

劃	그을/나눌 획	
	刀 12	3급Ⅱ
劃定(획정) 劃策(획책) 計劃(계획) 區劃(구획)		

描	그릴 묘	
	手 9	1급
描寫(묘사) 描畵(묘화) 素描(소묘) 線描(선묘)		

屛	병풍/물리칠/물러날 병	
	尸 8	3급
屛風(병풍) 繡屛(수병) 屛去(병거) 屛居(병거)		

幀	그림족자 정	
	巾 9	1급
影幀(영정) 裝幀(장정) 幀畫(탱화)		

紋	무늬 문	
	糸 4	3급Ⅱ
紋樣(문양) 紋章(문장) 風紋(풍문) 波紋(파문)		

絢	무늬/고울 현	
	糸 6	1급
絢爛(현란) 絢服(현복)		

斑	얼룩/얼룩질 반	
	文 8	1급
斑點(반점) 斑紋(반문) 斑衣(반의) 紅斑(홍반)		

▼ 彫塑 조소

彫	새길/꾸밀/시들 조	
	彡 8	2급
彫刻(조각) 彫像(조상) 彫飾(조식) 彫困(조곤)		

刻	새길/각박할/시각 각	
	刀 6	4급
刻薄(각박) 正刻(정각) 刻舟求劍(각주구검)		

銘	새길/명 명	
	金 6	3급Ⅱ
感銘(감명) 碑銘(비명) 刻骨銘心(각골명심)		

琢	쫄/다듬을 탁	
	玉 8	2급
琢器(탁기) 彫琢(조탁) 切磋琢磨(절차탁마)		

磨	갈/닳을/맷돌 마	
	石 11	3급Ⅱ
磨墨(마묵) 硏磨(연마) 磨滅(마멸) 磨石(마석)		

塑	흙빚을/토우 소	
	土 10	1급
塑造(소조) 彫塑(조소) 泥塑(이소) 塑像(소상)		

型	거푸집/모형/본보기 형	
	土 6	2급
鑄型(주형) 類型(유형) 原型(원형) 典型(전형)		

Ⅲ. 社會編 사회편

22. 家庭 가정

家族가족 • 婚姻혼인 • 妊産임산 • 兒童아동 • 老人노인

家族 가족

漢字	훈	음	부수	획수	급수	용례
我	나/우리	아	戈	3	3급Ⅱ	我執(아집) 自我(자아) 無我(무아) 彼我(피아)
父 (註)	아비/웃어른 남자미칭	부 / 보	父	0	8급	父母(부모) 嚴父(엄부) 父老(부로) 尙父(상보)
母 (註)	어미/근원/암컷	모	毋	1	8급	母親(모친) 母性(모성) 慈母(자모) 母音(모음)
兄	맏/형/벗에 대한경칭	형	儿	3	8급	兄弟(형제) 學兄(학형) 仁兄(인형) 大兄(대형)
弟	아우/제자	제	弓	4	8급	弟氏(제씨) 妻弟(처제) 弟子(제자) 師弟(사제)
姉	손위누이/누이	자	女	5	4급	姉妹(자매) 姉兄(자형) 姉夫(자부) 姉壻(자서)
妹	손아래누이/누이	매	女	5	4급	妹夫(매부) 妹弟(매제) 男妹(남매) 姉妹(자매)
子	아들/열매/씨/알/이자/첫째지지/임/자작	자	子	0	7급	子女(자녀) 種子(종자) 甲子(갑자) 孔子(공자)
孫	손자/자손	손	子	7	6급	曾孫(증손) 玄孫(현손) 來孫(내손) 昆孫(곤손)
祖	할아비/조상/시조	조	示	5	7급	祖父(조부) 祖國(조국) 先祖(선조) 元祖(원조)
婆	할미 / 범어(梵語)	파 / 바	女	8	1급	老婆(노파) 産婆(산파) 媒婆(매파) 娑婆(사바)
舅	시아비/장인/외삼촌	구	臼	7	1급	舅姑(구고) 國舅(국구) 外舅(외구) 內舅(내구)

註 父 ▶ 椿 참죽나무/아버지 춘 p.202
註 母 ▶ 慈 사랑/어머니 자 p.40

姑 시어미/고모/잠시 고
女 5 3급 II
姑婦(고부) 姑母(고모)
姑息之計(고식지계)

姨 이모 이
女 6 1급
姨母(이모) 姨從(이종)
姨叔(이숙) 姨姪(이질)

壻 (註) 사위 서
士 9 1급
壻郎(서랑) 同壻(동서)
賢壻(현서) 豫壻(예서)

甥 생질/사위 생
生 7 1급
甥姪(생질) 外甥(외생)
舅甥(구생)

姪 조카 질
女 6 3급
姪女(질녀) 姪婦(질부)
叔姪(숙질) 從姪(종질)

嫂 형수/제수 수
女 10 1급
兄嫂(형수) 弟嫂(제수)
季嫂(계수) 家嫂(가수)

爺 아비/남자 의존칭 야
父 9 1급
爺爺(야야) 老爺(노야)
好好爺(호호야)

妣 (註) 죽은어미 비
女 4 1급
先妣(선비) 顯妣(현비)
考妣(고비) 祖妣(조비)

昆 맏/자손/많을/벌레 곤
日 4 1급
昆季(곤계) 昆弟(곤제)
後昆(후곤) 昆蟲(곤충)

孟 맏/첫/맹자/맹랑할 맹
子 5 3급 II
孟春(맹춘) 孟浪(맹랑)
孟母三遷(맹모삼천)

伯 맏/우두머리/백작 백
人 5 3급 II
伯父(백부) 畫伯(화백)
伯仲叔季(백중숙계)

仲 버금/가운데 중
人 4 3급 II
仲朔(중삭) 仲介(중개)
孟仲季(맹중계)

叔 아재비/셋째동포 숙
又 6 4급
叔父(숙부) 叔行(숙항)
伯夷叔齊(백이숙제)

季 끝/막내/계절 계
子 5 4급
季月(계월) 季子(계자)
季節(계절) 四季(사계)

裔 후손/옷자락/변경 예
衣 7 1급
裔胄(예주) 後裔(후예)
遠裔(원예) 四裔(사예)

胄 자손/맏아들 주
肉 5 1급
胄裔(주예) 胄胤(주윤)
胄子(주자) 國胄(국주)

胤 자손/이을/맏아들 윤
肉 5 2급[名]
胤裔(윤예) 後胤(후윤)
胤子(윤자) 令胤(영윤)

嗣 이을/후사 사
口 10 1급
嗣子(사자) 後嗣(후사)
胤嗣(윤사) 嫡嗣(적사)

註 壻 ▶ 贅 혹/군더더기/데릴사위 췌 p.215
註 妣 ▶ 考 상고할/죽은아비/오래살 고 p.67

한자	훈	음	부수	획수	급수	용례
親	친할/몸소/어버이/겨레	친	見	9	6급	親愛(친애) 親筆(친필) 兩親(양친) 六親(육친)
族 註	겨레/일가/무리	족	方	7	6급	族戚(족척) 家族(가족) 親族(친족) 魚族(어족)
戚	겨레/슬퍼할/도끼	척	戈	7	3급Ⅱ	親戚(친척) 外戚(외척) 姻戚(인척) 哀戚(애척)
嫡	정실/본마누라	적	女	11	1급	嫡出(적출) 嫡子(적자) 世嫡(세적) 嫡統(적통)
庶	여러/서자/거의	서	广	8	3급	庶民(서민) 庶子(서자) 嫡庶(적서) 庶幾(서기)
譜 註	계보/악보	보	言	12	3급Ⅱ	譜學(보학) 族譜(족보) 系譜(계보) 譜表(보표)
閥	문벌/공훈	벌	門	6	2급	閥族(벌족) 財閥(재벌) 派閥(파벌) 閥閱(벌열)

婚姻 혼인

한자	훈	음	부수	획수	급수	용례
婚	혼인할	혼	女	8	4급	婚禮(혼례) 新婚(신혼) 結婚(결혼) 離婚(이혼)
姻	혼인/인척	인	女	6	3급	婚姻(혼인) 姻戚(인척) 姻兄(인형) 舊姻(구인)
配	짝/짝지을/나눌/귀양보낼	배	酉	3	4급Ⅱ	配偶(배우) 配分(배분) 配給(배급) 流配(유배)
偶	짝/짝수/우연/허수아비	우	人	9	3급Ⅱ	偶數(우수) 奇偶(기우) 偶然(우연) 偶像(우상)
匹	짝/상대/혼자/필	필	匚	2	3급	配匹(배필) 匹敵(필적) 匹夫匹婦(필부필부)
伴	짝/따를	반	人	5	3급	伴侶(반려) 同伴(동반) 隨伴(수반) 伴奏(반주)
侶	짝/벗/벗할	려	人	7	1급	同侶(동려) 學侶(학려) 仙侶(선려) 侶行(여행)
夫	지아비/사내/대저	부	大	1	7급	夫妻(부처) 夫婦(부부) 農夫(농부) 工夫(공부)
婦	지어미/며느리/여자	부	女	8	4급Ⅱ	姑婦(고부) 婦德(부덕) 夫唱婦隨(부창부수)

註 族 ▶ 眷 돌아볼/돌볼/친족 권 p.28
註 譜 ▶ 行 다닐/행할/길 행 // 항렬/줄 항 p.51

妻	아내/시집보낼	처
	女 5	3급 II

妻子(처자) 本妻(본처)
枕邊敎妻(침변교처)

妾	첩/여자의겸칭	첩
	女 5	3급

妻妾(처첩) 嫡妾(적첩)
蓄妾(축첩) 小妾(소첩)

孀	홀어미	상
	女 17	1급

孀婦(상부) 靑孀(청상)
靑孀寡婦(청상과부)

鰥	홀아비	환
	魚 10	1급

鰥居(환거) 免鰥(면환)
鰥寡孤獨(환과고독)

媒	중매/매개할	매
	女 9	3급 II

仲媒(중매) 媒介(매개)
風媒(풍매) 觸媒(촉매)

娶 註	장가들	취
	女 8	1급

娶嫁(취가) 娶妻(취처)
婚娶(혼취) 前娶(전취)

嫁	시집갈/떠넘길	가
	女 10	1급

嫁娶(가취) 出嫁(출가)
改嫁(개가) 轉嫁(전가)

媤	시집	시
	女 9	1급

媤家(시가) 媤宅(시댁)
媤叔(시숙)

緣	인연/가장자리/가선	연
	糸 9	4급

緣分(연분) 緣邊(연변)
緣木求魚(연목구어)

▼ 妊産 임산

妊	아이밸	임
	女 4	2급

妊娠(임신) 不妊(불임)
* 姙과 同字

娠	아이밸	신
	女 7	1급

姙娠(임신)

孕	아이밸	잉
	子 2	1급

孕胎(잉태) 孕婦(잉부)
孕母(잉모) 懷孕(회잉)

胎	아이밸/태/처음	태
	肉 5	2급

胎生(태생) 受胎(수태)
胎兒(태아) 胎動(태동)

胚	아이밸/배아/시초	배
	肉 5	1급

胚孕(배잉) 胞胚(포배)
胚葉(배엽) 胚胎(배태)

胞	태보/배/세포	포
	肉 5	4급

胞宮(포궁) 胎胞(태포)
同胞(동포) 細胞(세포)

産	낳을/날/산물/재산/출생	산
	生 6	5급

妊産(임산) 産地(산지)
天産(천산) 家産(가산)

誕	낳을/거짓/속일/방종할	탄
	言 7	3급

誕生(탄생) 聖誕(성탄)
虛誕(허탄) 縱誕(종탄)

娩	해산할/얌전할	만
	女 7	2급

分娩(분만) 解娩(해만)
順娩(순만) 婉娩(완만)

註 娶 ▶ 聘 부를/찾을/장가들 빙 p.103

▼ 兒童 아동

한자	뜻	음	부수	획수	급수	용례
兒	아이/아들	아	儿	6	5급	兒童(아동) 育兒(육아) 健兒(건아) 家兒(가아)
童 註	아이/어리석을/민둥민둥할/대머리질	동	立	7	6급	童心(동심) 神童(신동) 頑童(완동) 童然(동연)
幼	어릴/어린 아이	유	幺	2	3급 II	幼兒(유아) 幼蟲(유충) 童幼(동유) 長幼(장유)
稚	어릴/어린 애	치	禾	8	3급 II	稚魚(치어) 幼稚(유치) 稚氣(치기) 稚拙(치졸)
蒙	어릴/어리석을/입을/무릅쓸/받을/몽고	몽	艸	10	3급 II	童蒙(동몽) 蒙塵(몽진) 蒙死(몽사) 蒙利(몽리)
嬰	갓난아이	영	女	14	1급	嬰兒(영아) 嬰孩(영해) 退嬰(퇴영)

▼ 老人 노인

한자	뜻	음	부수	획수	급수	용례
老	늙을/늙은이/어른/익숙할/노자 의학설	로	老	0	7급	偕老(해로) 老幼(노유) 長老(장로) 老鍊(노련)
耆	늙은이/늙을	기	老	4	2급[名]	耆蒙(기몽) 耆德(기덕) 耆老(기로) 耆年(기년)
翁	늙은이/아버지	옹	羽	4	3급	老翁(노옹) 漁翁(어옹) 醉翁(취옹) 婦翁(부옹)
丈	어른/장(10尺)/길	장	一	2	3급 II	丈夫(장부) 丈人(장인) 氣高萬丈(기고만장)
齡	나이	령	齒	5	1급	年齡(연령) 高齡(고령) 妙齡(묘령) 誌齡(지령)

23. 社會 사회

都市도시 • 鄕村향촌 • 道路도로

▼ 都市 도시

한자	뜻	음	부수	획수	급수	용례
都	도읍/모두/거느릴	도	邑	9	5급	遷都(천도) 都心(도심) 都賣(도매) 都督(도독)
市	저자/시가/시	시	巾	2	7급	市井(시정) 市民(시민) 門前成市(문전성시)
京	서울/클/경(兆의만배)	경	亠	6	6급	京鄕(경향) 在京(재경) 歸京(귀경) 京觀(경관)

註 童 ▶ 豎 세울/설/세로/더벅머리 수 p.48

畿	경기	기
	田 10	3급Ⅱ

畿內(기내) 畿營(기영)
畿湖(기호) 京畿(경기)

甸	경기	전
	田 2	2급[名]

畿甸(기전)
羅甸語(나전어)

▼ 鄕村 향촌

鄕	시골/고향/곳	향
	邑 10	4급Ⅱ

鄕土(향토) 鄕里(향리)
鄕愁(향수) 故鄕(고향)

村	마을/촌스러울	촌
	木 3	7급

村落(촌락) 農村(농촌)
鄕村(향촌) 村氣(촌기)

里	마을/리	리
	里 0	7급

村里(촌리) 里數(이수)
里程標(이정표)

閭	마을/이문	려
	門 7	1급

閭閻(여염) 州閭(주려)
旌表門閭(정표문려)

閻	마을/이문	염
	門 8	2급[名]

閻羅(염라) 閭閻(여염)

洞	골/동네/깊을 통할	동 통
	水 6	7급

洞里(동리) 洞穴(동혈)
洞房(동방) 洞察(통찰)

坊	동네	방
	土 4	1급

坊村(방촌) 京坊(경방)
坊坊曲曲(방방곡곡)

邑	고을/영지/읍	읍
	邑 0	7급

邑內(읍내) 邑村(읍촌)
郡邑(군읍) 食邑(식읍)

郡	고을/군	군
	邑 7	6급

郡守(군수) 郡廳(군청)
州郡(주군) 郡民(군민)

州	고을/마을	주
	巛 3	5급

州郡(주군) 忠州(충주)
慶州(경주) 全州(전주)

縣	고을/현	현
	糸 10	3급

縣令(현령) 縣監(현감)
郡縣(군현) 州縣(주현)

郊	들/성밖	교
	邑 6	3급

郊外(교외) 近郊(근교)
遠郊(원교) 江郊(강교)

▼ 道路 도로

道	길/도리/방법/도/말할/도교	도
	辵 9	7급

道路(도로) 道德(도덕)
八道(팔도) 道破(도파)

路	길	로
	足 6	6급

路上(노상) 路程(노정)
路不拾遺(노불습유)

途	길	도
	辵 7	3급Ⅱ

途中(도중) 壯途(장도)
日暮途窮(일모도궁)

漢字	訓	音	部首	획수	급수	용례
街	거리/네거리/한길	가	行	6	4급Ⅱ	市街(시가) 商街(상가) 街路(가로) 街道(가도)
巷	거리/마을	항	己	6	3급	巷間(항간) 巷談(항담) 街談巷說(가담항설)
逵	한길	규	辵	8	1급	逵路(규로) 九逵(구규)
衢	네거리	구	行	18	1급	衢街(구가) 衢國(구국) 康衢煙月(강구연월)
岐	갈림길/산이름	기	山	4	2급[名]	岐路(기로) 分岐(분기) 多岐亡羊(다기망양)
徑	지름길/길/지름	경	彳	7	3급Ⅱ	捷徑(첩경) 半徑(반경) 盤溪曲徑(반계곡경)
橋	다리	교	木	12	5급	橋梁(교량) 橋脚(교각) 陸橋(육교) 浮橋(부교)
棧	잔도	잔	木	8	1급	棧道(잔도) 棧橋(잔교) 木棧(목잔) 雲棧(운잔)

24. 政治 정치

政治정치 • 國家국가 • 法律법률 • 裁判재판
刑罰형벌 • 監獄감옥

▼ 政治 정치

漢字	訓	音	部首	획수	급수	용례
政	정사/바로잡을	정	攴	5	4급Ⅱ	政事(정사) 政治(정치) 政權(정권) 善政(선정)
治 (註)	다스릴/병고칠	치	水	5	4급Ⅱ	治國(치국) 治罪(치죄) 法治(법치) 治療(치료)
攝	다스릴/당길/대신할	섭	手	18	3급	攝理(섭리) 攝生(섭생) 包攝(포섭) 攝政(섭정)
理	다스릴/도리/이치/깨달을/결	리	玉	7	6급	處理(처리) 天理(천리) 理解(이해) 木理(목리)
轄	다스릴/비녀장	할	車	10	1급	直轄(직할) 管轄(관할) 統轄(통할) 總轄(총할)
撥	다스릴/퉁길/덜/채	발	手	12	1급	撥亂(발란) 反撥(반발) 撥悶(발민) 撥木(발목)

註 治 ▶ 艾 쑥/늙은이/예쁠 애 // 다스릴 예 p.205

한자	훈	음	부수	획수	급수	용례
釐	다스릴/리	리	里	11	1급	釐正(이정) 釐革(이혁) 毫釐之差(호리지차)
權	권세/저울/저울추/저울질할/권도	권	木	18	4급 II	權力(권력) 權衡(권형) 權度(권도) 權略(권략)
勢	형세/세력/기회/불알	세	力	11	4급 II	情勢(정세) 權勢(권세) 乘勢(승세) 去勢(거세)

▼ 國家 국가

한자	훈	음	부수	획수	급수	용례
國	나라	국	口	8	8급	國家(국가) 國民(국민) 愛國(애국) 賣國(매국)
邦	나라	방	邑	4	3급	邦國(방국) 邦畵(방화) 萬邦(만방) 異邦(이방)
稅	구실/세금 벗을/풀 추복입을	세 탈 태	禾	7	4급 II	稅金(세금) 納稅(납세) 稅駕(탈가) 稅喪(태상)
租	구실/세들	조	禾	5	3급 II	租稅(조세) 租界(조계) 租庸調(조용조)
賦	구실/매길/줄/부	부	貝	8	3급 II	賦稅(부세) 賦課(부과) 賦與(부여) 詩賦(시부)

▼ 法律 법률

한자	훈	음	부수	획수	급수	용례
憲	법/모범/본뜰/상관/관청/관리	헌	心	12	4급	憲法(헌법) 憲兵(헌병) 憲章(헌장) 官憲(관헌)
法	법/본받을	법	水	5	5급	法令(법령) 兵法(병법) 法古創新(법고창신)
規	법/그림쇠/동그라미/바로잡을	규	見	4	5급	規律(규율) 法規(법규) 半規(반규) 規正(규정)
則	법/본받을 곧	칙 즉	刀	7	5급	規則(규칙) 準則(준칙) 則效(칙효) 然則(연즉)
程	법/한도/길	정	禾	7	4급 II	規程(규정) 章程(장정) 程度(정도) 路程(노정)
律	법/정도/가락/율	률	彳	6	4급 II	法律(법률) 音律(음률) 二律背反(이율배반)
式	법/식/꼴	식	弋	3	6급	式典(식전) 韓式(한식) 律令格式(율령격식)
典	법/책/의식/바를/맡을/전당잡힐	전	八	6	5급	典範(전범) 古典(고전) 祝典(축전) 典雅(전아)
範	법/본보기/한계	범	竹	9	4급	規範(규범) 範圍(범위) 率先垂範(솔선수범)

漢字	뜻	음	부수/획	급수	용례
矩	법/곱자/네모	구	矢 5	1급	矩度(구도) 矩尺(구척) 規矩準繩(규구준승)
準 (註)	법도/수준기/평평할/본받을/콧마루	준	水 10	4급 II	規準(규준) 平準(평준) 準據(준거) 隆準(융준)
例	법식/본보기	례	人 6	6급	規例(규례) 準例(준례) 例格(예격) 用例(용례)
格	격식/자리/자품/이를/격자/겨룰	격	木 6	5급	規格(규격) 合格(합격) 格物致知(격물치지)
令	하여금/법령/명령할/영/장관/높일	령	人 3	5급	守令(수령) 令愛(영애) 朝令暮改(조령모개)
准	승인할/견줄	준	冫 8	2급	准將(준장) 准尉(준위) 批准(비준) 認准(인준)

裁判 재판

漢字	뜻	음	부수/획	급수	용례
審	살필/자세할	심	宀 12	3급 II	審判(심판) 審査(심사) 審美(심미) 審正(심정)
判	판단할/가를	판	刀 5	4급	裁判(재판) 判異(판이) 身言書判(신언서판)
檢	검사할/봉함/단속할	검	木 13	4급 II	檢査(검사) 點檢(점검) 檢封(검봉) 檢擧(검거)
査 (註)	사실할/사돈	사	木 5	5급	査察(사찰) 搜査(수사) 監査(감사) 査丈(사장)
糾	규명할/얽힐/모을/꼴	규	糸 2	3급	糾察(규찰) 紛糾(분규) 糾合(규합) 糾繩(규승)
訴	하소연할/송사할	소	言 5	3급 II	呼訴(호소) 訴訟(소송) 訴追(소추) 起訴(기소)
訟	송사할/시비할	송	言 4	3급 II	訟事(송사) 訟務(송무) 爭訟(쟁송) 聚訟(취송)
證	증거/증명할	증	言 12	4급	證據(증거) 干證(간증) 證明(증명) 査證(사증)

刑罰 형벌

漢字	뜻	음	부수/획	급수	용례
刑	형벌/형벌할/법	형	刀 4	4급	刑罰(형벌) 處刑(처형) 贖刑(속형) 典刑(전형)
罰	벌줄/벌	벌	网 9	4급 II	罪罰(죄벌) 懲罰(징벌) 信賞必罰(신상필벌)
懲	징계할	징	心 15	3급	懲戒(징계) 懲役(징역) 勸善懲惡(권선징악)

(註) 準 ▶ 繩 노/먹줄/법도 승 p.227
(註) 査 ▶ 鞠 기를/굽힐/국문할/공/성(姓) 국 p.97

斬	벨/매우/도련하지않은 상복 참	斤 7	2급
斬刑(참형) 斬罪(참죄) 斬新(참신) 斬衰(참최)			

誅	벨/꾸짖을 주	言 6	1급
誅罰(주벌) 誅責(주책) 苛斂誅求(가렴주구)			

笞 註	볼기칠/태형 태	竹 5	1급
笞刑(태형) 笞罰(태벌) 笞杖(태장) 笞贖(태속)			

謫 註	귀양갈/꾸짖을 적	言 11	1급
流謫(유적) 謫仙(적선) 配謫(배적) 貶謫(폄적)			

▼ 監獄 감옥

獄	옥/송사 옥	犬 10	3급 II
獄苦(옥고) 監獄(감옥) 地獄(지옥) 訟獄(송옥)			

囹	옥 령	口 5	1급
囹圄(영어) 圄囹(어령)			

圄	옥 어	口 7	1급
圄囹(어령) 囹圄(영어)			

牢	우리/옥/굳을 뢰	牛 3	1급
牢獄(뇌옥) 牢堅(뇌견) 亡羊補牢(망양보뢰)			

檻	우리/난간 함	木 14	1급
檻車(함거) 檻羊(함양) 欄檻(난함) 軒檻(헌함)			

囚	가둘/갇힐/죄인 수	口 2	3급
囚人(수인) 囚禁(수금) 囚衣(수의) 罪囚(죄수)			

錮	가둘/땜질할/막을 고	金 8	1급
禁錮(금고) 黨錮(당고)			

桎	차꼬/차꼬채울 질	木 6	1급
桎梏(질곡) 桎檻(질함)			

梏	수갑/수갑채울 곡	木 7	1급
桎梏(질곡)			

註 笞 ▶ 杖 지팡이/장형 장 p.204
註 笞 ▶ 徒 무리/걸어다닐/맨손/헛될/형벌 도 p.18
註 謫 ▶ 流 흐를/흐르게할/흐름/귀양보낼/퍼질/갈래/품위 류 p.189
註 謫 ▶ 配 짝/짝지을/나눌/귀양보낼 배 p.124

25. 軍事 군사

戰爭전쟁 • 勝敗승패 • 防禦방어 • 排斥배척 • 軍隊군대
城郭성곽 • 武器무기

▼ 戰爭 전쟁

漢字	訓	音	部首	劃數	級數	用例
戰	싸울/싸움/두려워할	전	戈	12	6급	善戰(선전) 戰兢(전긍) 山戰水戰(산전수전)
鬪	싸울/싸움	투	鬥	10	4급	奮鬪(분투) 戰鬪(전투) 鬪爭(투쟁) 鬪牛(투우)
競	다툴	경	立	15	5급	競爭(경쟁) 競技(경기) 競演(경연) 競走(경주)
爭	다툴/간할	쟁	爪	4	5급	戰爭(전쟁) 爭臣(쟁신) 百家爭鳴(백가쟁명)
征	칠/갈/구실 받을	정	彳	5	3급 II	征服(정복) 長征(장정) 征途(정도) 征稅(정세)
伐	칠/벨/자랑할	벌	人	4	4급 II	征伐(정벌) 伐善(벌선) 十伐之木(십벌지목)
攻	칠/닦을	공	攴	3	4급	攻討(공토) 專攻(전공) 難攻不落(난공불락)
討	칠/다스릴/찾을/구할	토	言	3	4급	討伐(토벌) 討罪(토죄) 討論(토론) 討索(토색)
侵	침노할/차츰 나갈	침	人	7	4급 II	侵攻(침공) 侵犯(침범) 侵害(침해) 侵尋(침심)
襲	엄습할/물려받을/껴입을/벌	습	衣	16	3급 II	侵襲(침습) 踏襲(답습) 襲衣(습의) 一襲(일습)

▼ 勝敗 승패

漢字	訓	音	部首	劃數	級數	用例
勝 (註)	이길/나을	승	力	10	6급	勝敗(승패) 勝捷(승첩) 勝景(승경) 名勝(명승)
克	이길/능할	극	儿	5	3급 II	克服(극복) 克捷(극첩) 克己復禮(극기복례)
剋	이길	극	刀	7	1급	相剋(상극) 剋定(극정) 下剋上(하극상)

註 勝 ▶ 捷 빠를/이길 첩 p.163

鎭 진압할/누를/진정할/진영 **진** | 金 10 | 3급 II
鎭火(진화) 文鎭(문진)
鎭靜(진정) 雄鎭(웅진)

凱 개선할/온화할 **개** | 几 10 | 1급
凱旋(개선) 凱歌(개가)
凱歸(개귀) 凱風(개풍)

敗 註 패할/무너질/썩을 **패** | 攴 7 | 5급
頹敗(퇴패) 腐敗(부패)
一敗塗地(일패도지)

防禦 방어

防 막을/둑 **방** | 阜 4 | 4급 II
攻防(공방) 堤防(제방)
衆口難防(중구난방)

禦 막을 **어** | 示 11 | 1급
禦侮(어모) 禦敵(어적)
防禦(방어) 守禦(수어)

抵 막을/거스를/당할/대컨 **저** | 手 5 | 3급 II
抵抗(저항) 抵當(저당)
抵觸(저촉) 抵罪(저죄)

抗 막을/겨룰/들 **항** | 手 4 | 4급
抗禦(항어) 抗爭(항쟁)
反抗(반항) 抗顔(항안)

拒 막을/겨룰 **거** | 手 5 | 4급
拒守(거수) 拒否(거부)
拒逆(거역) 抗拒(항거)

杜 막을/팥배나무 **두** | 木 3 | 2급[名]
杜絶(두절) 杜塞(두색)
杜門不出(두문불출)

沮 막을/꺾일 **저** | 水 5 | 2급
沮止(저지) 沮害(저해)
沮氣(저기) 沮喪(저상)

閼 막을 **알** | 門 8 | 2급[名]
閼塞(알색) 夭閼(요알)
金閼智(김알지)

保 지킬/보전할/책임질/기를 **보** | 人 7 | 4급 II
保守(보수) 安保(안보)
保證(보증) 保育(보육)

守 지킬/벼슬이름/절개 **수** | 宀 3 | 4급 II
守護(수호) 守成(수성)
守衛(수위) 郡守(군수)

護 지킬/도울 **호** | 言 14 | 4급 II
護國(호국) 保護(보호)
護衛(호위) 救護(구호)

衛 지킬/막을 **위** | 行 9 | 4급 II
衛生(위생) 自衛(자위)
保衛(보위) 防衛(방위)

戍 수자리/지킬 **수** | 戈 2 | 1급
戍樓(수루) 戍卒(수졸)
衛戍(위수) 戍邊(수변)

註 敗 ▶ 負 질/저버릴/패할 부 p.234
註 敗 ▶ 降 내릴 강 // 항복할 항 p.53

排斥 배척

한자	훈	음	부수/획수	급수	용례
排	밀칠/물리칠/늘어설	배	手 8	3급Ⅱ	排門(배문) 排氣(배기) 排斥(배척) 排立(배립)
斥	물리칠/엿볼	척	斤 1	3급	斥和(척화) 排斥(배척) 除斥(제척) 斥候(척후)
却	물리칠/물러날/어조사	각	卩 5	3급	却下(각하) 棄却(기각) 退却(퇴각) 忘却(망각)
攘	물리칠/훔칠	양	手 17	1급	攘斥(양척) 攘奪(양탈) 尊王攘夷(존왕양이)
逐	쫓을/따를/다툴	축	辵 7	3급	逐條(축조) 角逐(각축) 中原逐鹿(중원축록)
黜	내칠/물리칠	출	黑 5	1급	黜斥(출척) 黜敎(출교) 廢黜(폐출) 放黜(방출)

軍隊 군대

한자	훈	음	부수/획수	급수	용례
武	호반/병장기/굳셀/무사/무인	무	止 4	4급Ⅱ	武力(무력) 武裝(무장) 武勇(무용) 文武(문무)
軍	군사	군	車 2	8급	軍事(군사) 軍隊(군대) 軍紀(군기) 三軍(삼군)
卒	군사/마칠/죽을/갑자기	졸	十 6	5급	卒兵(졸병) 卒業(졸업) 卒年(졸년) 卒倒(졸도)
兵	군사/병장기/전쟁	병	八 5	5급	兵丁(병정) 兵役(병역) 兵器(병기) 兵火(병화)
將	장수/장차/써/나아갈	장	寸 8	4급Ⅱ	將軍(장군) 將來(장래) 將計就計(장계취계)
帥	장수	수	巾 6	3급Ⅱ	將帥(장수) 統帥(통수) 元帥(원수) 總帥(총수)
陣 (註)	진칠/진	진	阜 7	4급	陣營(진영) 敵陣(적진) 背水陣(배수진)
屯	진칠/모일	둔	屮 1	3급	屯營(둔영) 屯田(둔전) 駐屯(주둔) 屯聚(둔취)
哨	망볼/파수병	초	口 7	2급	哨所(초소) 哨戒(초계) 步哨(보초) 哨兵(초병)
伍	대오/다섯('五'의 갖은 자)	오	人 4	1급	伍列(오열) 隊伍(대오) 落伍(낙오) 伍長(오장)
帳	휘장/장막/장부	장	巾 8	4급	帳幕(장막) 揮帳(휘장) 通帳(통장) 記帳(기장)
幕	장막/군막/막	막	巾 11	3급Ⅱ	銀幕(은막) 幕府(막부) 軍幕(군막) 幕間(막간)

註 陣 ▶ 鎭 진압할/누를/진정할/진영 진 p.133
註 陣 ▶ 營 경영할/진영 영 p.55

字	뜻/음	부수/획수	급수	용례
旗	기/표 기	方 10	7급	旗手(기수) 國旗(국기) 弔旗(조기) 白旗(백기)
幟	기/표기 치	巾 12	1급	旗幟(기치) 標幟(표치) 赤幟(적치)
旌	기/나타낼 정	方 7	2급[名]	旌旗(정기) 旌門(정문) 旌表(정표) 旌善(정선)
麾	대장기/지휘할 휘	麻 4	1급	麾下(휘하) 麾旗(휘기) 旌麾(정휘) 麾動(휘동)

城郭
성곽

字	뜻/음	부수/획수	급수	용례
城	재/성 성	土 7	4급 II	城壁(성벽) 干城(간성) 孤城落日(고성낙일)
郭	외성/둘레 곽	邑 8	3급	城郭(성곽) 外郭(외곽) 南郭濫吹(남곽남취)
廓	둘레/외성 곽 클/바로잡을 확	广 11	1급	輪廓(윤곽) 胸廓(흉곽) 廓然(확연) 廓正(확정)
塹	해자 참	土 11	1급	塹壕(참호) 坑塹(갱참) 複塹(복참) 天塹(천참)
壕	해자 호	土 14	2급[名]	城壕(성호) 防空壕(방공호)
濠	해자/물이름/호주 호	水 14	2급	外濠(외호) 空濠(공호) 濠水(호수) 濠洲(호주)
堡	작은성 보	土 9	1급	堡壘(보루) 城堡(성보) 橋頭堡(교두보)
壘	진/쌓을/베이스(*野球) 루	土 15	1급	堡壘(보루) 城壘(성루) 壘塊(누괴) 滿壘(만루)

武器
무기

字	뜻/음	부수/획수	급수	용례
刀	칼 도	刀 0	3급 II	刀劍(도검) 短刀(단도) 單刀直入(단도직입)
劍	칼 검	刀 13	3급 II	劍道(검도) 劍客(검객) 寶劍(보검) 戈劍(과검)
匕	비수/숟가락/살촉 비	匕 0	1급	匕首(비수) 匕箸(비저)

漢字	訓	音	部首	획수	급수	용례
鋒	칼날/끝/앞장	봉	金	7	1급	鋒刃(봉인) 筆鋒(필봉) 銳鋒(예봉) 先鋒(선봉)
刃	칼날/칼/벨	인	刀	1	2급	白刃(백인) 兵刃(병인) 三革五刃(삼혁오인)
戈	창/전쟁	과	戈	0	2급	戈鋒(과봉) 兵戈(병과) 倒置干戈(도치간과)
矛	창	모	矛	0	2급	矛盾(모순) 戈矛(과모)
槍	창	창	木	10	1급	槍術(창술) 槍劍(창검) 槍旗(창기) 投槍(투창)
戟	창/미늘창/찌를	극	戈	8	1급	劍戟(검극) 交戟(교극) 幢戟(당극) 刺戟(자극)
鈗	창/병기	윤	金	4	2급[名]	
弓	활/활꼴	궁	弓	0	3급 II	弓術(궁술) 弓手(궁수) 傷弓之鳥(상궁지조)
弧	활/나무활/활꼴	호	弓	5	1급	弧矢(호시) 弦弧(현호) 括弧(괄호) 圓弧(원호)
弩	쇠뇌	노	弓	5	1급	弩砲(노포) 弓弩(궁노) 强弩之末(강노지말)
矢	화살/살/맹세할	시	矢	0	3급	矢石(시석) 弓矢(궁시) 雨矢(우시) 矢言(시언)
箭	살/화살/화살대	전	竹	9	1급	弓箭(궁전) 飛箭(비전) 火箭(화전) 離箭(이전)
弦	시위/초승달/줄	현	弓	5	2급	弓弦(궁현) 弦月(현월) 解弦更張(해현경장)
銃	총	총	金	6	4급 II	銃擊(총격) 銃劍(총검) 銃砲(총포) 拳銃(권총)
砲	돌쇠뇌/대포	포	石	5	4급 II	砲彈(포탄) 砲聲(포성) 大砲(대포) 祝砲(축포)
彈	탄알/튀길/탈/탄핵할	탄	弓	12	4급	彈雨(탄우) 彈力(탄력) 彈琴(탄금) 糾彈(규탄)
干	방패/범할/간여할/천간/구할	간	干	0	4급	干戈(간과) 干犯(간범) 干涉(간섭) 天干(천간)
盾	방패	순	目	4	2급	矛盾(모순) 戈盾(과순) 戟盾(극순) 圓盾(원순)

한자	훈	음	부수/획수	급수	용례
鉀 (註)	갑옷	갑	金 5	2급[名]	
兜	투구	두	儿 9	1급	兜鍪(두무) 兜轎(두교) 兜率天(도솔천)
仗 (註)	병장기/의지할	장	人 3	1급	兵仗(병장) 仗劍(장검) 儀仗隊(의장대)
的 (註)	과녁/적실할/의	적	白 3	5급	的中(적중) 目的(목적) 的確(적확) 美的(미적)
射	쏠 / 벼슬이름	사 / 야	寸 7	4급	射擊(사격) 僕射(복야) 射石爲虎(사석위호)
刺	찌를/가시/헐뜯을/바느질할 / 찌를	자 / 척	刀 6	3급II	刺戟(자극) 諷刺(풍자) 刺繡(자수) 刺殺(척살)
衝	찌를/부딪칠/목	충	行 9	3급II	衝突(충돌) 要衝(요충) 怒髮衝冠(노발충관)
狩	사냥할/사냥/임지/순행	수	犬 6	1급	狩獵(수렵) 狩漁(수어) 狩場(수장) 巡狩(순수)
獵	사냥할/사냥/찾을	렵	犬 15	3급	獵官(엽관) 狩獵(수렵) 獵奇(엽기) 涉獵(섭렵)

26. 經濟 경제

商業상업 • 金錢금전 • 富裕부유 • 貧困빈곤

▼ 商業 상업

한자	훈	음	부수/획수	급수	용례
商	장사/장수/헤아릴/음이름/상나라	상	口 8	5급	商業(상업) 華商(화상) 商量(상량) 宮商(궁상)
賈	장사 / 값/성(姓)	고 / 가	貝 6	2급[名]	商賈(상고) 賈島(가도) 多錢善賈(다전선고)
貿	바꿀/무역할	무	貝 5	3급II	貿易(무역) 貿販(무판) 貿穀(무곡) 公貿(공무)
販	팔/장사	판	貝 4	3급	販賣(판매) 販促(판촉) 外販(외판) 直販(직판)
賣	팔	매	貝 8	5급	賣出(매출) 賣盡(매진) 賣國(매국) 都賣(도매)
買	살	매	貝 5	5급	賣買(매매) 買怨(매원) 買占賣惜(매점매석)

註 鉀 ▶ 甲 갑옷/첫째천간/첫째/껍데기/아무 갑 p.148
註 仗 ▶ 戎 오랑캐/병장기/싸움 융 p.113
註 的 ▶ 中 가운데/안/맞을 중 p.153

漢字	훈	음	부수	획수	급수	용례
購	살/걸	구	貝	10	2급	購買(구매) 購入(구입) 購讀(구독) 購捕(구포)
報	갚을/알릴	보	土	9	4급 II	報償(보상) 報復(보복) 報告(보고) 速報(속보)
償	갚을/배상	상	人	15	3급 II	償還(상환) 辨償(변상) 減價償却(감가상각)
酬	갚을/잔돌릴	수	酉	6	1급	酬價(수가) 報酬(보수) 應酬(응수) 酬酌(수작)
賠	물어줄	배	貝	8	2급	賠償(배상) 均賠(균배) 賠款(배관)
醵	추렴할	갹·거	酉	13	1급	醵出(갹출·거출) 醵飮(갹음·거음)
賃	품팔이/품삯/빌릴	임	貝	6	3급 II	賃金(임금) 勞賃(노임) 賃貸借(임대차)
貸	빌릴/빌려줄/용서할	대	貝	5	3급 II	貸借(대차) 貸與(대여) 恩貸(은대) 寬貸(관대)
借	빌릴/빌/가령	차	人	8	3급 II	借用(차용) 借名(차명) 假借(가차) 租借(조차)
貰	세낼/용서할	세	貝	5	2급	專貰(전세) 月貰(월세) 借貰(차세) 貰赦(세사)
店	가게	점	广	5	5급	店員(점원) 商店(상점) 賣店(매점) 書店(서점)
廛 (註)	가게/집터	전	广	12	1급	廛房(전방) 廛鋪(전포) 市廛(시전) 廛宅(전택)

▼ 金錢 금전

漢字	훈	음	부수	획수	급수	용례
錢	돈/전(1/10兩,1/100圓)	전	金	8	4급	錢幣(전폐) 金錢(금전) 銅錢(동전) 錢兩(전냥)
幣	돈/비단/폐백	폐	巾	12	3급	貨幣(화폐) 造幣(조폐) 幣帛(폐백) 幣物(폐물)
資	재물/밑천/바탕	자	貝	6	4급	資財(자재) 資本(자본) 資料(자료) 資質(자질)
財	재물/재화	재	貝	3	5급	財物(재물) 財政(재정) 財界(재계) 理財(이재)
貨	재화/물품	화	貝	4	4급 II	財貨(재화) 通貨(통화) 奇貨可居(기화가거)
賄	뇌물/재물	회	貝	6	1급	賄交(회교) 贈賄(증회) 收賄(수회) 財賄(재회)

(註) 廛 ▶ 鋪 펼/가게 포 p.62

賂	뇌물/뇌물 줄	뢰
	貝 6	1급
賂物(뇌물) 收賂(수뢰) 贈賂(증뢰) 賄賂(회뢰)		

祿	녹/복	록
	示 8	3급 II
祿俸(녹봉) 官祿(관록) 貫祿(관록) 福祿(복록)		

俸	녹	봉
	人 8	2급
俸給(봉급) 俸祿(봉록) 薄俸(박봉) 年俸(연봉)		

債	빚/빚돈	채
	人 11	3급 II
債務(채무) 債權(채권) 負債(부채) 蕩債(탕채)		

價 (註)	값	가
	人 13	5급
價格(가격) 物價(물가) 同價紅裳(동가홍상)		

値	값/만날	치
	人 8	3급 II
價値(가치) 數値(수치) 同値(동치) 値遇(치우)		

▼ 富裕 부유

富	가멸/넉넉할/부자	부
	宀 9	4급 II
富貴(부귀) 致富(치부) 國富(국부) 甲富(갑부)		

裕	넉넉할/너그러울	유
	衣 7	3급 II
裕福(유복) 富裕(부유) 餘裕(여유) 寬裕(관유)		

饒	넉넉할/너그러울	요
	食 12	1급
饒舌(요설) 豊饒(풍요) 富饒(부요) 饒貸(요대)		

奢	사치할	사
	大 9	1급
奢僭(사참) 豪奢(호사) 華奢(화사) 驕奢(교사)		

侈	사치할/오만할	치
	人 6	1급
侈濫(치람) 奢侈(사치) 極侈(극치) 侈傲(치오)		

吝	아낄/인색할	린
	口 4	1급
貪吝(탐린) 鄙吝(비린) 改過不吝(개과불린)		

嗇	아낄/인색할	색
	口 10	1급
嗇夫(색부) 吝嗇(인색) 節嗇(절색) 纖嗇(섬색)		

惜	아낄/아깝게여길	석
	心 8	3급 II
惜陰(석음) 吝惜(인석) 惜敗(석패) 哀惜(애석)		

▼ 貧困 빈곤

貧	가난할/가난/모자랄	빈
	貝 4	4급 II
貧富(빈부) 貧血(빈혈) 安貧樂道(안빈낙도)		

窮	궁할/다할/궁구할	궁
	穴 10	4급
貧窮(빈궁) 窮理(궁리) 窮餘之策(궁여지책)		

缺 (註)	이지러질/모자랄/빌	결
	缶 4	4급 II
缺月(결월) 缺席(결석) 補缺拾遺(보결습유)		

(註) 價 ▶ 額 이마/액수/편액 액 p.23
(註) 缺 ▶ 欠 하품/모자랄/빚 흠 p.27

乏	모자랄/가난할	핍
	丿 4	1급
缺乏(결핍) 耐乏(내핍) 貧乏(빈핍) 窮乏(궁핍)		

窘	군색할/괴로울	군
	穴 7	1급
窘塞(군색) 窘乏(군핍) 窘急(군급) 窘迫(군박)		

儉	검소할/흉년들	검
	人 13	4급
儉素(검소) 儉約(검약) 勤儉(근검) 儉年(검년)		

乞	빌/구할/거지	걸
	乙 2	3급
乞食(걸식) 求乞(구걸) 乞人憐天(걸인연천)		

27. 勞動 노동

勞動노동 • 遊戲유희 • 休息휴식

▼
勞動
노동

職	직분/벼슬/일	직
	耳 12	4급Ⅱ
職責(직책) 職位(직위) 職業(직업) 就職(취직)		

業	업/일	업
	木 9	6급
業務(업무) 爲業(위업) 崇德廣業(숭덕광업)		

事	일/섬길	사
	亅 7	7급
事務(사무) 事實(사실) 人事(인사) 事大(사대)		

爲	할/만들/행위/생각할/삼을/될/위할	위
	爪 8	4급Ⅱ
爲政(위정) 作爲(작위) 爲主(위주) 爲國(위국)		

勞	수고할/일할/지칠/위로할	로
	力 10	5급
勞苦(노고) 勞動(노동) 疲勞(피로) 慰勞(위로)		

役	부릴/역사/일/일꾼	역
	彳 4	3급Ⅱ
使役(사역) 賦役(부역) 役事(역사) 役軍(역군)		

拮	일할	길
	手 6	1급
拮据(길거) 拮抗作用(길항작용)		

辦	힘쓸/갖출	판
	辛 9	1급
總辦(총판) 自辦(자판) 辦務(판무) 辦公(판공)		

務 (註)	힘쓸/일	무
	力 9	4급Ⅱ
事務(사무) 義務(의무) 君子務本(군자무본)		

註 務 ▶ 任 맡길/일/마음대로할 임 p.56

雇	품살	고
	隹 4	2급

雇用(고용) 雇傭(고용)
雇價(고가) 解雇(해고)

傭	품팔이할/품팔이꾼	용
	人 11	2급

傭員(용원) 傭兵(용병)
傭船(용선) 日傭(일용)

遊戲 유희

遊	놀/놀이/여행할	유
	辵 9	4급

遊興(유흥) 遊休(유휴)
船遊(선유) 遊覽(유람)

戲	놀/놀이/희롱할	희
	戈 13	3급 II

遊戲(유희) 戲曲(희곡)
戲弄(희롱) * 戯는 俗字

娛	즐거워할	오
	女 7	3급

娛樂(오락) 娛遊(오유)
戲娛(희오) 歡娛(환오)

耽	즐길/빠질	탐
	耳 4	2급[名]

耽讀(탐독) 耽美(탐미)
耽溺(탐닉) 深耽(심탐)

嬉	즐길/놀	희
	女 12	2급[名]

嬉笑(희소) 嬉嬉(희희)
嬉戲(희희) 嬉遊(희유)

嗜	즐길	기
	口 10	1급

嗜好(기호) 嗜慾(기욕)
嗜眠(기면) 貪嗜(탐기)

玩	장난할/놀/장난감/사랑할	완
	玉 4	1급

玩具(완구) 愛玩(애완)
玩物喪志(완물상지)

棋	바둑	기
	木 8	2급

棋局(기국) 將棋(장기)
擧棋不定(거기부정)

賭	걸/노름	도
	貝 9	1급

賭博(도박) 賭具(도구)
賭錢(도전) 賭租(도조)

觝	닥뜨릴/씨름	저
	角 5	1급

角觝(각저)

休息 휴식

休	쉴/그칠/휴가/좋을	휴
	人 4	7급

休日(휴일) 休止(휴지)
歸休(귀휴) 休德(휴덕)

息	쉴/숨쉴/살/아이/이자	식
	心 6	4급 II

休息(휴식) 氣息(기식)
棲息(서식) 子息(자식)

憩	쉴	게
	心 12	2급

憩息(게식) 憩泊(게박)
休憩(휴게) 倦憩(권게)

歇	쉴/값쌀 헐	欠 9	1급
歇息(헐식) 歇後(헐후) 間歇(간헐) 歇價(헐가)			

閑	한가할/등한히할/막을 한	門 4	4급
閑暇(한가) 閑寂(한적) 閑却(한각) 閑邪(한사)			

暇	겨를/한가할 가	日 9	4급
休暇(휴가) 餘暇(여가) 病暇(병가) 暇逸(가일)			

忙	바쁠 망	心 3	3급
忙中閑(망중한) 忙中有閑(망중유한)			

28. 歷史 역사

王國왕국 • 官職관직 • 官廳관청

▼
王國
왕국

君	임금/군자/그대/임/봉작 군	口 4	4급
君臣(군신) 諸君(제군) 君子三樂(군자삼락)			

王	임금/왕노릇할/성(姓) 왕	玉 0	8급
王座(왕좌) 王位(왕위) 王國(왕국) 王道(왕도)			

皇	임금/클 황	白 4	3급 II
皇帝(황제) 皇恩(황은) 皇族(황족) 皇天(황천)			

帝	임금/조물주 제	巾 6	4급
帝王(제왕) 帝國(제국) 上帝(상제) 天帝(천제)			

侯	제후/후작/과녁 후	人 7	3급
諸侯(제후) 王侯(왕후) 侯爵(후작) 侯鵠(후곡)			

后	왕후/임금/뒤 후	口 3	2급[名]
后妃(후비) 后王(후왕) 明成皇后(명성황후)			

妃	왕비 비	女 3	3급 II
王妃(왕비) 廢妃(폐비) 楊貴妃(양귀비)			

嬪	궁녀/빈 빈	女 14	1급
嬪宮(빈궁) 妃嬪(비빈) 張禧嬪(장희빈)			

御	어거할/말부릴/드릴 어	彳 8	3급 II
統御(통어) 御者(어자) 御命(어명) 臨御(임어)			

朕	나(天子의自稱)/조짐	짐
	月 6	1급

兆朕(조짐) 地朕(지짐)
* 孤는 王侯의 謙稱

冕	면류관	면
	冂 9	2급[名]

冕服(면복) 冠冕(관면)
冕旒冠(면류관)

袞	곤룡포	곤
	衣 5	1급

袞冕(곤면) 袞職(곤직)
袞龍袍(곤룡포)

笏	홀	홀
	竹 4	1급

笏記(홀기) 木笏(목홀)
象笏(상홀) 投笏(투홀)

圭	홀/용량단위/모/쌍토	규
	土 3	2급[名]

圭璋(규장) 刀圭(도규)
圭角(규각) 圭復(규복)

珪	홀	규
	玉 6	2급[名]

珪幣(규폐)
* 圭의 古字

璋	홀/반쪽홀	장
	玉 11	2급[名]

圭璋(규장)
弄璋之慶(농장지경)

珽	옥홀/큰홀	정
	玉 7	2급[名]

玉珽(옥정)

琮	옥홀/서옥이름	종
	玉 8	2급[名]

琮花(종화)

埰	식읍/영지	채
	土 8	2급[名]

剌	수라 어그러질/고기뛰는소리	라 랄
	刀 7	1급

水剌(수라) 潑剌(발랄)

▼ 官職 관직

官	벼슬/마을/벼슬아치/기관	관
	宀 5	4급 II

官職(관직) 官廳(관청)
官吏(관리) 器官(기관)

爵	벼슬/벼슬줄/잔	작
	爪 14	3급

爵位(작위) 官爵(관작)
伯爵(백작) 進爵(진작)

卿	벼슬/경	경
	卩 10	3급

卿相(경상) 公卿(공경)
卿士大夫(경사대부)

尉	벼슬/벼슬이름	위
	寸 8	2급

尉官(위관) 大尉(대위)
校尉(교위) 都尉(도위)

仕	벼슬/섬길	사
	人 3	5급

仕途(사도) 出仕(출사)
致仕(치사) 奉仕(봉사)

宦 註	벼슬/벼슬살이/내시	환
	宀 6	1급

宦族(환족) 宦路(환로)
仕宦(사환) 宦官(환관)

註 宦 ▶ 寺 절 사 // 내시 시 p.76

漢字	훈/음	부수·획수	급수	용례
吏 註	벼슬아치/아전 리	口 3	3급Ⅱ	汚吏(오리) 吏屬(이속) 淸白吏(청백리)
臣	신하/신(臣下의自稱) 신	臣 0	5급	臣僚(신료) 君臣(군신) 忠臣(충신) 宰臣(재신)
僚	동료/벼슬아치 료	人 12	3급	僚友(요우) 同僚(동료) 官僚(관료) 閣僚(각료)
寮	동관/벼슬아치/집 료	宀 12	1급	內寮(내료) 百寮(백료) 寄宿寮(기숙료)
宰	재상/맡을/고기저밀 재	宀 7	3급	主宰(주재) 宰人(재인) 伴食宰相(반식재상)
丞	정승/도울 승	一 5	1급	丞相(승상) 政丞(정승) 白衣政丞(백의정승)
薦	천거할/올릴 천	艸 13	3급	推薦(추천) 薦新(천신) 毛遂自薦(모수자천)
銓	저울질할/저울/가릴 전	金 6	1급	銓衡(전형) 銓郎(전랑) 兩銓(양전) 銓考(전고)

▼ 官廳 관청

漢字	훈/음	부수·획수	급수	용례
廷	조정/마을 정	廴 4	3급Ⅱ	廷爭(정쟁) 朝廷(조정) 法廷(법정) 開廷(개정)
宮	집/대궐/음계/궁형 궁	宀 7	4급Ⅱ	宮殿(궁전) 宮女(궁녀) 宮調(궁조) 宮刑(궁형)
殿	큰집/대궐 전	殳 9	3급Ⅱ	殿下(전하) 殿閣(전각) 內殿(내전) 殿堂(전당)
宸	대궐/집 신	宀 7	1급	宸闕(신궐) 宸襟(신금) 宸筆(신필) 宸宴(신연)
闕	대궐/궐할 궐	門 10	2급	闕位(궐위) 補闕(보궐) 九重宮闕(구중궁궐)
府	마을/관청/곳집/도읍/고을 부	广 5	4급Ⅱ	政府(정부) 三府(삼부) 府庫(부고) 城府(성부)
廳	마을/관청/대청 청	广 22	4급	廳舍(청사) 官廳(관청) 登廳(등청) 大廳(대청)
署	마을/관청/나눌/맡을/서쓸 서	网 9	3급Ⅱ	官署(관서) 部署(부서) 署理(서리) 署名(서명)
衙	마을/관청 아	行 7	1급	衙前(아전) 衙門(아문) 官衙(관아) 殿衙(전아)

註 吏 ▶ 胥 서로/아전 서 p.20

Ⅳ. 自然編 자연편

29. 時間 시간

時間시간 • 瞬間순간 • 月曆월력 • 天干천간
早晩조만 • 始初시초 • 終末종말

▼
時間
시간

한자	훈	음	부수	획수	급수	용례
時	때/철/시/때때로	시	日	6	7급	時間(시간) 四時(사시) 午時(오시) 時習(시습)
分	나눌/분별할/분/분수/몫/춘분, 추분	분	刀	2	6급	分類(분류) 不分(불분) 分秒(분초) 過分(과분)
秒	초 까끄라기	초 묘	禾	4	3급	秒速(초속) 秒針(초침) 寸秒(촌초) 秒忽(묘홀)
年 註	해/나이	년	干	3	8급	年歲(연세) 年號(연호) 停年(정년) 年紀(연기)
歲	해/나이/목성	세	止	9	5급	歲月(세월) 萬歲(만세) 年歲(연세) 歲星(세성)
現	나타날/지금	현	玉	7	6급	現夢(현몽) 實現(실현) 現在(현재) 現實(현실)
過	지날/지나칠/지낼/허물	과	辵	9	5급	過去(과거) 過當(과당) 過冬(과동) 過誤(과오)
新 註	새/새롭게할/새로	신	斤	9	6급	新舊(신구) 新約(신약) 日新(일신) 新設(신설)
舊	예/오랠/친구	구	臼	12	5급	舊式(구식) 舊約(구약) 舊慣(구관) 故舊(고구)
古	예/묵을	고	口	2	6급	太古(태고) 古物(고물) 自我作古(자아작고)
昔	예/접때	석	日	4	3급	古昔(고석) 昔日(석일) 今昔之感(금석지감)
今	이제/바로	금	人	2	6급	古今(고금) 至今(지금) 今時(금시) 方今(방금)

註 年 ▶ 紀 벼리/적을/해 기 p.79
註 新 ▶ 陳 베풀/묵을/말할/나라이름 진 p.61

先	먼저/앞설	선
	儿 4	8급

先生(선생) 先驅(선구)
先見之明(선견지명)

豫	미리/즐길/머뭇거릴	예
	豕 9	4급

豫防(예방) 豫期(예기)
逸豫(일예) 猶豫(유예)

期	기약할/바랄/때/기간/백년/돌	기
	月 8	5급

期約(기약) 期待(기대)
時期(시기) 期頤(기이)

恒	항상/변함없을	항
	心 6	3급Ⅱ

恒常(항상) 恒心(항심)
恒茶飯事(항다반사)

常	항상/떳떳할/도/보통	상
	巾 8	4급Ⅱ

日常(일상) 綱常(강상)
常民(상민) 常識(상식)

永	길/길게할/길이	영
	水 1	6급

永遠(영원) 永生(영생)
永歌(영가) 永永(영영)

久	오랠	구
	丿 2	3급Ⅱ

永久(영구) 恒久(항구)
天長地久(천장지구)

亘	뻗칠	긍
	二 4	1급

亘古(긍고) 綿亘(면긍)
亘萬古(긍만고)

歷	지낼/두루/분명할	력
	止 12	5급

履歷(이력) 歷任(역임)
歷訪(역방) 歷歷(역력)

史 註	역사/사관	사
	口 2	5급

歷史(역사) 左史(좌사)
左國史漢(좌국사한)

▼
瞬間
순간

暫 註	잠깐	잠
	日 11	3급Ⅱ

暫時(잠시) 暫間(잠간)
暫定(잠정) 暫留(잠류)

瞬	눈깜작일	순
	目 12	3급Ⅱ

瞬間(순간) 一瞬(일순)
瞬息間(순식간)

突	갑자기/부딪칠/내밀/굴뚝	돌
	穴 4	3급Ⅱ

突發(돌발) 衝突(충돌)
突起(돌기) 煙突(연돌)

猝	갑자기	졸
	犬 8	1급

猝地(졸지) 猝富(졸부)
猝死(졸사) 猝然(졸연)

俄	갑자기/잠시/아라사	아
	人 7	1급

俄然(아연) 俄頃(아경)
俄館播遷(아관파천)

忽	문득/소홀히할	홀
	心 4	3급Ⅱ

忽然(홀연) 忽待(홀대)
疏忽(소홀) 漫忽(만홀)

註 史 ▶ 代 대신할/시대/대/값 대 p.92
註 暫 ▶ 頃 백이랑/잠깐/요즘 경 p.222

漢字	훈	음	부수	획수	급수	용례
奄	문득/덮을/환관	엄	大	5	1급	奄忽(엄홀) 奄然(엄연) 奄有(엄유) 奄人(엄인)

月曆 월력

漢字	훈	음	부수	획수	급수	용례
春 註	봄/젊은때/남녀의정/술	춘	日	5	7급	靑春(청춘) 春心(춘심) 九十春光(구십춘광)
夏	여름/하나라	하	夊	7	7급	夏季(하계) 夏至(하지) 常夏(상하) 夏曆(하력)
秋	가을/때	추	禾	4	7급	秋夕(추석) 秋收(추수) 春秋(춘추) 千秋(천추)
冬	겨울	동	冫	3	7급	冬季(동계) 冬至(동지) 越冬(월동) 暖冬(난동)
晨 註	새벽	신	日	7	3급	晨光(신광) 晨昏(신혼) 昏定晨省(혼정신성)
曉	새벽/깨달을/타이를	효	日	12	3급	曉星(효성) 曉晨(효신) 曉得(효득) 曉諭(효유)
曙	새벽/날밝을	서	日	14	1급	曙光(서광) 曙天(서천) 曙景(서경) 曙色(서색)
朝 註	아침/조정/뵐/왕조	조	月	8	6급	朝野(조야) 朝會(조회) 朝三暮四(조삼모사)
旦	아침	단	日	1	3급 II	早旦(조단) 元旦(원단) 月旦(월단) 一旦(일단)
午	낮/일곱째지지	오	十	2	7급	午前(오전) 端午(단오) 子午線(자오선)
晝	낮	주	日	7	6급	晝間(주간) 晝夜(주야) 晝錦(주금) 白晝(백주)
夕	저녁/쏠릴	석	夕	0	7급	夕陽(석양) 朝夕(조석) 旦夕(단석) 夕室(석실)
暮	저물/늦을	모	日	11	3급	歲暮(세모) 暮年(모년) 日暮途遠(일모도원)
夜	밤	야	夕	5	6급	暮夜(모야) 深夜(심야) 夜長夢多(야장몽다)
宵	밤/작을	소	宀	7	1급	晝宵(주소) 昨宵(작소) 秋宵(추소) 宵人(소인)

註 春 ▶ 季 끝/막내/계절 계 p.123
註 晨 ▶ 夙 일찍/새벽 숙 p.149
註 朝 ▶ 早 일찍/이를/새벽 조 p.149

漢字	훈/음	부수/획수	급수	용례
昨	어제/옛날 작	日 5	6급	昨今(작금) 昨年(작년) 昨非今是(작비금시)
翌	다음날/이튿날 익	羽 5	1급	翌朝(익조) 翌日(익일) 翌月(익월) 翌年(익년)
週 註	주일/돌 주	辵 8	5급	週日(주일) 週番(주번) 今週(금주) 週期(주기)
旬 註	열흘/열번/십년 순	日 2	3급 II	中旬(중순) 七旬(칠순) 三旬九食(삼순구식)
朔 註	초하루/북쪽 삭	月 6	3급	朔望(삭망) 滿朔(만삭) 朔風(삭풍) 朔氣(삭기)
晦	그믐/어두울/감출 회	日 7	1급	晦日(회일) 朔晦(삭회) 晦明(회명) 晦迹(회적)
臘	섣달/납향/햇수 랍	肉 15	1급	臘月(납월) 舊臘(구랍) 臘祭(납제) 法臘(법랍)
朞	돌 기	月 8	1급	朞年(기년) 朞服(기복) 朞年祭(기년제)
閏	윤달/윤달들 윤	門 4	3급	閏年(윤년) 閏秒(윤초) 正閏(정윤) 閏位(윤위)
曆	책력/운수 력	日 12	3급 II	曆法(역법) 陽曆(양력) 西曆(서력) 曆命(역명)

▼ 天干 천간

漢字	훈/음	부수/획수	급수	용례
甲	갑옷/첫째천간/첫째/껍데기/아무 갑	田 0	4급	甲兵(갑병) 回甲(회갑) 甲富(갑부) 甲殼(갑각)
乙	새/둘째천간/둘째/아무개 을	乙 0	3급 II	乙覽(을람) 乙種(을종) 甲男乙女(갑남을녀)
丙	셋째천간/남녘/셋째 병	一 4	3급 II	丙子(병자) 丙亂(병란) 丙坐(병좌) 丙科(병과)
丁	고무래/장정/일꾼/넷째천간/당할 정	一 1	4급	壯丁(장정) 丁艱(정간) 目不識丁(목불식정)
戊	다섯째천간 무	戈 1	3급	戊午(무오) 戊戌(무술) * 도끼류 모양 창(戈)의 象形
己	몸/여섯째천간 기	己 0	5급	自己(자기) 利己(이기) 知己之友(지기지우)

註 週 ▶ 曜 빛날/빛/일월성신/요일 요 p.175
註 旬 ▶ 澣 빨래할/열흘 한 p.95
註 朔 ▶ 望 바랄/바라볼/이름/보름 망 p.85

字	훈	음	부수/획	급수	용례
庚	일곱째천간/나이/길	경	广 5	3급	庚方(경방) 同庚(동경) 庚戌國恥(경술국치)
辛	매울/괴로울/여덟째천간	신	辛 0	3급	辛苦(신고) 酸辛(산신) 辛勝(신승) 辛酉(신유)
壬	아홉째천간/간사할	임	士 1	3급 II	壬方(임방) 壬公(임공) 壬亂(임란) 壬人(임인)
癸	열째천간/월경	계	癶 4	3급	癸亥(계해) 癸方(계방) 癸水(계수) 天癸(천계)

▼ 早晚 조만

字	훈	음	부수/획	급수	용례
早	일찍/이를/새벽	조	日 2	4급 II	早老(조로) 早晚(조만) 時機尙早(시기상조)
曾	일찍/거듭	증	曰 8	3급 II	曾往(증왕) 曾祖(증조) 未曾有(미증유)
夙	일찍/새벽	숙	夕 3	1급	夙成(숙성) 夙夜(숙야) 夙興夜寐(숙흥야매)
晚	늦을/저물	만	日 7	3급 II	晚學(만학) 晚餐(만찬) 大器晚成(대기만성)
晏	늦을/편안할	안	日 6	1급	晏起(안기) 晏眠(안면) 晏如(안여) 晏然(안연)

▼ 始初 시초

字	훈	음	부수/획	급수	용례
始	비로소/처음	시	女 5	6급	始初(시초) 始作(시작) 始終(시종) 創始(창시)
初	처음	초	刀 5	5급	初心(조심) 初等(조능) 太初(태초) 正初(정초)
創	비롯할/다칠	창	刀 10	4급 II	創造(창조) 創業(창업) 獨創(독창) 創傷(창상)
肇	비롯할/시초/바로잡을	조	聿 8	1급	肇始(조시) 肇業(조업) 肇國(조국) 肇春(조춘)
緖	실마리/차례/나머지	서	糸 9	3급 II	端緖(단서) 情緖(정서) 頭緖(두서) 緖餘(서여)

▼ 終末 종말

末 — 끝/보잘것없을/가루 **말**
木 1 | 5급
始末(시말) 末端(말단) 末職(말직) 粉末(분말)

端 — 끝/바를/실마리 **단**
立 9 | 4급 II
端雅(단아) 端初(단초) 首鼠兩端(수서양단)

終 — 마칠/끝날/끝/죽을/마침내 **종**
糸 5 | 5급
終戰(종전) 終末(종말) 終養(종양) 終乃(종내)

了 — 마칠/끝날/깨달을/어조사 **료**
亅 1 | 3급
完了(완료) 修了(수료) 了解(요해) 了知(요지)

畢 — 마칠/다할/모두/별이름 **필**
田 6 | 3급
畢業(필업) 未畢(미필) 畢生(필생) 畢擧(필거)

竣 — 마칠/끝날 **준**
立 7 | 1급
竣工(준공) 竣役(준역) 竣事(준사)

罷 — 파할/그칠/내칠 **파** / 고달플 **피**
网 10 | 3급
罷場(파장) 罷業(파업) 罷免(파면) 罷倦(피권)

極 — 다할/극진할/끝/제위/별이름 **극**
木 9 | 4급 II
極口(극구) 極端(극단) 極光(극광) 登極(등극)

盡 — 다할 **진**
皿 9 | 4급
盡力(진력) 極盡(극진) 苦盡甘來(고진감래)

竭 — 다할 **갈**
立 9 | 1급
竭盡(갈진) 空竭(공갈) 盡忠竭力(진충갈력)

30. 空間 공간

場所장소 • 位置위치 • 方向방향 • 遠近원근 • 廣狹광협 • 空虛공허

▼ 場所 장소

場 — 마당/곳 **장**
土 9 | 7급
場所(장소) 場面(장면) 一場春夢(일장춘몽)

處 — 곳/머무를/정할/처할 **처**
虍 5 | 4급 II
某處(모처) 處所(처소) 處理(처리) 處刑(처형)

間 — 사이/틈/때/엿볼/이간할/섞일/간 **간**
門 4 | 7급
空間(공간) 這間(저간) 間言(간언) 間色(간색)

漢字	訓	音	部首	劃	級數	用例
際	사이/때/가/사귈	제	阜	11	4급 II	國際(국제) 此際(차제) 際涯(제애) 交際(교제)
邊 註	가/변방/변/이자	변	辵	15	4급 II	周邊(주변) 邊境(변경) 等邊(등변) 邊錢(변전)
垠	땅가장자리/지경	은	土	6	2급[名]	垠際(은제) 九垠(구은)
隅	모퉁이/구석	우	阜	9	1급	四隅(사우) 擧隅(거우) 向隅之歎(향우지탄)
區	지경/나눌/구구할/구	구	匚	9	6급	區域(구역) 區分(구분) 區別(구별) 區區(구구)
域	지경	역	土	8	4급	域內(역내) 領域(영역) 地域(지역) 西域(서역)
境	지경/형편	경	土	11	4급 II	境界(경계) 逆境(역경) 桃源境(도원경)
界	지경/한계/둘레	계	田	4	6급	界面(계면) 限界(한계) 政界(정계) 世界(세계)
疆	지경/경계삼을	강	田	14	2급[名]	疆界(강계) 疆土(강토) 疆域(강역) 邊疆(변강)
限	한정/지경/기한/한정할	한	阜	6	4급 II	限定(한정) 制限(제한) 界限(계한) 年限(연한)
圈	우리/범위/동그라미	권	囗	8	2급	圈牢(권뢰) 圈域(권역) 商圈(상권) 圈點(권점)
蹟	자취	적	足	11	3급 II	史蹟(사적) 古蹟(고적) 遺蹟(유적) 奇蹟(기적)
跡	자취/뒤밟을	적	足	6	3급 II	蹤跡(종적) 人跡(인적) 足跡(족적) 追跡(추적)
迹	자취	적	辵	6	1급	蹤迹(종적) 人迹(인적) 足迹(족적) 形迹(형적)
踪	자취/발자취	종	足	8	1급	昧踪(매종) 失踪(실종) * 蹤과 同字

▼ 位置 위치

漢字	訓	音	部首	劃	級數	用例
位	자리/위치/분	위	人	5	5급	位置(위치) 諸位(제위) 尸位素餐(시위소찬)
置	둘/베풀	치	网	8	4급 II	安置(안치) 設置(설치) 置之度外(치지도외)
措	둘/베풀/처리할/행동거지	조	手	8	2급	措置(조치) 措辭(조사) 措處(조처) 失措(실조)

註 邊 ▶ 塞 막을/막힐 색 // 변방/요새 새 p.169

한자	훈	음	부수	획수	급수	용례
放	놓을/내칠/방자할/내버려둘	방	攴	4	6급	解放(해방) 追放(추방) 放縱(방종) 放置(방치)
羅	벌릴/늘어설/새그물/비단	라	网	14	4급 II	羅列(나열) 雀羅(작라) 網羅(망라) 羅衣(나의)
列	벌릴/줄/차례	렬	刀	4	4급 II	列擧(열거) 一列(일렬) 戰列(전열) 序列(서열)
抱	안을/품을/가슴	포	手	5	3급	抱負(포부) 懷抱(회포) 抱腹絶倒(포복절도)
擁	안을/낄/지킬	옹	手	13	3급	抱擁(포옹) 擁膝(옹슬) 擁衛(옹위) 擁護(옹호)
介	끼일/소개할/딱지/갑옷	개	人	2	3급 II	介入(개입) 紹介(소개) 鱗介(인개) 介士(개사)
挾	낄/가질/믿고뽐낼	협	手	7	1급	挾攻(협공) 周挾(주협) 挾持(협지) 挾勢(협세)
插	꽂을	삽	手	9	2급	插入(삽입) 插畫(삽화) 插話(삽화) 插木(삽목)
圍	둘레/에워쌀	위	囗	9	4급	周圍(주위) 範圍(범위) 包圍(포위) 圍繞(위요)
周	두루/두루미칠/둘레/주나라	주	口	5	4급	周邊(주변) 周易(주역) 用意周到(용의주도)
遍	두루/두루미칠	편	辵	9	3급	遍在(편재) 普遍(보편) 哀鴻遍野(애홍편야)
隔	사이뜰/막을/막이	격	阜	10	3급 II	間隔(간격) 隔離(격리) 隔世之感(격세지감)
距	떨어질/며느리발톱	거	足	5	3급 II	距離(거리) 相距(상거) 距今(거금) 距骨(거골)
疊	겹쳐질/겹칠	첩	田	17	1급	重疊(중첩) 疊語(첩어) 疊疊山中(첩첩산중)

▼ 方向 방향

한자	훈	음	부수	획수	급수	용례
東	동녘	동	木	4	8급	東方(동방) 東洋(동양) 極東(극동) 海東(해동)
西	서녘/서양	서	襾	0	8급	西部(서부) 西海(서해) 關西(관서) 西曆(서력)
南	남녘	남	十	7	8급	南道(남도) 指南(지남) 南行北走(남행북주)

北 | 북녘 / 달아날 | 북 / 배 | 匕 3 | 8급
北風(북풍) 眞北(진북)
敗北(패배) 挫北(좌배)

上 | 위/오를/올릴/임금/앞 | 상 | 一 2 | 7급
上下(상하) 上天(상천)
上場(상장) 主上(주상)

中 | 가운데/안/맞을 | 중 | 丨 3 | 8급
中外(중외) 的中(적중)
允執其中(윤집기중)

央 | 가운데 | 앙 | 大 2 | 3급 II
中央(중앙) 震央(진앙)
年央(연앙) 扇央(선앙)

下 | 아래/아랫사람/내릴/떨어질/낮출/뒤 | 하 | 一 2 | 7급
天下(천하) 下野(하야)
落下(낙하) 卑下(비하)

縱 | 세로/놓을/방종할/가령 | 종 | 糸 11 | 3급 II
縱橫(종횡) 縱囚(종수)
縱覽(종람) 縱使(종사)

橫 | 가로/가로놓을/사나울/방자할/뜻밖 | 횡 | 木 12 | 3급 II
橫斷(횡단) 橫暴(횡포)
專橫(전횡) 橫財(횡재)

前 | 앞/앞설 | 전 | 刀 7 | 7급
前後(전후) 前身(전신)
事前(사전) 前衛(전위)

後 註 | 뒤/뒤질/자손 | 후 | 彳 6 | 7급
落後(낙후) 無後(무후)
先憂後樂(선우후락)

左 | 왼/증거/그를 | 좌 | 工 2 | 7급
左右(좌우) 證左(증좌)
相左(상좌) 左計(좌계)

右 | 오른/높을/숭상할 | 우 | 口 2 | 7급
右派(우파) 右職(우직)
右文(우문) 右武(우무)

側 | 곁/옆/기울/기울일/엎드릴 | 측 | 人 9 | 3급 II
兩側(양측) 側言(측언)
側耳(측이) 反側(반측)

傍 | 곁 | 방 | 人 10 | 3급
傍觀(방관) 傍系(방계)
傍若無人(방약무인)

旁 | 곁/널리/방(漢字의右方) | 방 | 方 6 | 2급[名]
旁註(방주) 旁求(방구)
旁通(방통) 偏旁(편방)

內 | 안/몰래/아내 | 내 | 入 2 | 7급
內外(내외) 內通(내통)
內應(내응) 內助(내조)

外 | 바깥/멀리할/외가 | 외 | 夕 2 | 8급
海外(해외) 外面(외면)
外待(외대) 外叔(외숙)

表 | 겉/나타낼/모범/표 | 표 | 衣 3 | 6급
表情(표정) 表明(표명)
師表(사표) 賀表(하표)

裏 | 속/안 | 리 | 衣 7 | 3급 II
表裏(표리) 裏面(이면)
表裏不同(표리부동)

註 後 ▶ 背 등/뒤/등질 배 p.22

裡 리
속/안
衣 7 | 1급
裡里(이리)
＊ 裏와 同字

奧 오
속/깊을/아랫목
大 10 | 1급
奧地(오지) 奧妙(오묘)
深奧(심오) 堂奧(당오)

傾 경
기울/기울일
人 11 | 4급
傾向(경향) 傾倒(경도)
傾國之色(경국지색)

斜 사
비낄/비스듬할/기울
斗 7 | 3급Ⅱ
斜線(사선) 斜視(사시)
傾斜(경사) 斜陽(사양)

偏 편
치우칠/한쪽/변(漢字의左方)
人 9 | 3급Ⅱ
偏角(편각) 偏見(편견)
不偏不黨(불편부당)

向 향 註
향할/접때
口 3 | 6급
向方(향방) 向上(향상)
性向(성향) 向時(향시)

嚮 향
향할/접때
口 16 | 1급
嚮導(향도) 嚮往(향왕)
嚮者(향자)

▼ 遠近 원근

遠 원
멀/깊을/멀리할
辶 10 | 6급
遠近(원근) 深遠(심원)
敬而遠之(경이원지)

悠 유
멀/아득할/한가할
心 7 | 3급Ⅱ
悠久(유구) 悠長(유장)
悠悠自適(유유자적)

遙 요
멀/아득할/거닐
辶 10 | 3급
遙遠(요원) 遙拜(요배)
遙天(요천) 逍遙(소요)

遼 료
멀/강이름/요나라
辶 12 | 2급[名]
遼遠(요원) 遼隔(요격)
遼東豕(요동시)

迂 우
멀/돌/굽을
辶 3 | 1급
迂廻(우회) 迂路(우로)
迂餘曲折(우여곡절)

遐 하
멀
辶 9 | 1급
遐方(하방) 遐壽(하수)
昇遐(승하) 登遐(등하)

近 근
가까울/요사이/가까이할/근친
辶 4 | 6급
近處(근처) 近者(근자)
近墨者黑(근묵자흑)

註 向 ▶ 逆 거스를/거꾸로/맞이할 역 p.57

廣狹
광협

漢字	訓	音	部首	劃數	級數	用例
廣	넓을/넓이	광	广	12	5급	廣大(광대) 廣場(광장) 廣幅(광폭) 廣狹(광협)
博	넓을/노름	박	十	10	4급 II	博士(박사) 賭博(도박) 博施濟衆(박시제중)
普	넓을/두루	보	日	8	4급	普告(보고) 普通(보통) 普遍(보편) 普及(보급)
洪	넓을/클/큰물	홍	水	6	3급 II	洪纖(홍섬) 洪量(홍량) 洪福(홍복) 洪水(홍수)
浩	넓을/클	호	水	7	3급 II	浩渺(호묘) 浩博(호박) 浩然之氣(호연지기)
澔	넓을	호	水	12	2급[名]	*浩와 同字
弘	넓을/넓힐/클	홍	弓	2	3급	弘報(홍보) 弘基(홍기) 弘益人間(홍익인간)
汪	넓을	왕	水	4	2급[名]	汪汪(왕왕) 汪茫(왕망) 汪洋(왕양) 汪然(왕연)
沆	넓을/물넓을	항	水	4	2급[名]	沆瀣(항해)
闊	넓을/성길	활	門	9	1급	闊葉(활엽) 廣闊(광활) 闊步(활보) 疏闊(소활)
恢	넓을/넓힐/돌이킬	회	心	6	1급	恢然(회연) 恢弘(회홍) 恢廓(회확) 恢復(회복)
擴	넓힐	확	手	15	3급	擴大(확대) 擴張(확장) 擴散(확산) 擴充(확충)
漫	질편할/넘쳐흐를/멋대로/흩어질	만	水	11	3급	漫然(만연) 浪漫(낭만) 放漫(방만) 散漫(산만)
渺	아득할/작을	묘	水	9	1급	渺漠(묘막) 渺茫(묘망) 渺漫(묘만) 渺然(묘연)
茫	아득할/멍할	망	艸	6	3급	茫漠(망막) 茫然(망연) 茫茫大海(망망대해)
陜	좁을/땅이름	협/합	阜	7	2급[名]	陜隘(협애) 陜川(합천)
狹	좁을	협	犬	7	1급	狹小(협소) 狹量(협량) 偏狹(편협) 廣狹(광협)
窄	좁을	착	穴	5	1급	窄袖(착수) 窄小(착소) 狹窄(협착) 量窄(양착)

漢字	訓音	部首	획수	급수	用例
隘	좁을/험할 애	阜	10	1급	隘路(애로) 狹隘(협애) 隘巷(애항) 險隘(험애)

▼ 空虛 공허

漢字	訓音	部首	획수	급수	用例
空	빌/하늘/헛될/구멍 공	穴	3	7급	蒼空(창공) 空想(공상) 空前絶後(공전절후)
虛	빌/헛될/별이름 허	虍	6	4급Ⅱ	空虛(공허) 虛弱(허약) 虛往實歸(허왕실귀)
沖	빌/온화할/높이날/어릴 충	水	4	2급[名]	沖虛(충허) 沖氣(충기) 沖天(충천) 幼沖(유충)
曠	빌/넓을/멀/밝을/홀아비 광	日	15	1급	曠古(광고) 曠野(광야) 曠年(광년) 怨曠(원광)
孔	구멍/공자/의약칭/매우 공	子	1	4급	孔穴(공혈) 毛孔(모공) 孔孟(공맹) 孔劇(공극)
隙	틈 극	阜	10	1급	孔隙(공극) 間隙(간극) 隙駒光陰(극구광음)

31. 數學 수학

數字숫자 • 計算계산

▼ 數字 숫자

漢字	訓音	部首	획수	급수	用例
數 (註)	셀/수/운수/약간/꾀 수; 자주 삭; 촘촘할 촉	攴	11	7급	數學(수학) 數尿(삭뇨) 頻數(빈삭) 數罟(촉고)
零	떨어질/영 령	雨	5	3급	零落(영락) 零凋(영조) 零細(영세) 零點(영점)
一	한/하나/첫째/모두/같을/어느/만일 일	一	0	8급	一理(일리) 一等(일등) 一生(일생) 一色(일색)
壹	한('一'의 갖은자)/오로지 일	士	9	2급	壹意(일의) 專壹(전일)
二	두/둘/버금/두가지로 할 이	二	0	8급	二元(이원) 二信(이신) 身土不二(신토불이)
貳	두('二'의 갖은자)/두마음/곁따를/의심할 이	貝	5	2급	貳臣(이신) 貳相(이상) 任賢勿貳(임현물이)

註 數 ▶ 奇 기이할/홀수/갑자기/운수사나울 기 p.45
註 數 ▶ 偶 짝/짝수/우연/허수아비 우 p.124

漢字	훈	음	부수	획수	급수	용례
再	두/두번/거듭	재	冂	4	5급	再次(재차) 再三(재삼) 再生(재생) 再修(재수)
兩	두/짝/량 냥	량 냥	入	6	4급II	兩面(양면) 兩手(양수) 斤兩(근량) 錢兩(전냥)
雙	쌍/둘/견줄	쌍	隹	10	3급II	雙手(쌍수) 雙方(쌍방) 雙務(쌍무) 無雙(무쌍)
三 (註)	석/셋/세번/자주	삼	一	2	8급	三徙(삼사) 三思(삼사) 三位一體(삼위일체)
四	넉/넷/사방	사	口	2	8급	四書(사서) 四海(사해) 文房四友(문방사우)
五 (註)	다섯/다섯번/다섯째	오	二	2	8급	五福(오복) 五感(오감) 五倫(오륜) 二五(이오)
六	여섯/여섯번	륙	八	2	8급	六感(육감) 六書(육서) 六甲(육갑) 六禮(육례)
七	일곱/일곱번	칠	一	1	8급	七情(칠정) 七擒(칠금) 七步之才(칠보지재)
八	여덟/여덟번	팔	八	0	8급	八道(팔도) 八景(팔경) 八方美人(팔방미인)
九	아홉/아홉번/많을	구	乙	1	8급	望九(망구) 九重(구중) 九折羊腸(구절양장)
十 (註)	열/열번/전부/열곱할	십	十	0	8급	十干(십간) 十分(십분) 十誡命(십계명)
什	열('十'의갖은자)/열사람 세간	십 집	人	2	1급	什長(십장) 家什(가집) 什器(집기) 什物(집물)
百	일백/백번/모든	백	白	1	7급	望百(망백) 百姓(백성) 百發百中(백발백중)
千	일천/천번/많을	천	十	1	7급	千字(천자) 千秋(천추) 千差萬別(천차만별)
萬	일만/많을	만	艸	9	8급	萬一(만일) 萬物(만물) 萬事如意(만사여의)
億	억	억	人	13	5급	億代(억대) 億臺(억대) 億兆(억조) 數億(수억)
兆 (註)	조/점/조짐/뭇자리	조	儿	4	3급II	億兆(억조) 兆占(조점) 徵兆(징조) 兆域(조역)
半	반/가운데	반	十	3	6급	半半(반반) 半分(반분) 折半(절반) 夜半(야반)

註 三 ▶ 參 참여할/뵐/헤아릴/층날 참 // 석('三' 의갖은자) 삼 p.58
註 五 ▶ 伍 대오/다섯('五' 의갖은자) 오 p.134
註 十 ▶ 拾 주울 습 // 열 십 p.61
註 兆 ▶ 京 서울/클/경(兆의만배) 경 p.126

한자	훈	음	부수	획수	급수	용례
倍	**곱**/곱할/등질	배	人	8	5급	倍前(배전) 倍數(배수) 事半功倍(사반공배)
第	**차례**/집/과거	제	竹	5	6급	第一(제일) 第次(제차) 本第(본제) 及第(급제)
番	**차례**/번/번갈/횟수	번	田	7	6급	番次(번차) 番號(번호) 當番(당번) 交番(교번)
秩	**차례**/녹봉/벼슬/십년	질	禾	5	3급 II	秩序(질서) 秩祿(질록) 秩滿(질만) 七秩(칠질)
序 (註)	**차례**/차례매길/학교/실마리/서문/담	서	广	4	5급	庠序(상서) 序曲(서곡) 長幼有序(장유유서)
級	**등급**/층계/목	급	糸	4	6급	級數(급수) 高級(고급) 階級(계급) 首級(수급)
單	**홑**/단자 / 오랑캐임금	단 / 선	口	9	4급 II	單數(단수) 簡單(간단) 單子(단자) 單于(선우)
隻	**외짝**/척	척	隹	2	2급	隻愛(척애) 船隻(선척) 孤身隻影(고신척영)
複	**겹칠**/겹/겹옷	복	衣	9	4급	複雜(복잡) 重複(중복) 複寫(복사) 單複(단복)
幾	**몇**/얼마/기미/거의/가까울/위태할	기	幺	9	3급	幾何(기하) 幾微(기미) 幾死(기사) 幾望(기망)

▼ 計算 계산

한자	훈	음	부수	획수	급수	용례
計	**셀**/셈/수/꾀/꾀할	계	言	2	6급	計算(계산) 總計(총계) 三十六計(삼십육계)
算	**셈할**/셈/산가지	산	竹	8	7급	算出(산출) 算數(산수) 電算(전산) 算筒(산통)
合	**합할**/합칠/모일/맞을/교합할/싸울	합	口	3	6급	合力(합력) 會合(회합) 合格(합격) 野合(야합)
加	**더할**	가	力	3	5급	加算(가산) 追加(추가) 加減乘除(가감승제)
增	**더할**/늘릴/늘	증	土	12	4급 II	增加(증가) 增減(증감) 累增(누증) 增額(증액)
益	**더할**/이로울/이익	익	皿	5	4급 II	增益(증익) 實益(실익) 開卷有益(개권유익)

註 序 ▶ 次 버금/차례/번차 차 p.87

添	더할	첨
	水 8	3급
添加(첨가) 添附(첨부) 錦上添花(금상첨화)		

減 註	덜/줄	감
	水 9	4급 II
加減(가감) 削減(삭감) 減殺(감쇄) 減少(감소)		

損	덜/잃을/상할	손
	手 10	4급
損益(손익) 減損(감손) 損害(손해) 缺損(결손)		

除 註	덜/버릴/나눌/벼슬줄/섣달그믐날	제
	阜 7	4급 II
除去(제거) 除算(제산) 除授(제수) 除夜(제야)		

刪	깎을	산
	刀 5	1급
刪定(산정) 刪削(산삭) 刪蔓(산만) 增刪(증산)		

削	깎을/빼앗을	삭
	刀 7	3급 II
添削(첨삭) 硏削(연삭) 削奪官職(삭탈관직)		

遺	남길/남을/잃을/버릴/빠질	유
	辵 12	4급
遺失(유실) 遺棄(유기) 養虎遺患(양호유환)		

殘	남을/잔인할/해칠/멸할	잔
	歹 8	4급
殘餘(잔여) 殘酷(잔혹) 骨肉相殘(골육상잔)		

剩	남을/나머지	잉
	刀 10	1급
剩餘(잉여) 剩數(잉수) 剩額(잉액) 過剩(과잉)		

餘	남을/나머지/다른	여
	食 7	4급 II
餘生(여생) 餘興(여흥) 餘分(여분) 餘他(여타)		

32. 尺度 척도

尺度척도 • 大小대소 • 多少다소 • 輕重경중 • 高低고저
緩急완급 • 長短장단 • 厚薄후박 • 疏密소밀 • 膨縮팽축

▼
尺度
척도

寸	마디/치/적을/촌수	촌
	寸 0	8급
寸數(촌수) 寸陰(촌음) 方寸已亂(방촌이란)		

尺 註	자/법도/편지	척
	尸 1	3급 II
尺寸(척촌) 丈尺(장척) 尺度(척도) 尺牘(척독)		

度	법도/자/정도/국량/도 헤아릴	도 탁
	广 6	6급
制度(제도) 度量(도량) 溫度(온도) 忖度(촌탁)		

註 減 ▶ 殺 죽일 살 // 감할/매우 쇄 p.74
註 除 ▶ 乘 탈/곱할/수레/대/법/사기(* 역사책) 승 p.235
註 尺 ▶ 丈 어른/장(10尺)/길 장 p.126

漢字	훈	음	부수	획수	급수	용례
比 (註)	견줄/비율/나란할/도울	비	比	0	5급	比較(비교) 比例(비례) 比肩(비견) 櫛比(즐비)
較	견줄/대강	교	車	6	3급 II	較量(교량) 較略(교략) 日較差(일교차)
測	헤아릴/잴	측	水	9	4급 II	測定(측정) 測候(측후) 測度(측탁) 推測(추측)
量	헤아릴/되/양/기량	량	里	5	5급	商量(상량) 量器(양기) 總量(총량) 局量(국량)
揆	헤아릴/법도/벼슬/재상	규	手	9	2급[名]	度揆(탁규) 一揆(일규) 百揆(백규) 左揆(좌규)
漸	점점/흘러들/물들/적실	점	水	11	3급 II	東漸(동점) 漸民(점민) 漸入佳境(점입가경)
稍	점점/작을/녹	초	禾	7	1급	稍事(초사) 稍食(초식) 稍蠶食之(초잠식지)
枚	낱/하무	매	木	4	2급	枚數(매수) 枚擧(매거) 枚陳(매진) 銜枚(함매)
個	낱	개	人	8	4급 II	個人(개인) 個性(개성) 個所(개소) 各個(각개)
箇	낱	개	竹	8	1급	箇箇(개개) 箇數(개수)
斗	말/별이름/구기	두	斗	0	4급 II	斗穀(두곡) 泰斗(태두) 車載斗量(거재두량)
升	되/오를	승	十	2	2급	斗升(두승) 食升(식승) 升堂入室(승당입실)
勺	구기/작(1홉의1/10)	작	勹	1	1급	勺水(작수) 眞勺(진작) 勺水不入(작수불입)
坪	들/평평할/평	평	土	5	2급	坪數(평수) 坪當(평당) 建坪(건평) 草坪(초평)
疋	필	필	疋	0	1급	疋緞(필단) 疋帛(필백) 疋木(필목) 布疋(포필)

▼ 大小 대소

漢字	훈	음	부수	획수	급수	용례
大 (註)	큰/클/대강	대	大	0	8급	大小(대소) 大學(대학) 重大(중대) 大要(대요)
太	클/심할/처음/콩	태	大	1	6급	太平(태평) 太甚(태심) 太極(태극) 豆太(두태)
巨	클/많을	거	工	2	4급	巨大(거대) 巨富(거부) 巨物(거물) 巨額(거액)

註 比 ▶ 率 거느릴/소탈할/가벼울/앞장설 솔 // 비율 률 p.55
註 大 ▶ 尨 삽살개/클 방 p.194
註 大 ▶ 廓 둘레/외성 곽 // 클/바로잡을 확 p.135

한자	훈	음	부수	획수	급수	용례
泰	클/편안할/넉넉할	태	水	5	3급 II	泰平(태평) 泰風(태풍) 泰山北斗(태산북두)
碩	클	석	石	9	2급	碩學(석학) 碩士(석사) 碩老(석로) 碩望(석망)
甫	클/씨/자/겨우/비로소	보	用	2	2급[名]	甫田(보전) 杜甫(두보) 尼甫(니보) 章甫(장보)
丕	클/으뜸	비	一	4	2급[名]	丕業(비업) 丕基(비기) 丕圖(비도) 丕子(비자)
龐	클/어지러울 / 찰/살질	방 / 롱	龍	3	2급[名]	龐錯(방착) 龐龐(농롱) 龐眉皓髮(방미호발)
奭	클/성할	석	大	12	2급[名]	李範奭(이범석)
宏	클/넓을	굉	宀	4	1급	宏壯(굉장) 宏闊(굉활) 宏才卓識(굉재탁식)
小	작을/소인/첩/낮출(*겸양)	소	小	0	8급	小型(소형) 衆小(중소) 小室(소실) 小生(소생)
微	작을/정묘할/천할/몰래/희미할/쇠할	미	彳	10	3급 II	微微(미미) 微妙(미묘) 微賤(미천) 微行(미행)

▼ 多少 다소

한자	훈	음	부수	획수	급수	용례
多 (註)	많을	다	夕	3	6급	多少(다소) 三多(삼다) 多多益善(다다익선)
累	여러/포갤/누/누끼칠/묶을/연할	루	糸	5	3급 II	累次(누차) 累卵(누란) 累德(누덕) 係累(계루)
屢	여러	루	尸	11	3급	屢屢(누누) 屢次(누차) 屢代奉祀(누대봉사)

한자	훈	음	부수	획수	급수	용례
頻	자주	빈	頁	7	3급	頻度(빈도) 頻繁(빈번) 頻出(빈출) 頻數(빈삭)
少	적을/젊을/젊은이	소	小	1	7급	少數(소수) 少年(소년) 老少(노소) 少長(소장)
寡	적을/홀어미/임금자신의 겸칭	과	宀	11	3급 II	寡德(과덕) 多寡(다과) 寡婦(과부) 寡人(과인)
些	적을	사	二	5	1급	些少(사소) 些細(사세) 些事(사사) 些略(사략)
稀	드물/적을/묽을	희	禾	7	3급 II	古稀(고희) 稀少(희소) 月明星稀(월명성희)
罕	드물/그물	한	网	3	1급	罕古(한고) 罕例(한례) 稀罕(희한) 罕罔(한망)

註 多 ▶ 庶 여러/서자/거의 서 p.124

▼ 輕重 경중

漢字	訓	音	部首	획수	급수	용례
輕	가벼울/가벼이여길/경솔할	경	車	7	5급	輕重(경중) 輕蔑(경멸) 輕薄(경박) 輕率(경솔)
重 (註)	무거울/중할/중히여길/무게/심할/거듭할	중	里	2	7급	重力(중력) 重要(중요) 重病(중병) 重生(중생)
秤 (註)	저울	칭	禾	5	1급	天秤(천칭) 秤量(칭량) 我心如秤(아심여칭)
衡	저울대/저울/달/평평할 가로	형 횡	行	10	3급Ⅱ	權衡(권형) 衡量(형량) 衡平(형평) 連衡(연횡)
錘	저울추/추(8銖)	추	金	8	1급	秤錘(칭추) 錘鐘(추종) 鉛錘(연추) 紡錘(방추)
銖	저울눈/중량이름(1兩의1/24)	수	金	6	2급[名]	銖積寸累(수적촌루) 計較錙銖(계교치수)
鎰	중량이름(20兩또는 24兩)	일	金	10	2급[名]	萬鎰(만일)

▼ 高低 고저

漢字	訓	音	部首	획수	급수	용례
高	높을/높은곳/높이/뛰어날/비쌀	고	高	0	6급	高下(고하) 登高(등고) 標高(표고) 高見(고견)
隆	높을/성할/두터울/클	륭	阜	9	3급Ⅱ	隆起(융기) 隆盛(융성) 隆崇(융숭) 隆恩(융은)
亢	높을/올라갈/겨룰/목/별이름	항	亠	2	2급[名]	亢進(항진) 亢禮(항례) 亢龍有悔(항룡유회)
喬	높을/교만할	교	口	9	1급	喬木(교목) 喬松(교송) 喬嶽(교악) 喬志(교지)
低	낮을/숙일	저	人	5	4급Ⅱ	低俗(저속) 低劣(저열) 高低(고저) 低頭(저두)
底	밑/바닥/속/초고	저	广	5	4급	海底(해저) 底本(저본) 方底圓蓋(방저원개)

▼ 緩急 완급

漢字	訓	音	部首	획수	급수	용례
徐	천천할/천천히	서	彳	7	3급Ⅱ	徐徐(서서) 徐脈(서맥) 緩徐(완서) 徐行(서행)
弛	늦출/느슨할/활부릴/쉴	이	弓	3	1급	弛張(이장) 弛緩(이완) 解弛(해이) 弛弓(이궁)
緩	느릴/느슨할/늦출/부드러울	완	糸	9	3급Ⅱ	緩急(완급) 緩和(완화) 緩衝(완충) 緩刑(완형)

註 重 ▶ 貫 꿸/호적/관(10斤) 관 p.169
斤 도끼/근 근 p.238
兩 두/짝/량 량 // 냥 냥 p.157
註 秤 ▶ 稱 일컬을/칭찬할/저울/맞을 칭 p.111

遲	더딜/늦을/기다릴	지
	辵 12	3급

遲速(지속) 遲延(지연)
遲刻(지각) 遲明(지명)

延	끌/늘일/미칠/길이, 넓이	연
	廴 4	4급

延期(연기) 延長(연장)
外延(외연) 延袤(연무)

急	급할/빠를/중요할	급
	心 5	6급

急流(급류) 急所(급소)
焦眉之急(초미지급)

速	빠를/빨리	속
	辵 7	6급

速度(속도) 急速(급속)
早速(조속) 速成(속성)

迅	빠를	신
	辵 3	1급

迅急(신급) 迅速(신속)
迅捷(신첩) 迅風(신풍)

捷	빠를/이길	첩
	手 8	1급

捷徑(첩경) 敏捷(민첩)
捷報(첩보) 大捷(대첩)

敏	민첩할/총명할	민
	攴 7	3급

敏腕(민완) 敏感(민감)
銳敏(예민) 英敏(영민)

慓	날랠/빠를	표
	心 11	1급

慓悍(표한) 慓毒(표독)

催	재촉할/닥쳐올/베풀	최
	人 11	3급 II

催告(최고) 催眠(최면)
催迫(최박) 開催(개최)

促	재촉할/급할/다가올	촉
	人 7	3급 II

促求(촉구) 催促(최촉)
督促(독촉) 促迫(촉박)

▼
長短 장단

長	길/클/길이/맏/우두머리/어른/나을/자랄	장
	長 0	8급

長江(장강) 身長(신장)
家長(가장) 長點(장점)

短	짧을/허물	단
	矢 7	6급

短縮(단축) 短所(단소)
一長一短(일장일단)

咫	짧을/여덟 치	지
	口 6	1급

咫尺(지척)
咫尺之地(지척지지)

幅	폭/넓이/가장자리	폭
	巾 9	3급

大幅(대폭) 增幅(증폭)
畵幅(화폭) 邊幅(변폭)

略 註	간략할/다스릴/노략질할/꾀/대강	략
	田 6	4급

省略(생략) 經略(경략)
戰略(전략) 概略(개략)

註 略 ▶ 省 살필/성 성 // 덜 생 p.67

▼
厚薄
후박

厚	두터울/짙을/두께 후	
	厂 7	4급
重厚(중후) 濃厚(농후) 厚顔無恥(후안무치)		

薄	엷을/얇을/적을/가벼울/싱거울/야박할/메마를 박	
	艸 13	3급Ⅱ
厚薄(후박) 薄利(박리) 佳人薄命(가인박명)		

纖	가늘/고울/고운비단 섬	
	糸 17	2급
纖細(섬세) 纖維(섬유) 纖纖玉手(섬섬옥수)		

細	가늘/자세할/천할 세	
	糸 5	4급Ⅱ
細長(세장) 細心(세심) 詳細(상세) 細人(세인)		

▼
疏密
소밀

疏	성길/트일/멀/멀리할/거칠/주석/상소할/소 소	
	疋 7	3급Ⅱ
疏密(소밀) 疏通(소통) 疏外(소외) 疏章(소장)		

疎	성길/멀리할 소	
	疋 7	1급
疎密(소밀) 疎隔(소격) * 疏와 同字		

密	빽빽할/은밀할/가까울/자세할 밀	
	宀 8	4급Ⅱ
秘密(비밀) 親密(친밀) 密雲不雨(밀운불우)		

緻	빽빽할/밸/촘촘할/찬찬할 치	
	糸 10	1급
緻密(치밀) 細緻(세치) 緻巧(치교) 精緻(정치)		

稠	빽빽할 조	
	禾 8	1급
稠密(조밀) 稠林(조림) 稠人廣座(조인광좌)		

充	찰/채울/막을 충	
	儿 4	5급
補充(보충) 充耳(충이) 汗牛充棟(한우충동)		

滿	찰/넉넉할/만주 만	
	水 11	4급Ⅱ
滿點(만점) 充滿(충만) 滿足(만족) 滿蒙(만몽)		

盈	찰 영	
	皿 4	2급[名]
盈月(영월) 盈虧(영휴) 滿盈(만영) 貫盈(관영)		

塡	메울/북소리 전	
	土 10	1급
塡補(전보) 塡塞(전색) 充塡(충전) 裝塡(장전)		

▼
膨縮
팽축

膨	부풀/불룩해질/불을 팽	
	肉 12	1급
膨脹(팽창) 膨滿(팽만) 膨大(팽대) 膨壓(팽압)		

脹	부를/배부를/부풀 창	
	肉 8	1급
脹滿(창만) 脹症(창증) 腫脹(종창) 鼓脹(고창)		

滋	불을/번식할/맛있을/더욱/적실 자	
	水 9	2급[名]
滋殖(자식) 滋繁(자번) 滋養(자양) 滋甚(자심)		

殖 불릴/불을/번성할 식 | 歹 8 | 2급
殖産(식산) 增殖(증식)
生殖(생식) 繁殖(번식)

伸 펼/기지개 켤/말할 신 | 人 5 | 3급
伸縮(신축) 屈伸(굴신)
欠伸(흠신) 追伸(추신)

縮 오그라들/줄 축 | 糸 11 | 4급
緊縮(긴축) 減縮(감축)
縮尺(축척) 短縮(단축)

33. 形態 형태

形象형상• 圖形도형

形象 형상

形 형상/모양/용모/나타낼/나타날 형 | 彡 4 | 6급
形象(형상) 人形(인형)
形色(형색) 形容(형용)

像 형상/모양/본뜰 상 | 人 12 | 3급 II
現像(현상) 群像(군상)
佛像(불상) 像形(상형)

狀 형상/모양 상 / 문서/편지 장 | 犬 4 | 4급 II
狀態(상태) 實狀(실상)
賞狀(상장) 書狀(서장)

態 모양 태 | 心 10 | 4급 II
形態(형태) 事態(사태)
月態花容(월태화용)

樣 모양/본 양 | 木 11 | 4급
樣態(양태) 態樣(태양)
模樣(모양) 樣式(양식)

貌 모양/얼굴 모 | 豸 7 | 3급 II
外貌(외모) 容貌(용모)
面貌(면모) 美貌(미모)

姿 ㊟ 맵시/풍취/바탕 자 | 女 6 | 4급
姿態(자태) 野姿(야자)
氷姿玉質(빙자옥질)

局 판/형편/방/도량/재간/마을/국 국 | 尸 4 | 5급
對局(대국) 形局(형국)
局部(국부) 局量(국량)

直 곧을/곧게 할/바로/곧/번/번들 직 | 目 3 | 7급
曲直(곡직) 正直(정직)
直後(직후) 當直(당직)

曲 굽을/굽힐/자세할/가락/구석/재주 곡 | 曰 2 | 5급
曲盡(곡진) 作曲(작곡)
九曲肝腸(구곡간장)

屈 굽을/굽힐/굳셀 굴 | 尸 5 | 4급
屈曲(굴곡) 屈强(굴강)
百折不屈(백절불굴)

彎 굽을/당길 만 | 弓 19 | 1급
彎曲(만곡) 彎屈(만굴)
彎月(만월) 彎弓(만궁)

㊟ 姿 ▶ 采 캘/풍채/가릴/채색/식읍 채 p.65

枉	굽을/굽힐/억울할	왕
	木 4	1급
枉臨(왕림) 枉死(왕사) 矯枉過直(교왕과직)		

撓	휠/어지러울/어지럽힐	뇨
	手 12	1급
屈撓(굴요) 撓亂(요란) 不撓不屈(불요불굴)		

歪	비뚤	왜·외
	止 5	2급
歪曲(왜곡) 歪形(왜형) 歪力(왜력) 歪調(외조)		

整	가지런할/가지런히할	정
	攴 12	4급
整理(정리) 整形(정형) 調整(조정) 整備(정비)		

齊	가지런할/다/제나라	제
	齊 0	3급Ⅱ
整齊(정제) 齊唱(제창) 參差不齊(참치부제)		

扁	넓적할/현판/거룻배	편
	戶 5	2급[名]
扁平(편평) 扁桃(편도) 扁額(편액) 扁舟(편주)		

坦 註	평평할/너그러울	탄
	土 5	1급
坦坦(탄탄) 平坦(평탄) 順坦(순탄) 坦率(탄솔)		

凹	오목할	요
	凵 3	1급
凹凸(요철) 凹彫(요조) 凹面(요면) 凹鏡(요경)		

凸	볼록할	철
	凵 3	1급
凸凹(철요) 凸彫(철조) 凸面(철면) 凸鏡(철경)		

尖	뾰족할/끝	첨
	小 3	3급
尖端(첨단) 尖銳(첨예) 尖兵(첨병) 鋒尖(봉첨)		

銳	날카로울/날랠	예
	金 7	3급
銳利(예리) 銳敏(예민) 精銳(정예) 新銳(신예)		

利	날카로울/이로울/이익/이자/승전	리
	刀 5	6급
銳利(예리) 利鈍(이둔) 利益(이익) 勝利(승리)		

鈍	무딜/둔할	둔
	金 4	3급
銳鈍(예둔) 鈍角(둔각) 愚鈍(우둔) 遲鈍(지둔)		

圖形 도형

點	점/결/조사할/흠/물방울/점찍을/따를/점수	점
	黑 5	4급
點線(점선) 點火(점화) 點檢(점검) 點眼(점안)		

線 註	줄/선/실	선
	糸 9	6급
一線(일선) 光線(광선) 直線(직선) 線縷(선루)		

罫	줄	괘
	网 8	1급
罫線(괘선) 罫紙(괘지) 罫版(괘판) 方罫(방괘)		

註 坦 ▶ 平 평평할/고를/쉬울/평정할 평 p.84
註 線 ▶ 面 낯/면/만날/뵐/쪽 면 p.23

方	모/방위/곳/방법/바를/술법/의술/바야흐로	방
	方 0	7급

方舟(방주) 方向(방향)
方途(방도) 韓方(한방)

楞	모/모서리	릉
	木 9	2급[名]

楞嚴經(능엄경)
* 稜과 同字

稜 (註)	모/모서리/서슬	릉
	禾 8	1급

稜角(능각) 稜線(능선)
稜鏡(능경) 稜威(능위)

團	둥글/모일/모을/모임	단
	口 11	5급

團扇(단선) 團圓(단원)
團結(단결) 財團(재단)

圓	둥글/동그라미/원만할/둘레/원	원
	口 10	4급II

方圓(방원) 半圓(반원)
圓滿(원만) 一圓(일원)

球	공/구슬	구
	玉 7	6급

球技(구기) 地球(지구)
電球(전구) 球琳(구림)

丸	알/둥글/탄알	환
	丶 2	3급

丸藥(환약) 丸劑(환제)
彈丸(탄환) 砲丸(포환)

環	고리/두를/돌/옥	환
	玉 13	4급

一環(일환) 指環(지환)
環境(환경) 循環(순환)

帶	띠/띨/찰/데릴	대
	巾 8	4급II

帶狀(대상) 帶電(대전)
帶劍(대검) 帶同(대동)

楕	길쭉할	타
	木 9	1급

楕圓(타원) 楕率(타율)
* 橢와 同字

34. 狀態 상태

同異동이 • 擬似의사 • 開閉개폐 • 通徹통철 • 梗塞경색 • 遮蔽차폐
隱匿은닉 • 危殆위태

▼ 同異 동이

同	한가지/같이할/모일/화할	동
	口 3	7급

同一(동일) 同席(동석)
會同(회동) 和同(화동)

調	고를/헤아릴/가락/구실/뽑을	조
	言 8	5급

調和(조화) 調査(조사)
音調(음조) 調貢(조공)

均	고를/평평할	균
	土 4	4급

均一(균일) 均衡(균형)
均等(균등) 平均(평균)

(註) 稜 ▶ 角 뿔/모/각/구석/견줄/음계/뿔피리/쌍상투 각 p.192

漢字	훈	음	부수/획수	급수	용례
差	어긋날/다를/차/나을/보낼 / 들쑥날쑥할	차 / 치	工 7	4급	差異(차이) 差度(차도) 差使(차사) 參差(참치)
別	다를/나눌/헤어질	별	刀 5	6급	別個(별개) 分別(분별) 性別(성별) 別世(별세)
異	다를/달리할/이상히여길	이	田 6	4급	相異(상이) 異常(이상) 大同小異(대동소이)
殊	다를/뛰어날/벨	수	歹 6	3급Ⅱ	殊常(수상) 殊勳(수훈) 特殊(특수) 殊死(수사)

▼ 擬似 의사

漢字	훈	음	부수/획수	급수	용례
擬	비길/본뜰/헤아릴	의	手 14	1급	擬似(의사) 擬人(의인) 擬古(의고) 擬議(의의)
似	같을/닮을	사	人 5	3급	類似(유사) 近似(근사) 似而非(사이비)
肖	닮을/작을	초	肉 3	3급Ⅱ	肖像(초상) 肖似(초사) 不肖(불초) 酷肖(혹초)
恰	흡사할/꼭	흡	心 6	1급	恰似(흡사)
彿	비슷할	불	彳 5	1급	彷彿(방불)
宛	완연할/굽을	완	宀 5	1급	宛然(완연) 宛延(완연)
模 註	본뜰/법/본/거푸집/모양/모호할	모	木 11	4급	模擬(모의) 軌模(궤모) 模型(모형) 模樣(모양)
倣	본뜰	방	人 8	3급	倣似(방사) 倣古(방고) 模倣(모방) 比倣(비방)
糢	모호할	모	米 11	1급	糢糊(모호) * 模의 俗字

▼ 開閉 개폐

漢字	훈	음	부수/획수	급수	용례
開	열/펼/필/시작할/깨우칠	개	門 4	6급	開幕(개막) 展開(전개) 開業(개업) 未開(미개)
啓	열/인도할/여쭐	계	口 8	3급Ⅱ	啓示(계시) 啓蒙(계몽) 啓導(계도) 狀啓(장계)
闢	열/열릴/개간할/물리칠	벽	門 13	1급	開闢(개벽) 闢土(벽토) 闢異端(벽이단)

註 模 ▶ 摸 더듬어찾을/본뜰 모 p.66

字	훈	음	부수/획	급수	용례
拓	열/넓힐 박을	척 탁	手 5	3급 II	拓殖(척식) 開拓(개척) 干拓(간척) 拓本(탁본)
披	헤칠/펼/열	피	手 5	1급	披髮(피발) 披覽(피람) 披瀝(피력) 披露(피로)
閉	닫을/마칠/막을/막힐	폐	門 3	4급	開閉(개폐) 閉幕(폐막) 密閉(밀폐) 閉塞(폐색)
封	봉할/봉작할/흙더미쌓을/지경	봉	寸 6	3급 II	開封(개봉) 封建(봉건) 封土(봉토) 封界(봉계)
緘	봉할/묶을	함	糸 9	1급	緘黙(함묵) 封緘(봉함) 緘口無言(함구무언)

▼ 通徹 통철

字	훈	음	부수/획	급수	용례
通	통할/오갈/정을통할/알/전할/두루/통	통	辵 7	6급	通風(통풍) 通學(통학) 私通(사통) 達通(달통)
達	통할/달할/이를	달	辵 9	4급 II	達人(달인) 通達(통달) 榮達(영달) 到達(도달)
透	통할/사무칠/환할	투	辵 7	3급 II	浸透(침투) 通透(통투) 透徹(투철) 透明(투명)
徹	통할/뚫을	철	彳 12	3급 II	徹底(철저) 通徹(통철) 徹頭徹尾(철두철미)
貫 (註)	꿸/호적/관(10斤)	관	貝 4	3급 II	貫徹(관철) 貫通(관통) 貫革(관혁) 本貫(본관)
敞	드러날/높을	창	攴 8	2급[名]	通敞(통창) 開敞(개창) 高敞(고창) 宏敞(굉창)

▼ 梗塞 경색

字	훈	음	부수/획	급수	용례
壅	막을/막힐	옹	土 13	1급	壅塞(옹색) 壅滯(옹체) 壅固執(옹고집)
塞 (註)	막을/막힐 변방/요새	색 새	土 10	3급 II	閉塞(폐색) 梗塞(경색) 塞翁之馬(새옹지마)
障	막을/막힐/거리낄/장애	장	阜 11	4급 II	障壁(장벽) 障害(장해) 故障(고장) 保障(보장)
礙	막을/거리낄	애	石 14	2급	障礙(장애) 拘礙(구애) 礙人耳目(애인이목)
滯	막힐/엉길/머무를	체	水 11	3급 II	滯症(체증) 延滯(연체) 凝滯(응체) 滯留(체류)

註 貫 ▶ 串 곶 곶 // 꿸/익을 관 p.181

註 塞 ▶ 梗 대개/곧을/굳셀/막힐 경 p.90
窒 막을/막힐/질소 질 p.171

▼ 遮蔽 차폐

漢字	훈	음	부수/획	급수	용례
包	쌀/용납할/꾸러미	포	勹 3	4급Ⅱ	包含(포함) 內包(내포) 包容(포용) 藥包(약포)
遮	가릴/막을	차	辵 11	2급	遮光(차광) 遮陽(차양) 遮日(차일) 遮斷(차단)
掩	가릴/숨길/덮칠/감쌀	엄	手 8	1급	掩蔽(엄폐) 掩匿(엄닉) 掩襲(엄습) 掩護(엄호)
蔽	가릴/덮을	폐	艸 12	3급	遮蔽(차폐) 隱蔽(은폐) 蔽一言(폐일언)
覆	덮을 / 엎을/되풀이할/뒤집힐	부 / 복	襾 12	3급Ⅱ	天覆(천부) 覆面(복면) 顚覆(전복) 覆審(복심)
蓋	덮을/덮개/대개	개	艸 10	3급Ⅱ	傾蓋(경개) 蓋然(개연) 拔山蓋世(발산개세)
庇	덮을/감쌀	비	广 4	1급	庇蔭(비음) 庇護(비호) 尊主庇民(존주비민)
套	덮개/투	투	大 7	1급	外套(외투) 封套(봉투) 常套(상투) 語套(어투)

▼ 隱匿 은닉

漢字	훈	음	부수/획	급수	용례
隱 (註)	숨을/숨길/가엾어할	은	阜 14	4급	隱身(은신) 惻隱(측은) 隱忍自重(은인자중)
蟄	숨을	칩	虫 11	1급	蟄居(칩거) 蟄蟲(칩충) 蟄獸(칩수) 驚蟄(경칩)
祕	숨길/신비할	비	示 5	4급	祕密(비밀) 極祕(극비) 祕境(비경) 神祕(신비)
匿	숨길/숨을	닉	匸 9	1급	匿名(익명) 隱匿(은닉) 祕匿(비닉) 藏匿(장닉)
藏	감출/곳집	장	艸 14	3급Ⅱ	祕藏(비장) 藏中(장중) 笑裏藏刀(소리장도)
僻	후미질/치우칠/간사할	벽	人 13	2급	僻地(벽지) 窮僻(궁벽) 偏僻(편벽) 僻邪(벽사)

▼ 危殆 위태

漢字	훈	음	부수/획	급수	용례
危	위태할/두려워할/높을	위	卩 4	4급	危懼(위구) 危空(위공) 居安思危(거안사위)
殆	위태할/거의	태	歹 5	3급Ⅱ	危殆(위태) 殆半(태반) 百戰不殆(백전불태)
脅	으를/겨드랑이/옆구리	협	肉 6	3급Ⅱ	脅迫(협박) 脅威(협위) 脅從(협종) 脅痛(협통)

註 隱 ▶ 遁 달아날/피할/숨을 둔 p.51
註 隱 ▶ 諱 꺼릴/숨길/휘할/휘 휘 p.57

劫	으를/빼앗을/겁	겁
	力 5	1급
劫迫(겁박) 劫姦(겁간) 劫奪(겁탈) 永劫(영겁)		

逼	닥칠/핍박할	핍
	辵 9	1급
逼迫(핍박) 逼近(핍근) 逼逐(핍축) 逼眞(핍진)		

迫	닥칠/핍박할	박
	辵 5	3급 II
迫害(박해) 脅迫(협박) 切迫(절박) 迫進(박진)		

35. 物質 물질

材質재질 • 元素원소 • 實驗실험

材質 재질

物	만물/물건/재물/일/볼	물
	牛 4	7급
物情(물정) 物色(물색) 見物生心(견물생심)		

品	물건/품수/품격/벼슬차례/가지	품
	口 6	5급
品質(품질) 一品(일품) 性品(성품) 品階(품계)		

件	것/건	건
	人 4	5급
件數(건수) 事件(사건) 物件(물건) 一件(일건)		

質 (註)	바탕/순박할/물을/바룰/볼모/저당	질
	貝 8	5급
物質(물질) 質朴(질박) 質責(질책) 人質(인질)		

固	굳을/우길/본디/굳이/진실로	고
	囗 5	5급
固體(고체) 固執(고집) 固有(고유) 固辭(고사)		

液	진/즙	액
	水 8	4급 II
液體(액체) 液化(액화) 溶液(용액) 液汁(액즙)		

氣	기운/공기/숨/기후/절후/기질	기
	气 6	7급
精氣(정기) 氣體(기체) 氣息(기식) 日氣(일기)		

元素 원소

炭	숯/석탄/탄소	탄
	火 5	5급
炭坑(탄갱) 炭素(탄소) 氷炭之間(빙탄지간)		

窒	막을/막힐/질소	질
	穴 6	2급
窒塞(질색) 窒息(질식) 窒素(질소) 窒酸(질산)		

酸 (註)	실/괴로울/산소	산
	酉 7	2급
酸味(산미) 辛酸(신산) 酸素(산소) 炭酸(탄산)		

(註) 質 ▶ 素 흴/본디/바탕/질박할/평소 소 p.119
(註) 酸 ▶ 弗 아닐/달러/불소 불 p.81
(註) 酸 ▶ 燐 도깨비불/인 린 p.188

字	훈	음	부수	획수	급수	용례
金	쇠/금/금빛/돈/금나라 성(姓)	금 김	金	0	8급	金屬(금속) 金銀(금은) 現金(현금) 金哥(김가)
銀	은/은빛/돈	은	金	6	6급	銀盤(은반) 銀河(은하) 賃銀(임은) 勞銀(노은)
銅	구리	동	金	6	4급Ⅱ	銅錢(동전) 銅鏡(동경) 青銅(청동) 銅臭(동취)
鉛	납/분	연	金	5	4급	鉛筆(연필) 黑鉛(흑연) 亞鉛(아연) 鉛華(연화)
錫	주석/석장	석	金	8	2급[名]	錫鑛(석광) 朱錫(주석) 赤錫(적석) 錫杖(석장)
硫	유황	류	石	7	2급	硫黃(유황) 硫安(유안) 硫酸紙(유산지)
砒	비소/비상	비	石	4	1급	砒霜(비상) 砒石(비석) 砒酸(비산) 砒素(비소)
硅	규소	규	石	6	1급	硅素(규소) 硅石(규석) 硅酸鹽(규산염)
硝	초석	초	石	7	1급	硝石(초석) 硝藥(초약) 硝煙(초연) 硝子(초자)
硼	붕사	붕	石	8	1급	硼素(붕소) 硼砂(붕사) 硼酸(붕산)
礬	백반	반	石	15	1급	白礬(백반) 明礬(명반) 膽礬(담반) 綠礬(녹반)

▼ 實驗 실험

字	훈	음	부수	획수	급수	용례
溶	녹을/질펀히흐를	용	水	10	2급[名]	溶解(용해) 溶液(용액) 溶媒(용매) 溶溶(용용)
融	녹을/녹일/화합할/통할	융	虫	10	2급	融解(융해) 溶融(용융) 融和(융화) 金融(금융)
濾	거를	려	水	15	1급	濾過(여과) 濾水羅(여수라)
瀝	거를/물방울 떨어질/물방울	력	水	16	1급	瀝青(역청) 淋瀝(임력) 披瀝(피력) 瀝滴(역적)
淘	일	도	水	8	1급	淘汰(도태) 淘金(도금) 淘淸(도청)
汰	일/씻을/사치할	태	水	4	1급	汰金(태금) 汰去(태거) 沙汰(사태) 汰侈(태치)

漢字	訓	音	部首	획수	급수	용례
滓	찌끼/앙금	재	水	10	1급	殘滓(잔재) 沈滓(침재) 鑛滓(광재) 塵滓(진재)
澱	앙금/찌끼	전	水	13	1급	澱物(전물) 澱粉(전분) 沈澱(침전)
凝	엉길/모을	응	冫	14	3급	凝固(응고) 凝結(응결) 凝視(응시) 凝想(응상)
膠	갖풀/굳을	교	肉	11	2급	阿膠(아교) 膠着(교착) 膠柱鼓瑟(교주고슬)
粘	끈끈할/붙일	점	米	5	1급	粘度(점도) 粘液(점액) 粘膜(점막) 粘着(점착)

36. 宇宙 우주

日月일월 • 星辰성신 • 光輝광휘 • 光明광명 • 暗黑암흑

▼ 日月 일월

漢字	訓	音	部首	획수	급수	용례
日	날/해/낮/나라이름	일	日	0	8급	一日(일일) 日月(일월) 日夜(일야) 日語(일어)
月 (註)	달/세월	월	月	0	8급	月經(월경) 歲月(세월) 淸風明月(청풍명월)
旭	아침해/해돋을	욱	日	2	2급[名]	朝旭(조욱) 旭光(욱광) 旭日昇天(욱일승천)
暹	해돋을/나라이름	섬	日	12	2급[名]	暹羅(섬라)
昶	해길/밝을	창	日	5	2급[名]	
皎	달밝을/흴/깨끗할	교	白	6	1급	皎皎(교교) 皎月(교월) 皎鏡(교경) 皎潔(교결)
暈	무리	훈	日	9	1급	暈輪(훈륜) 日暈(일훈) 月暈(월훈) 醉暈(취훈)
蝕	좀먹을/일식,월식	식	虫	9	1급	蝕刻(식각) 浸蝕(침식) 腐蝕(부식) 日蝕(일식)

註 月 ▶ 弦 시위/초승달/줄 현 p.136

星辰 성신

星 별/세월/희뜩희뜩할 성 | 日 5 | 4급Ⅱ
星座(성좌) 將星(장성) 星霜(성상) 星星(성성)

辰 별/지지/다섯째지지 진, 별/날/때 신 | 辰 0 | 3급Ⅱ
辰宿(진수) 日辰(일진) 星辰(성신) 生辰(생신)

台 별/대감 태, 나 이 | 口 2 | 2급[名]
台鼎(태정) 台德(이덕) 三台星(삼태성)

奎 별이름 규 | 大 6 | 2급[名]
奎文(규문) 奎運(규운) 奎章閣(규장각)

昴 별이름 묘 | 日 5 | 2급[名]
昴星(묘성) 昴宿(묘수)

杓 북두자루 표, 구기 작 | 木 3 | 2급[名]
斗杓(두표) 漏杓(누표) 杓子(작자) 樽杓(준작)

彗 비/살별 혜 | 彐 8 | 1급
彗掃(혜소) 彗星(혜성) 彗芒(혜망)

光輝 광휘

光 빛/빛날/영예로울/경치/세월/윤기 광 | 儿 4 | 6급
光明(광명) 榮光(영광) 光景(광경) 光陰(광음)

景 별/경치/클/우러를/남풍 경 | 日 8 | 5급
光景(광경) 景色(경색) 景福(경복) 景慕(경모)

華 빛날/꽃/고울/번성할/중화/산이름 화 | 艸 8 | 4급
光華(광화) 華麗(화려) 榮華(영화) 中華(중화)

輝 빛날/빛 휘 | 車 8 | 3급
輝耀(휘요) 輝度(휘도) 輝光(휘광) 光輝(광휘)

煌 빛날 황 | 火 9 | 1급
煌煌(황황) 炫煌(현황) 輝煌燦爛(휘황찬란)

燦 빛날 찬 | 火 13 | 2급[名]
燦燦(찬찬) 燦然(찬연) 燦爛陸離(찬란육리)

爛 빛날/문드러질 란 | 火 17 | 2급
爛漫(난만) 爛商(난상) 腐爛(부란) 爛熟(난숙)

炳 빛날/밝을 병 | 火 5 | 2급[名]
炳然(병연) 炳煜(병욱) 炳如日星(병여일성)

煥 빛날/불꽃 환 | 火 9 | 2급[名]
煥然(환연) 煥爛(환란)

註 星 ▶ 宿 잘/묵을/번/오랠/빠를 숙 // 별자리 수 p.229

字	훈	음	부수/획	급수	용례
煜	빛날/불꽃	욱	火 9	2급[名]	煜煜(욱욱) 煜灼(욱작)
炅	빛날	경	火 4	2급[名]	
炯	빛날/밝을	형	火 5	2급[名]	炯炯(형형) 炯眼(형안) 炯心(형심) 炯然(형연)
熙	빛날/넓을/화락할/기뻐할	희	火 9	2급	熙朝(희조) 熙隆(희륭) 熙熙(희희) 熙笑(희소)
燁	빛날	엽	火 12	2급[名]	燁燁(엽엽)
昱	빛날/밝을	욱	日 5	2급[名]	昱昱(욱욱)
曜	빛날/빛/일월성신/요일	요	日 14	5급	曜靈(요령) 兩曜(양요) 七曜(칠요) 曜日(요일)
耀	빛날/빛낼/빛	요	羽 14	2급[名]	耀耀(요요) 照耀(조요) 耀德(요덕) 光耀(광요)
炫	빛날/밝을/눈부실	현	火 5	2급[名]	炫煌(현황) 炫炫(현현) 炫目(현목)
彬	빛날	빈	彡 8	2급[名]	彬彬(빈빈) 彬蔚(빈울) 文質彬彬(문질빈빈)
照	비출/비칠/빛/대조할	조	火 9	3급Ⅱ	照明(조명) 照映(조영) 晩照(만조) 照査(조사)
燾	비출/덮을	도	火 14	2급[名]	燾育(도육)
映	비칠	영	日 5	4급	映畵(영화) 反映(반영) 孫康映雪(손강영설)
暎	비칠	영	日 9	2급[名]	暎發(영발) *映과 同字
曝	쬘	폭·포	日 15	1급	曝陽(폭양) 曝書(폭서) 曝白(포백) 曝曬(포쇄)
閃	번쩍일	섬	門 2	1급	閃光(섬광) 閃火(섬화) 東閃西忽(동섬서홀)

光明 광명

漢字	訓音	部首/획수	급수	용례
明	밝을/밝힐/분명할/다음/시력/이승/명나라 명	日 4	6급	明月(명월) 證明(증명) 明日(명일) 失明(실명)
朗	밝을/소리 높이 랑	月 7	5급	朗報(낭보) 明朗(명랑) 朗朗(낭랑) 朗讀(낭독)
昭	밝을/밝힐/신주차례 소	日 5	3급	昭光(소광) 昭詳(소상) 昭雪(소설) 昭穆(소목)
亮	밝을/거상(居喪)입을 량	亠 7	2급[名]	亮察(양찰) 亮陰(양음) 諸葛亮(제갈량)
晳	밝을 석	日 8	2급[名]	明晳(명석) 白晳(백석)
昞	밝을 병	日 5	2급[名]	
昺	밝을 병	日 5	2급[名]	* 昞과 同字
晃	밝을/빛날 황	日 6	2급[名]	晃然(황연) 晃晃(황황)
晟	밝을 성	日 7	2급[名]	
晙	밝을 준	日 7	2급[名]	
晧	밝을/해돋을 호	日 7	2급[名]	
瞭	밝을/멀 료	目 12	1급	瞭然(요연) 明瞭(명료) 瞭望(요망)
昉	밝을/비로소/마침 방	日 4	1급	

暗黑 암흑

漢字	訓音	部首/획수	급수	용례
暗	어두울/몰래/욀 암	日 9	4급Ⅱ	明暗(명암) 暗行(암행) 暗號(암호) 暗誦(암송)
昏	어두울/어지러울/날저물 혼	日 4	3급	黃昏(황혼) 昏闇(혼암) 昏迷(혼미) 昏睡(혼수)
冥 註	어두울/그윽할/하늘/저승 명	冖 8	3급	冥冥(명명) 冥想(명상) 靑冥(청명) 冥福(명복)

註 冥 ▶ 幽 그윽할/숨을/어두울/가둘/귀신/저승 유 p.105

瞑	어두울/밤	명
	日 10	1급
瞑瞑(명명)		

溟	어두울/바다	명
	水 10	1급
溟濛(명몽) 溟沐(명목) 溟海(명해) 滄溟(창명)		

闇	어두울/어리석을/여막	암
	門 9	1급
闇鈍(암둔) 諒闇(양암) 明珠闇投(명주암투)		

沌	어두울/기운덩어리	돈
	水 4	1급
混沌(혼돈) 渾沌(혼돈)		

昧	어두울/어리석을	매
	日 5	1급
蒙昧(몽매) 愚昧(우매) 三昧境(삼매경)		

曖	희미할	애
	日 13	1급
曖昧模糊(애매모호)		

杳	아득할/어두울/깊을	묘
	木 4	1급
杳然(묘연) 杳杳(묘묘) 杳冥(묘명) 杳乎(묘호)		

影	그림자/모습/초상	영
	彡 12	3급II
陰影(음영) 絶影(절영) 近影(근영) 影印(영인)		

蔭	그늘/덕택/덮을	음
	艸 11	1급
茂蔭(무음) 蔭德(음덕) 蔭敍(음서) 庇蔭(비음)		

37. 自然 자연

蒼空창공 • 土地토지 • 山岳산악 • 山勢산세 • 山名산명
海洋해양 • 波濤파도 • 海物해물 • 河川하천 • 江名강명
沼澤소택 • 水涯수애

▼ 蒼空 창공

天	하늘/임금/자연	천
	大 1	7급
天地(천지) 天心(천심) 天子(천자) 天然(천연)		

乾	하늘/괘이름/마를/건성	건
	乙 10	3급II
乾坤(건곤) 乾卦(건괘) 乾濕(건습) 乾啼(건제)		

昊	하늘	호
	日 4	2급[名]
昊天(호천) 蒼昊(창호) 昊天罔極(호천망극)		

旻	하늘	민
	日 4	2급[名]
旻天(민천) 蒼旻(창민) 九旻(구민)		

穹	하늘/활꼴	궁
	穴 3	1급
穹蒼(궁창) 蒼穹(창궁) 天穹(천궁) 穹窿(궁륭)		

土地 토지

漢字	뜻	음	부수	획수	급수	용례
土	흙/땅	토	土	0	8급	土地(토지) 土人(토인) 鄕土(향토) 領土(영토)
壤	고운흙/흙/땅	양	土	17	3급Ⅱ	土壤(토양) 平壤(평양) 天壤之差(천양지차)
陸	뭍	륙	阜	8	5급	陸地(육지) 陸上(육상) 陸軍(육군) 水陸(수륙)
地	땅/곳/지위	지	土	3	7급	地理(지리) 産地(산지) 處地(처지) 地位(지위)
坤	땅/괘이름/왕후	곤	土	5	3급	坤卦(곤괘) 坤殿(곤전) 別有乾坤(별유건곤)
洲	섬/모래톱/물가/대륙	주	水	6	3급Ⅱ	洲汀(주정) 亞洲(아주) 三角洲(삼각주)
沙	모래/일	사	水	4	3급Ⅱ	沙工(사공) 沙汰(사태) 白沙場(백사장)
漠	사막/넓을/쓸쓸할/어두울	막	水	11	3급Ⅱ	沙漠(사막) 廣漠(광막) 漠然(막연) 漠漠(막막)
泥	진흙/진창	니	水	5	3급Ⅱ	泥土(이토) 雲泥(운니) 泥田鬪狗(이전투구)
塗	진흙/칠할/길	도	土	10	3급	塗炭(도탄) 塗料(도료) 道聽塗說(도청도설)
塊	흙덩이/덩어리/홀로	괴	土	10	3급	土塊(토괴) 地塊(지괴) 金塊(금괴) 塊然(괴연)
屑	가루/부술/마음에둘	설	尸	7	1급	屑塵(설진) 屑話(설화) 碎屑(쇄설) 不屑(불설)
塵	티끌/속세	진	土	11	2급	塵土(진토) 風塵(풍진) 和光同塵(화광동진)
埃	티끌	애	土	7	2급[名]	埃滅(애멸) 塵埃(진애) 黃埃(황애) 埃及(애급)
堊	백토/흰흙	악	土	8	1급	素堊(소악) 丹堊(단악) 白堊館(백악관)

山岳 산악

漢字	뜻	음	부수	획수	급수	용례
山	메/무덤/절	산	山	0	8급	山水(산수) 山海(산해) 山所(산소) 山門(산문)
岳	큰산/장인	악	山	5	3급	山岳(산악) 冠岳(관악) 岳父(악부) 岳母(악모)
峯 (註)	봉우리	봉	山	7	3급Ⅱ	主峯(주봉) 群峯(군봉) 峻峯(준봉) 靈峯(영봉)

註 峯 ▶ 頂 정수리/꼭대기 정 p.23

漢字	훈	음	부수	획수	급수	용례
嶺	재/고개/산봉우리	령	山	14	3급Ⅱ	嶺南(영남) 嶺雲(영운) 分水嶺(분수령)
峴	재/고개	현	山	7	2급[名]	炭峴(탄현) 艮峴(간현)
坡	고개/비탈/둑	파	土	5	2급[名]	坡州(파주) 青坡(청파) 石坡(석파) 坡岸(파안)
阪	비탈	판	阜	4	2급[名]	阪路(판로) 大阪(대판) 阪上走丸(판상주환)
麓	산기슭	록	鹿	8	1급	山麓(산록) 短麓(단록) 南麓(남록) 北麓(북록)
嵎	산굽이/산모퉁이	우	山	9	1급	嵎夷(우이)
丘	언덕/무덤	구	一	4	3급Ⅱ	丘陵(구릉) 青丘(청구) 丘木(구목) 丘墓(구묘)
邱	언덕	구	邑	5	2급[名]	大邱(대구) * 丘와 同字
陵	언덕/무덤/업신여길/넘을	릉	阜	8	3급Ⅱ	丘陵(구릉) 王陵(왕릉) 陵侮(능모) 陵越(능월)
阿	언덕/아첨할/호칭	아	阜	5	3급Ⅱ	阿丘(아구) 阿兄(아형) 曲學阿世(곡학아세)
岸	언덕/기슭	안	山	5	3급Ⅱ	海岸(해안) 兩岸(양안) 高岸深谷(고안심곡)
岡	언덕/산등성이	강	山	5	2급[名]	岡陵(강릉) 高岡(고강) 福岡(복강)
崗	언덕	강	山	8	2급[名]	* 강(岡)의 俗字
阜	언덕/클/성할	부	阜	0	2급[名]	丘阜(구부) 岡阜(강부) 高阜(고부) 阜蕃(부번)
塏	높은땅	개	土	10	2급[名]	勝塏(승개) 李塏(이개)
谷	골	곡	谷	0	3급Ⅱ	溪谷(계곡) 谷風(곡풍) 空谷足音(공곡족음)
峽	골짜기/땅이름	협	山	7	2급	峽谷(협곡) 山峽(산협) 海峽(해협) 三峽(삼협)
壑	구렁/골	학	土	14	1급	壑谷(학곡) 丘壑(구학) 萬壑千峰(만학천봉)

漢字	훈	음	부수	획수	급수	용례
崖	낭떠러지/벼랑	애	山	8	1급	斷崖(단애) 懸崖(현애) 磨崖(마애) 陰崖(음애)
仙	신선/선교/센트(cent)	선	人	3	5급	仙女(선녀) 仙敎(선교) 羽化登仙(우화등선)

山勢 산세

漢字	훈	음	부수	획수	급수	용례
險	험할/음흉할	험	阜	13	4급	險難(험난) 危險(위험) 天險(천험) 陰險(음험)
阻	험할/막힐	조	阜	5	1급	險阻(험조) 阻隘(조애) 隔阻(격조) 積阻(적조)
崎	험할	기	山	8	1급	崎嶇(기구) 崎險(기험)
嶇	험할	구	山	11	1급	崎嶇(기구)
峻	높을/가파를/엄할/클/훌륭할	준	山	7	2급[名]	峻嶺(준령) 險峻(험준) 峻烈(준열) 峻德(준덕)
埈	가파를/높을	준	土	7	2급[名]	
巍	높고클/높을	외	山	18	1급	巍然(외연) 巍勳(외훈) 巍巍堂堂(외외당당)
峙	우뚝솟을/언덕	치	山	6	2급[名]	峙立(치립) 峻峙(준치) 對峙(대치) 京峙(경치)
聳	솟을/두려워할	용	耳	11	1급	聳立(용립) 聳出(용출) 聳聽(용청) 聳然(용연)

山名 산명

漢字	훈	음	부수	획수	급수	용례
崙	산이름	륜	山	8	2급[名]	崑崙(곤륜)

海洋 해양

漢字	훈	음	부수	획수	급수	용례
海	바다/클/넓을	해	水	7	7급	海運(해운) 海流(해류) 海諒(해량) 海容(해용)
洋	큰바다/서양/넓을	양	水	6	6급	海洋(해양) 洋式(양식) 洋屋(양옥) 洋洋(양양)
島	섬	도	山	7	5급	半島(반도) 列島(열도) 群島(군도) 諸島(제도)

한자	뜻	음	부수	획수	급수	용례
嶼	섬/작은섬	서	山	14	1급	島嶼(도서) 巖嶼(암서) 洲嶼(주서)
礁	숨은바윗돌/암초	초	石	12	1급	暗礁(암초) 堡礁(보초) 環礁(환초) 坐礁(좌초)
沿	물따라내려갈/따를	연	水	5	3급II	沿海(연해) 沿岸(연안) 沿道(연도) 沿革(연혁)
灣	물굽이	만	水	22	2급	灣流(만류) 灣入(만입) 港灣(항만) 臺灣(대만)
浦	개	포	水	7	3급II	浦口(포구) 浦村(포촌) 浦邊(포변) 浦港(포항)
潟	개펄	석	水	12	1급	潟湖(석호) 干潟地(간석지)
串	곶 / 꿸/익을	곶 / 관	丨	6	2급[名]	甲串(갑곶) 串柿(관시) 長山串(장산곶)
岬	곶/산허리	갑	山	5	2급[名]	岬角(갑각) 山岬(산갑)
渤	바다이름	발	水	9	2급[名]	渤海(발해)

▼ 波濤 파도

한자	뜻	음	부수	획수	급수	용례
潮	조수/밀물/흐름	조	水	12	4급	潮流(조류) 干潮(간조) 潮汐(조석) 思潮(사조)
波	물결/눈짓	파	水	5	4급II	世波(세파) 秋波(추파) 江湖煙波(강호연파)
浪	물결/떠돌아다닐/방자할/함부로	랑	水	7	3급II	波浪(파랑) 放浪(방랑) 孟浪(맹랑) 浪費(낭비)
濤	물결/큰물결	도	水	14	1급	濤瀾(도란) 濤雷(도뢰) 波濤(파도) 怒濤(노도)
瀾	물결/큰물결	란	水	17	1급	碧瀾(벽란) 狂瀾(광란) 波瀾萬丈(파란만장)
漣	잔물결/물놀이	련	水	11	2급[名]	漣川(연천) 漣痕(연흔) 細漣(세련) 淸漣(청련)
渦	소용돌이/소용돌이칠	와	水	9	1급	渦中(와중) 渦狀(와상) 渦流(와류) 渦旋(와선)
洶	용솟음칠/시끄러운모양	흉	水	6	1급	洶急(흉급) 洶洶(흉흉) 洶湧澎湃(흉용팽배)
澎	물부딪는소리	팽	水	12	1급	澎湃(팽배)

湃	물결칠/물결소리	배
	水 9	1급

澎湃(팽배)

海物 해물

貝	조개/돈	패
	貝 0	3급

貝類(패류) 卷貝(권패) 種貝(종패) 龜貝(귀패)

蛤	대합조개/두꺼비/개구리	합
	虫 6	1급

大蛤(대합) 白蛤(백합) 紅蛤(홍합) 山蛤(산합)

蜃	대합조개/이무기	신
	虫 7	1급

蜃蛤(신합) 蜃市(신시) 蜃氣樓(신기루)

螺	소라	라
	虫 11	1급

螺絲(나사) 吹螺(취라) 螺旋形(나선형)

鰒	전복	복
	魚 9	1급

鰒卵(복란) 全鰒(전복) 生鰒(생복) 熟鰒(숙복)

蝦	새우/두꺼비	하
	虫 9	1급

大蝦(대하) 蝦蟆(하마) 鯨戰蝦死(경전하사)

殼	껍질	각
	殳 8	1급

殼物(각물) 貝殼(패각) 地殼(지각) 甲殼(갑각)

珊	산호	산
	玉 5	1급

珊瑚(산호) 珊瑚礁(산호초)

瑚	산호/호련	호
	玉 9	1급

珊瑚(산호) 瑚璉(호련)

藻	마름/무늬/꾸밀	조
	艸 16	1급

藻類(조류) 藻思(조사) 文藻(문조) 藻飾(조식)

河川 하천

江	강/물이름	강
	水 3	7급

江南(강남) 江邊(강변) 漢江(한강) 長江(장강)

河	물/강/내/물이름/은하	하
	水 5	5급

河川(하천) 河海(하해) 江河(강하) 銀河(은하)

川	내	천
	巛 0	7급

河川(하천) 山川(산천) 晝夜長川(주야장천)

溪 시내 계
水 10 | 3급Ⅱ
溪谷(계곡) 溪流(계류)
河溪(하계) 碧溪(벽계)

澗 산골물 간
水 12 | 1급
澗谷(간곡) 澗聲(간성)
溪澗(계간) 淸澗(청간)

湍 여울/소용돌이칠 단
水 9 | 2급[名]
急湍(급단) 飛湍(비단)
湍流(단류) 湍水(단수)

灘 여울 탄
水 19 | 2급[名]
灘聲(탄성) 險灘(험탄)
玄海灘(현해탄)

溝 도랑/해자 구
水 10 | 1급
海溝(해구) 溝池(구지)
下水溝(하수구)

渠 도랑/우두머리/그 거
水 9 | 1급
溝渠(구거) 暗渠(암거)
渠帥(거수) 渠輩(거배)

堤 註 방죽/둑 제
土 9 | 3급
堤防(제방) 突堤(돌제)
防波堤(방파제)

堰 방죽/둑 언
土 9 | 1급
堰堤(언제) 海堰(해언)
河口堰(하구언)

▼ 江名 강명

沂 물이름 기
水 4 | 2급[名]
沂水(기수) 浴沂(욕기)

汶 물이름/수치 문
水 4 | 2급[名]
汶水(문수) 汶山(문산)
汶汶(문문)

沔 물이름 면
水 4 | 2급[名]
沔水(면수)

泗 물이름/콧물 사
水 5 | 2급[名]
泗水(사수) 涕泗(체사)
泗上弟子(사상제자)

洛 물이름/땅이름 락
水 6 | 2급
洛水(낙수) 洛陽(낙양)
洛東江(낙동강)

洙 물이름/물가 수
水 6 | 2급[名]
泗洙(사수) 洙泗(수사)
洙泗學(수사학)

淇 물이름 기
水 8 | 2급[名]
淇水(기수)
淇園長(기원장)

淮 물이름 회
水 8 | 2급[名]
淮水(회수)
淮南子(회남자)

渭 물이름 위
水 9 | 2급[名]
渭水(위수)

註 堤 ▶ 洑 스며흐를 복 // 보 보 p.190

漢字	훈	음	부수	획수	급수	용례
潽	물이름	보	水	12	2급[名]	
濂	물이름/시내이름	렴	水	13	2급[名]	濂溪(염계)
磻 註	물이름/강이름	반	石	12	2급[名]	磻溪(반계)

沼澤 소택

漢字	훈	음	부수	획수	급수	용례
湖	호수	호	水	9	5급	湖水(호수) 湖畔(호반) 湖南(호남) 江湖(강호)
泉	샘/돈	천	水	5	4급	源泉(원천) 溫泉(온천) 泉布(천포) 貨泉(화천)
池	못/해자	지	水	3	3급Ⅱ	天池(천지) 城池(성지) 乾電池(건전지)
澤	못/윤/은덕	택	水	13	3급Ⅱ	光澤(광택) 惠澤(혜택) 竭澤而漁(갈택이어)
塘	못/방죽	당	土	10	2급[名]	池塘(지당) 蓮塘(연당) 林塘(임당) 堤塘(제당)
淵	못/깊을	연	水	9	2급[名]	深淵(심연) 淵博(연박) 積水成淵(적수성연)
潭	못/깊을	담	水	12	2급	碧潭(벽담) 青潭(청담) 潭淵(담연) 潭思(담사)
沼	늪	소	水	5	2급[名]	沼澤(소택) 沼湖(소호) 沼畔(소반) 沼池(소지)
皐	늪/못/높을/부르는소리	고	白	6	2급[名]	九皐(구고) 皐門(고문) 皐復(고복) 皐月(고월)
沛	늪/비올/성할/넘어질	패	水	4	1급	沛澤(패택) 沛然(패연) 造次顚沛(조차전패)
瀑	폭포/소나기/거품	폭/포	水	15	1급	瀑布(폭포) 飛瀑(비폭) 懸瀑(현폭) 濺瀑(천포)

水涯 수애

漢字	훈	음	부수	획수	급수	용례
涯	물가/끝	애	水	8	3급	涯際(애제) 水涯(수애) 天涯(천애) 生涯(생애)
汀	물가	정	水	2	2급[名]	汀洲(정주) 汀線(정선) 汀蘭(정란) 沙汀(사정)
墺	물가	오	土	13	2급[名]	墺地利(오지리)

註 磻 ▶ 汨 빠질 골 // 물이름 멱 p.191
註 磻 ▶ 潦 멀/강이름/요나라 료 p.154

濱	물가/끝 빈	
	水 14	1급
水濱(수빈) 海濱(해빈) 沙濱(사빈) 率濱(솔빈)		

瀕 註	물가/임박할 빈	
	水 16	1급
瀕海(빈해) 瀕死(빈사) * 濱과 同字		

38. 氣象 기상

氣候기후 • 風力풍력 • 溫暖온난 • 寒冷한랭

▼ 氣候 기후

雨	비/비올 우	
	雨 0	5급
雨天(우천) 雨中(우중) 祈雨祭(기우제)		

雲	구름 운	
	雨 4	5급
雲海(운해) 雲雨(운우) 雲集(운집) 靑雲(청운)		

電	번개/전기 전	
	雨 5	7급
電氣(전기) 電子(전자) 電光石火(전광석화)		

雷	우레/천둥 뢰	
	雨 5	3급 II
雷雨(뇌우) 雷同(뇌동) 雷霆霹靂(뇌정벽력)		

震	우레/천둥/떨/흔들릴/지진/괘이름 진	
	雨 7	3급 II
震電(진전) 震驚(진경) 地震(지진) 强震(강진)		

雪	눈/눈올/씻을/휠 설	
	雨 3	6급
雪辱(설욕) 雪面(설면) 雪上加霜(설상가상)		

露	이슬/드러날/드러낼 로	
	雨 12	3급 II
雨露(우로) 露出(노출) 危如朝露(위여조로)		

霜	서리/해/휠/엄할 상	
	雨 9	3급 II
霜降(상강) 星霜(성상) 霜髮(상발) 秋霜(추상)		

霧	안개 무	
	雨 11	3급
霧散(무산) 雲霧(운무) 五里霧中(오리무중)		

雰	안개/눈날릴 분	
	雨 4	1급
雰虹(분홍) 雰雰(분분) 雰圍氣(분위기)		

靄	아지랑이 애	
	雨 16	1급
野靄(야애) 朝靄(조애) 和氣靄靄(화기애애)		

霞	놀 하	
	雨 9	1급
霞光(하광) 晩霞(만하) 煙霞痼疾(연하고질)		

註 瀕 ▶ 畔 두둑/물가 반 p.222

虹	무지개	홍
	虫 3	1급

虹橋(홍교) 長虹(장홍) 彩虹(채홍) 虹彩(홍채)

候	철/기다릴/염탐할/조짐/물을	후
	人 8	4급

氣候(기후) 候補(후보) 斥候(척후) 症候(증후)

晴	갤	청
	日 8	3급

晴天(청천) 晴雨(청우) 晴虛(청허) 快晴(쾌청)

暢	화창할/통할/펼	창
	日 10	3급

和暢(화창) 暢達(창달) 流暢(유창) 暢懷(창회)

曇	흐릴/구름낄	담
	日 12	1급

曇天(담천) 薄曇(박담) 半曇(반담) 晴曇(청담)

旱	가물	한
	日 3	3급

旱害(한해) 旱災(한재) 旱祭(한제) 長旱(장한)

魃	가물/가물귀신	발
	鬼 5	1급

旱魃(한발) 炎魃(염발)

風力 풍력

風	바람/습속/모습/경치/풍병	풍
	風 0	6급

風向(풍향) 國風(국풍) 風格(풍격) 風景(풍경)

颱	태풍	태
	風 5	2급

颱風(태풍)

飄	회오리바람/나부낄	표
	風 11	1급

飄風(표풍) 飄飄(표표) 飄然(표연) 飄蕩(표탕)

吹	불/부추길	취
	口 4	3급Ⅱ

吹奏(취주) 吹打(취타) 吹彈(취탄) 鼓吹(고취)

嘘	불/탄식할	허
	口 12	1급

吹嘘(취허)

溫暖 온난

溫	따뜻할/부드러울/익힐	온
	水 10	6급

溫情(온정) 溫順(온순) 溫故知新(온고지신)

暖	따뜻할/따뜻하게할	난
	日 9	4급Ⅱ

暖流(난류) 溫暖(온난) 寒暖(한난) 暖房(난방)

煖	따뜻할/따뜻하게할	난
	火 9	1급

煖氣(난기) 煖爐(난로) 煖房(난방)

熱	더울/태울/열/몸달 열	火 11	5급	熱氣(열기) 灼熱(작열) 解熱(해열) 熱情(열정)
暑	더울/더위 서	日 9	3급	暑氣(서기) 酷暑(혹서) 避暑(피서) 寒暑(한서)

▼ 寒冷 한랭

寒	찰/추위/서늘할/가난할 한	宀 9	5급	寒冷(한랭) 酷寒(혹한) 寒心(한심) 貧寒(빈한)
冷	찰/쌀쌀할/깔볼/쓸쓸할 랭	冫 5	5급	冷溫(냉온) 冷冷(냉랭) 冷待(냉대) 冷巷(냉항)
凜	찰/늠름할 름	冫 13	1급	凜冽(늠렬) 凜慄(늠률) 凜凜(늠름) 凜然(늠연)
涼	서늘할/엷을/쓸쓸할 량	水 8	3급II	淸涼(청량) 納涼(납량) 涼德(양덕) 荒涼(황량)
凍	얼 동	冫 8	3급II	凍結(동결) 凍土(동토) 冷凍(냉동) 解凍(해동)

39. 火氣 화기

火氣화기 • 燃燒연소

▼ 火氣 화기

火	불/화/탈/태울/급할 화	火 0	8급	火力(화력) 心火(심화) 火田(화전) 火急(화급)
炎	불꽃/탈/더울/염증 염	火 4	3급II	狂炎(광염) 炎上(염상) 炎涼(염량) 炎症(염증)
焰	불꽃 염	火 8	1급	光焰(광염) 火焰(화염) 紅焰(홍염) 氣焰(기염)
燉	불빛/이글거릴 돈	火 12	2급[名]	
燈	등잔/등/등불 등	火 12	4급II	燈臺(등대) 燈影(등영) 風前燈火(풍전등화)
燭	촛불/초/비출/촉 촉	火 13	3급	燈燭(등촉) 洞燭(통촉) 洞房華燭(동방화촉)

爐	화로 로	火 16	3급Ⅱ	煖爐(난로) 香爐(향로) 紅爐點雪(홍로점설)
烽	봉화 봉	火 7	1급	烽火(봉화) 烽燧(봉수) 烽煙(봉연) 烽臺(봉대)
燎	화톳불/불 놓을 료	火 12	1급	燎火(요화) 燎原(요원) 百花燎亂(백화요란)
燐	도깨비불/인 린	火 12	1급	燐火(인화) 鬼燐(귀린) 燐光(인광) 燐酸(인산)

▼ 燃燒 연소

燃	탈/사를 연	火 12	4급	燃料(연료) 內燃(내연) 可燃(가연) 不燃(불연)
燒	불사를/탈 소	火 12	3급Ⅱ	燒却(소각) 燃燒(연소) 赤舌燒城(적설소성)
焚	불사를/탈 분	火 8	1급	焚身(분신) 焚香(분향) 玉石俱焚(옥석구분)
灼	사를/밝을 작	火 3	1급	灼熱(작열) 赫灼(혁작) 灼艾分痛(작애분통)
熾	성할/불활활탈/사를 치	火 12	1급	熾盛(치성) 熾烈(치열) 熾熱(치열) 熾憤(치분)
爆	터질 폭	火 15	4급	爆發(폭발) 爆擊(폭격) 爆笑(폭소) 原爆(원폭)
炸	터질/화약 터질 작	火 5	1급	炸裂(작렬) 炸發(작발) 炸藥(작약) 炸彈(작탄)
烙	지질/화침 락	火 6	1급	烙印(낙인) 烙刑(낙형) 烙畵(낙화) 烙竹(낙죽)
焦	그을릴/탈/애탈 초	火 8	2급	焦土(초토) 焦燥(초조) 勞心焦思(노심초사)
煤 (註)	그을음/석탄 매	火 9	1급	煤煙(매연) 煤氣(매기) 煤炭(매탄) 煤田(매전)
煙	연기/연기 낄/그을음/담배 연	火 9	4급Ⅱ	煙氣(연기) 吸煙(흡연) 太平烟月(태평연월)
熏	연기낄/탈/태울/황혼 훈	火 10	2급[名]	熏灼(훈작) 熏煮(훈자) 熏夕(훈석)

註 煤 ▶ 炭 숯/석탄/탄소 탄 p.171

熄	불꺼질/없어질	식
	火 10	1급
熄滅(식멸) 未熄(미식) 終熄(종식)		

燼	깜부기불/탄나머지/나머지	신
	火 14	1급
燼滅(신멸) 餘燼(여신) 灰燼(회신) 煙燼(연신)		

40. 水分 수분

水分수분 • 流動유동 • 燥濕조습 • 深淺심천 • 浮沈부침

水分 수분

水 註	물/평평할/수소/수성	수
	水 0	8급
水陸(수륙) 水平(수평) 水準(수준) 水素(수소)		

氷	얼음/얼	빙
	水 1	5급
氷河(빙하) 氷點(빙점) 月下氷人(월하빙인)		

汽	김/증기	기
	水 4	5급
汽車(기차) 汽船(기선) 汽笛(기적) 汽筒(기통)		

滴	물방울/물방울떨어질	적
	水 11	3급
水滴(수적) 餘滴(여적) 滴下(적하) 點滴(점적)		

溜	물방울/방울질	류
	水 10	1급
溜槽(유조) 蒸溜(증류) 分溜(분류) 乾溜(건류)		

泡	거품/물거품	포
	水 5	1급
泡沫(포말) 水泡(수포) 氣泡(기포) 發泡(발포)		

沫	거품/물거품/침/땀	말
	水 5	1급
水沫(수말) 飛沫(비말) 浮沫(부말) 噴沫(분말)		

流動 유동

流 註	흐를/흐르게할/흐름/귀양보낼/퍼질/갈래/품위	류
	水 7	5급
流水(유수) 流刑(유형) 流布(유포) 上流(상류)		

注	물댈/뜻둘/적을/주낼	주
	水 5	6급
注射(주사) 灌注(관주) 注意(주의) 注記(주기)		

衍	넘칠/퍼질/남을/넓힐	연
	行 3	2급[名]
衍溢(연일) 蔓衍(만연) 衍文(연문) 衍義(연의)		

註 水 ▶ 液 진/즙 액 p.171
註 流 ▶ 泌 분비할 비 // 샘물졸졸흐를 필 p.27

漢字	뜻	음	부수	획수	급수	용례
溢	넘칠/찰/지나칠	일	水	10	1급	溢流(일류) 充溢(충일) 溢血(일혈) 溢美(일미)
氾	넘칠/넓을/뜰/물이름	범	水	2	1급	氾濫(범람) 氾溢(범일) 氾論(범론) 氾水(범수)
濫	넘칠/지나칠/함부로	람	水	14	3급	汎濫(범람) 猥濫(외람) 濫用(남용) 濫發(남발)
滔	물넘칠/넓을	도	水	10	1급	滔天(도천) 滔滔(도도) 滔蕩(도탕)
漲	물불을	창	水	11	1급	漲水(창수) 漲溢(창일) 漲潮(창조) 漲濤(창도)
涌	물솟을/솟아날	용	水	7	1급	涌泉(용천) 涌溢(용일) * 湧과 同字
滲	스밀/샐	삼	水	11	1급	滲水(삼수) 滲透(삼투) 滲出(삼출) 滲漏(삼루)
漏	샐/빠뜨릴/물시계	루	水	11	3급 II	漏電(누전) 漏落(누락) 自擊漏(자격루)
洩	샐/훨훨날	설/예	水	6	1급	洩漏(설루) 洩洩(예예) 天機漏洩(천기누설)
泄	샐/설사할/날개칠/흩어질	설/예	水	5	1급	漏泄(누설) 泄症(설증) 排泄(배설) 泄泄(예예)
瀉	쏟을/게울/설사할	사	水	15	1급	吐瀉(토사) 泄瀉(설사) 一瀉千里(일사천리)
淋	물방울떨어질/임질	림	水	8	1급	淋漓(임리) 淋汗(임한) 淋疾(임질) 淋巴(임파)
灑	물뿌릴/깨끗할	쇄	水	19	1급	灑掃(쇄소) 灑塵(쇄진) 灑落(쇄락) 脫灑(탈쇄)
潑	물뿌릴/기세성할/무뢰배	발	水	12	1급	潑水(발수) 潑皮(발피) 潑剌(발랄) 活潑(활발)
洑	스며흐를/보	복/보	水	6	1급	洑流(복류) 民洑(민보) 洑稅(보세)

▼ 燥濕 조습

漢字	뜻	음	부수	획수	급수	용례
燥	마를/말릴	조	火	13	3급	燥濕(조습) 燥渴(조갈) 乾燥(건조) 焦燥(초조)
濕	축축할/습기	습	水	14	3급 II	濕潤(습윤) 濕氣(습기) 乾濕(건습) 濕度(습도)
潤	젖을/윤택할/이득/윤	윤	水	12	3급 II	浸潤(침윤) 潤澤(윤택) 潤氣(윤기) 利潤(이윤)

霑 젖을/적실 — 점
雨 8 | 1급
霑潤(점윤) 霑汗(점한)
霑醉(점취) 均霑(균점)

涵 젖을/잠길/적실 — 함
水 8 | 1급
涵育(함육) 涵泳(함영)
涵養薰陶(함양훈도)

深淺 심천

深 깊을/깊게 할/깊이 — 심
水 8 | 4급 II
深溝(심구) 水深(수심)
意味深長(의미심장)

濬 깊을/칠 — 준
水 14 | 2급[名]
濬池(준지) 濬潭(준담)
濬哲(준철) 濬川(준천)

泓 물깊을/웅덩이 — 홍
水 5 | 2급[名]
深泓(심홍) 陶泓(도홍)

滉 물깊고넓을 — 황
水 10 | 2급[名]
李滉(이황)

浚 칠/깊을 — 준
水 7 | 2급[名]
浚渫(준설) 浚井(준정)
浚照(준조) 浚谷(준곡)

渫 칠 — 설
水 9 | 1급
浚渫機(준설기)
浚渫船(준설선)

淺 얕을/엷을 — 천
水 8 | 3급 II
淺薄(천박) 深淺(심천)
日淺(일천) 淺紅(천홍)

浮沈 부침

沈 잠길/빠질/막힐 — 침; 성(姓) — 심
水 4 | 3급 II
沈沒(침몰) 沈溺(침닉)
沈滯(침체) 浮沈(부침)

浸 잠길/적실/밸 — 침
水 7 | 3급 II
侵水(침수) 浸禮(침례)
浸染(침염) 浸透(침투)

潛 잠길/숨을/몰래 — 잠
水 12 | 3급 II
潛水(잠수) 沈潛(침잠)
潛伏(잠복) 潛入(잠입)

汨 빠질 — 골; 물이름 — 멱
水 4 | 1급
汨沒(골몰) 渴汨(갈골)
汨羅水(멱라수)

沒 빠질/다할/죽을/없을/빼앗을 — 몰
水 4 | 3급 II
沒頭(몰두) 沒落(몰락)
生沒(생몰) 沒覺(몰각)

溺 빠질 — 닉
水 10 | 2급
溺死(익사) 溺愛(익애)
沒溺(몰닉) 焚溺(분닉)

湮	빠질/묻힐 인	水 9	1급	湮滅(인멸) 湮沒(인몰) 湮淪(인륜) 湮沈(인침)
淪	빠질/잔물결 륜	水 8	1급	淪落(윤락) 淪沒(윤몰) 沈淪(침륜) 淪漣(윤련)
浮	뜰/띄울/근거없을/덧없을 부	水 7	3급Ⅱ	浮言(부언) 浮生(부생) 輕佻浮薄(경조부박)
汎	뜰/띄울/넓을 범	水 3	2급	浮泛(부범) 汎游(범유) 汎愛(범애) 汎稱(범칭)
泛	뜰/띄울/넓을 범	水 5	1급	泛宅(범택) 泛舟(범주) 泛看(범간) 泛稱(범칭)
漂	떠다닐/빨래할 표	水 11	3급	漂流(표류) 漂說(표설) 浮漂(부표) 漂白(표백)
游	헤엄칠/놀 유	水 9	1급	浮游(부유) 回游(회유) 遊泳(유영) 游玩(유완)
泳	헤엄칠/헤엄 영	水 5	3급	泳法(영법) 水泳(수영) 競泳(경영) 平泳(평영)

41. 動物 동물

獸畜수축 • 馬匹마필 • 鳥類조류 • 魚類어류 • 蟲類충류

▼ 獸畜 수축

獸	짐승 수	犬 15	3급Ⅱ	獸慾(수욕) 野獸(야수) 人面獸心(인면수심)
角	뿔/모/각/구석/견줄/음계/뿔피리/쌍상투 각	角 0	6급	角度(각도) 角逐(각축) 角者無齒(각자무치)
皮 (註)	가죽/껍질 피	皮 0	3급Ⅱ	皮革(피혁) 脫皮(탈피) 鐵面皮(철면피)
革	가죽/고칠/팔음의하나 혁	革 0	4급	革帶(혁대) 革命(혁명) 改革(개혁) 革音(혁음)
韋	다룸가죽/가죽 위	韋 0	2급[名]	韋布(위포) 韋革(위혁) 韋編三絶(위편삼절)
尾	꼬리/끝/뒤/흘레할/별이름/마리 미	尸 4	3급Ⅱ	首尾(수미) 交尾(교미) 魚頭肉尾(어두육미)

註 皮 ▶ 毛 털/풀 모 p.23

漢字	훈	음	부수	획수	급수	용례
牡	수컷	모	牛	3	1급	牡痔(모치) 牝牡(빈모) 牝牡驪黃(빈모여황)
吼	울	후	口	4	1급	一吼(일후) 悲吼(비후) 獅子吼(사자후)
咆	으르렁거릴	포	口	5	1급	咆哮(포효)
哮	으르렁거릴	효	口	7	1급	哮咆(효포) 哮吼(효후)
鼠	쥐/근심할	서	鼠	0	1급	鼠輩(서배) 鼠思(서사) 城狐社鼠(성호사서)
牛	소/별이름	우	牛	0	5급	牛耕(우경) 牽牛(견우) 牛耳讀經(우이독경)
丑	소/둘째지지 / 이름	축 / 추	一	3	3급	丑時(축시) 乙丑(을축) 公孫丑(공손추)
虎	범	호	虍	2	3급 II	虎皮(호피) 猛虎(맹호) 三人成虎(삼인성호)
寅	셋째지지/동방/공경할	인	宀	8	3급	甲寅(갑인) 寅年(인년) 寅念(인념)
兔	토끼/달	토	儿	6	3급 II	狡兔(교토) 兔影(토영) * 兎의 本字
卯	넷째지지/토끼	묘	卩	3	3급	卯方(묘방) 卯日(묘일) 己卯(기묘) 乙卯(을묘)
龍	용/임금	룡	龍	0	4급	恐龍(공룡) 龍床(용상) 龍虎相搏(용호상박)
蛟	교룡	교	虫	6	1급	蛟蛇(교사) 潛蛟(잠교) 蛟龍得水(교룡득수)
蟠	서릴	반	虫	12	1급	蟠龍(반룡) 蟠桃(반도)
蛇	뱀	사	虫	5	3급 II	蛇足(사족) 毒蛇(독사) 龍頭蛇尾(용두사미)
巳	뱀/여섯째지지	사	己	0	3급	巳時(사시) 乙巳(을사)
羊	양	양	羊	0	4급 II	羊毛(양모) 牛羊(우양) 贖罪羊(속죄양)
猿	원숭이	원	犬	10	1급	猿臂(원비) 猿猴(원후) 犬猿之間(견원지간)

漢字	훈	음	부수	획수	급수	용례
狙	원숭이/노릴	저	犬	5	1급	猿狙(원저) 狙擊(저격)
申	납/아홉째지지/펼/알릴	신	田	0	4급II	甲申(갑신) 申告(신고) 上申(상신) 內申(내신)
犬	개	견	犬	0	4급	犬公(견공) 忠犬(충견) 犬馬之勞(견마지로)
狗	개	구	犬	5	3급	黃狗(황구) 走狗(주구) 堂狗風月(당구풍월)
尨	삽살개/클	방	尢	4	1급	尨犬(방견) 青尨(청방) 尨大(방대) 尨然(방연)
戌	개/열한째지지	술	戈	2	3급	戌時(술시) 戊戌政變(무술정변)
豚	돼지	돈	豕	4	3급	豚兒(돈아) 養豚(양돈) 豚蹄穰田(돈제양전)
豬	돼지/멧돼지	저	豕	9	1급	豬突(저돌) 豬勇(저용) 豬肉(저육) 野豬(야저)
亥	돼지/열두째지지	해	亠	4	3급	辛亥(신해) 癸亥(계해)
猫	고양이	묘	犬	9	1급	猫兒(묘아) 犬猫(견묘) 窮鼠囓猫(궁서설묘)
獅	사자	사	犬	10	1급	獅子(사자) 獅孫(사손)
豹	표범	표	豸	3	1급	豹皮(표피) 虎豹(호표) 君子豹變(군자표변)
熊	곰	웅	火	10	2급[名]	熊膽(웅담) 熊掌(웅장) 大熊座(대웅좌)
象	코끼리/상아/모양/본뜰	상	豕	5	4급	現象(현상) 象形(상형) 群盲撫象(군맹무상)
犀	무소/코뿔소	서	牛	8	1급	犀牛(서우) 犀角(서각) 犀帶(서대) 木犀(목서)
麒	기린	기	鹿	8	2급[名]	麒麟(기린) 麒麟兒(기린아)
麟	기린	린	鹿	12	2급[名]	麟角(인각) 鳳麟芝蘭(봉린지란)
駱	낙타/가리온	락	馬	6	1급	駱駝(낙타) 駱馬(낙마)

漢字	훈	음	부수	획수	급수	용례
駝	낙타/곱사등이	타	馬	5	1급	駝峰(타봉) 駝背(타배)
鹿	사슴	록	鹿	0	3급	鹿角(녹각) 逐鹿(축록) 指鹿爲馬(지록위마)
獐	노루	장	犬	11	2급[名]	獐茸(장용) 獐足(장족) 獐腋(장액) 獐毛(장모)
麝	사향노루	사	鹿	10	1급	麝香(사향) 麝鹿(사록) 蘭麝(난사)
狐	여우	호	犬	5	1급	狐媚(호미) 白狐(백호) 狐假虎威(호가호위)
豺	승냥이	시	豸	3	1급	豺狼(시랑) 豺狐(시호)
狼	이리/어지러울	랑	犬	7	1급	虎狼(호랑) 狼藉(낭자) 狼子野心(낭자야심)
貂	담비	초	豸	5	1급	黑貂(흑초) 續貂(속초) 狗尾續貂(구미속초)
龜	거북/나라이름/틀/터질	귀/구/균	龜	0	3급	龜甲(귀갑) 龜鑑(귀감) 龜玆(구자) 龜裂(균열)
鼈	자라	별	黽	12	1급	龜鼈(귀별) 魚鼈(어별) 跛鼈千里(파별천리)
蟾	두꺼비/달	섬	虫	13	2급[名]	蟾蛇(섬사) 蟾兔(섬토) 蟾津江(섬진강)

▼ 馬匹 마필

漢字	훈	음	부수	획수	급수	용례
馬	말	마	馬	0	5급	馬匹(마필) 種馬(종마) 騎馬(기마) 乘馬(승마)
駿	준마/뛰어날/빠를	준	馬	7	2급[名]	駿馬(준마) 駿良(준량) 駿足(준족) 駿犬(준견)
騏	털총이/준마	기	馬	8	2급[名]	騏驥(기기) 騏麟(기린)
驥	천리마/준마	기	馬	16	2급[名]	驥足(기족) 駿驥(준기) 驥服鹽車(기복염거)
驪	가라말/검을	려	馬	19	2급[名]	驪駒(여구) 驪龍(여룡) 驪州(여주)
駁	얼룩말/섞일/논박할	박	馬	4	1급	駁馬(박마) 駁雜(박잡) 甲論乙駁(갑론을박)

駑	둔한말/둔할	노
	馬 5	1급
罷駑(파노) 駑鈍(노둔) 駑馬十駕(노마십가)		

駒	망아지	구
	馬 5	1급
駒馬(구마) 駒隙(구극) 白駒過隙(백구과극)		

駙	곁말/부마	부
	馬 5	1급
駙馬(부마) 駙馬都尉(부마도위)		

騎	말탈/기병	기
	馬 8	3급 II
單騎(단기) 騎士(기사) 騎虎之勢(기호지세)		

蹄	굽/올무	제
	足 9	1급
蹄鐵(제철) 馬蹄(마제) 霜蹄(상제) 筌蹄(전제)		

鞍	안장	안
	革 6	1급
鞍裝(안장) 鞍馬(안마) 鞍部(안부) 鞍囊(안낭)		

銜	재갈/머금을/직함	함
	金 6	1급
馬銜(마함) 銜枚(함매) 職銜(직함) 名銜(명함)		

勒	굴레/억지로할/다스릴	륵
	力 9	1급
銜勒(함륵) 勒婚(늑혼) 勒奪(늑탈) 勒兵(늑병)		

羈	굴레/맬/나그네	기
	网 19	1급
羈絆(기반) 羈束(기속) 不羈(불기) 羈寓(기우)		

鞭	채찍/매질할	편
	革 9	1급
敎鞭(교편) 鞭撻(편달) 走馬加鞭(주마가편)		

廏	마구간	구
	广 11	1급
廏舍(구사) 馬廏(마구) 馬廏間(마구간)		

▼

鳥類
조류

鳥	새	조
	鳥 0	4급 II
鳥類(조류) 花鳥(화조) 窮鳥入懷(궁조입회)		

禽	날짐승	금
	禸 8	3급 II
禽獸(금수) 猛禽(맹금) 良禽擇木(양금택목)		

羽	깃/날개/새/음이름	우
	羽 0	3급 II
羽毛(우모) 羽化(우화) 羽族(우족) 羽調(우조)		

翼	날개/도울/별이름	익
	羽 11	3급 II
銀翼(은익) 翼戴(익대) 比翼連理(비익연리)		

卵	알/기를	란
	卩 5	4급
卵子(난자) 卵育(난육) 鷄卵有骨(계란유골)		

蛋	새알/오랑캐이름	단
	虫 5	1급
蛋黃(단황) 蛋民(단민) 蛋白質(단백질)		

漢字	훈	음	부수	획수	급수	용례
孵	알깔	부	子	11	1급	孵化(부화) 孵卵(부란)
喙	부리	훼	口	9	1급	容喙(용훼) 烏喙(오훼) 喙長三尺(훼장삼척)
巢	새집/보금자리/깃들일	소	巛	8	2급[名]	巢窟(소굴) 歸巢(귀소) 巢毁卵破(소훼난파)
鷄	닭	계	鳥	10	4급	鷄冠(계관) 養鷄(양계) 鷄口牛後(계구우후)
酉	닭/열째지지	유	酉	0	3급	酉生(유생) 乙酉(을유) 丁酉再亂(정유재란)
鴨	오리	압	鳥	5	2급[名]	家鴨(가압) 野鴨(야압) 鴨綠江(압록강)
燕	제비/편안할/나라이름	연	火	12	3급 II	燕息(연식) 燕京(연경) 魚目燕石(어목연석)
雀	참새/뛸	작	隹	3	1급	燕雀(연작) 孔雀(공작) 歡呼雀躍(환호작약)
烏	까마귀/검을/어찌	오	火	6	3급 II	烏鷄(오계) 烏有(오유) 烏合之卒(오합지졸)
鵲	까치	작	鳥	8	1급	鵲報(작보) 扁鵲(편작) 烏鵲橋(오작교)
雉	꿩	치	隹	5	2급[名]	生雉(생치) 乾雉(건치) 春雉自鳴(춘치자명)
鳩	비둘기/모을	구	鳥	2	1급	傳書鳩(전서구) 鳩首會議(구수회의)
鷗	갈매기	구	鳥	11	2급	鷗盟(구맹) 白鷗(백구) 江鷗(강구) 海鷗(해구)
鷺	해오라기/백로	로	鳥	12	2급[名]	鷺序(노서) 白鷺(백로) 鷗鷺(구로) 烏鷺(오로)
鶴	두루미/흴	학	鳥	10	3급 II	仙鶴(선학) 鶴髮(학발) 群鷄一鶴(군계일학)
雁	기러기	안	隹	4	3급	雁書(안서) 木雁(목안) 沈魚落雁(침어낙안)
鴻	큰기러기/클	홍	鳥	6	3급	鴻鵠(홍곡) 鴻恩(홍은) 雪泥鴻爪(설니홍조)
鵠	고니/과녁	곡	鳥	7	1급	鵠志(곡지) 正鵠(정곡) 貴鵠賤鷄(귀곡천계)

鷹 매 응 | 鳥 13 | 2급[名]
鷹坊(응방) 鷹視(응시)
鷹犬(응견) 鷹揚(응양)

鳶 솔개/연 연 | 鳥 3 | 1급
紙鳶(지연) 飛鳶(비연)
鳶飛魚躍(연비어약)

鵑 두견이/소쩍새/진달래 견 | 鳥 7 | 1급
杜鵑(두견)
杜鵑花(두견화)

鶯 꾀꼬리 앵 | 鳥 10 | 1급
鶯歌(앵가) 鶯遷(앵천)
老鶯(노앵) 晩鶯(만앵)

鴛 원앙/수원앙새 원 | 鳥 5 | 1급
鴛鴦(원앙) 鴛侶(원려)
鴛鴦衾枕(원앙금침)

鴦 원앙/암원앙새 앙 | 鳥 5 | 1급
鴦衾(앙금)
鴛鴦之契(원앙지계)

翡 물총새/비취 비 | 羽 8 | 1급
翡翠(비취) 翡玉(비옥)
翡色(비색)

翠 물총새/푸를/비취 취 | 羽 8 | 1급
翠鳥(취조) 翠色(취색)
積翠(적취) 翠玉(취옥)

鳳 봉새/수봉황새 봉 | 鳥 3 | 3급Ⅱ
鳳兒(봉아) 鳳雛(봉추)
鳳仙花(봉선화)

凰 봉새/암봉황새 황 | 几 9 | 1급
鳳凰(봉황)
鳳凰樓(봉황루)

鸞 난새 란 | 鳥 19 | 1급
鸞鳥(난조) 鸞鳳(난봉)
鸞駕(난가) 鸞殿(난전)

鵬 붕새 붕 | 鳥 8 | 2급[名]
鵬翼(붕익) 鵬圖(붕도)
鵬程萬里(붕정만리)

魚類 어류

魚 고기 어 | 魚 0 | 5급
魚群(어군) 鮮魚(선어)
水魚之交(수어지교)

鱗 비늘 린 | 魚 12 | 1급
魚鱗(어린) 逆鱗(역린)
銀鱗玉尺(은린옥척)

鯨 고래 경 | 魚 8 | 1급
鯨呑(경탄) 鯨油(경유)
鯨波(경파) 捕鯨(포경)

鰍 미꾸라지 추 | 魚 9 | 1급
鰍魚(추어) 鰍湯(추탕)
鰍魚湯(추어탕)

鰻 뱀장어 만 | 魚 11 | 1급
養鰻(양만) 海鰻(해만)

漁 고기잡을 어 | 水 11 | 5급
漁業(어업) 出漁(출어)
漁父之利(어부지리)

撈	건져낼/잡을/끙게	로
	手 12	1급
漁撈(어로) 曳撈(예로)		

網	그물/그물질할	망
	糸 8	2급
網羅(망라) 法網(법망) 一網打盡(일망타진)		

釣	낚시/낚을	조
	金 3	2급
釣絲(조사) 釣竿(조간) 釣魚(조어) 釣名(조명)		

鉤	갈고리/낚싯바늘/갉아당길	구
	金 5	1급
鉤曲(구곡) 釣鉤(조구) 鉤距(구거) 鉤索(구색)		

蟲類 충류

蟲 註	벌레	충
	虫 12	4급 II
蟲齒(충치) 蟲媒(충매) 害蟲(해충) 驅蟲(구충)		

蜂	벌	봉
	虫 7	3급
蜂起(봉기) 蜂針(봉침) 蜂巢(봉소) 蜜蜂(밀봉)		

蠟	밀/밀초	랍
	虫 15	1급
蜜蠟(밀랍) 蜂蠟(봉랍) 鯨蠟(경랍) 蠟燭(납촉)		

蝶	나비	접
	虫 9	3급
蝶泳(접영) 蜂蝶(봉접) 胡蝶之夢(호접지몽)		

螢	개똥벌레/반디	형
	虫 10	3급
螢光(형광) 螢案(형안) 螢雪之功(형설지공)		

蚊	모기	문
	虫 4	1급
蚊蠅(문승) 蚊帳(문장) 見蚊拔劍(견문발검)		

蜚	바퀴/날	비
	虫 8	1급
蜚蠊(비렴) 蜚語(비어) 流言蜚語(유언비어)		

螳	버마재비/사마귀	당
	虫 11	1급
螳螂(당랑) 螳螂拒轍(당랑거철)		

蠶	누에	잠
	虫 18	2급
蠶農(잠농) 蠶絲(잠사) 蠶食(잠식) 養蠶(양잠)		

繅	고치켤 야청비단	소 조
	糸 13	1급
繅繭(소견) 繅絲(조사) 繅綿(조면) 繅出(조출)		

繭	고치	견
	糸 13	1급
繭絲(견사) 繭紬(견주) 繭蠶(견잠) 蠶繭(잠견)		

蚓	지렁이	인
	虫 4	1급
蚯蚓(구인) 春蚓秋蛇(춘인추사)		

註 蟲 ▶ 昆 맏/자손/많을/벌레 곤 p.123

蝸	달팽이	와
	虫 9	1급
蝸牛(와우) 蝸廬(와려) 蝸角之爭(와각지쟁)		

螟	마디충	명
	虫 10	1급
螟蟲(명충) 螟蛾(명아) 二化螟蟲(이화명충)		

蛔	거위/회	회
	虫 6	1급
蛔蟲(회충) 蛔痛(회통) 蛔藥(회약) 動蛔(동회)		

蠢	꿈틀거릴/어리석을	준
	虫 15	1급
蠢動(준동) 蠢然(준연) 蠢愚(준우) 愚蠢(우준)		

42. 植物 식물

樹木수목 • 木本목본 • 木製목제 • 草本초본 • 花卉화훼 • 實果실과

▼
樹木
수목

木	나무/뻣뻣할/질박할/무명/별이름	목
	木 0	8급
木草(목초) 痲木(마목) 木訥(목눌) 布木(포목)		

樹	나무/심을/세울	수
	木 12	6급
植樹(식수) 樹立(수립) 風樹之嘆(풍수지탄)		

林	수풀/많을	림
	木 4	7급
樹林(수림) 森林(삼림) 儒林(유림) 林立(임립)		

森	나무빽빽할/엄숙할/늘어설	삼
	木 8	3급 II
森嚴(삼엄) 森列(삼렬) 森羅萬象(삼라만상)		

株	그루/주식	주
	木 6	3급 II
原株(원주) 柱式(주식) 守株待兎(수주대토)		

根	뿌리/근본/밑동/근	근
	木 6	6급
着根(착근) 根源(근원) 山根(산근) 根式(근식)		

幹	줄기/몸/재능/맡을	간
	干 10	3급 II
根幹(근간) 軀幹(구간) 才幹(재간) 幹事(간사)		

莖	줄기/대	경
	艸 7	1급
莖葉(경엽) 根莖(근경) 球莖(구경) 陰莖(음경)		

條	가지/조리/조목/통할	조
	木 7	4급
鐵條(철조) 條理(조리) 條約(조약) 條達(조달)		

字	訓	音	部首·획수	급수	용례
枝	가지/버틸 육손이	지 기	木 4	3급Ⅱ	枝梧(지오) 枝指(기지) 金枝玉葉(금지옥엽)
柯	가지	가	木 5	2급[名]	柯葉(가엽) 交柯(교가) 南柯一夢(남가일몽)
梢	나무끝	초	木 7	1급	梢頭(초두) 梢溝(초구) 末梢(말초) 枝梢(지초)
蔓	덩굴/덩굴 질/퍼질	만	艸 11	1급	蔓莖(만경) 蔓草(만초) 蔓生(만생) 蔓延(만연)
葉	잎/대/장 성(姓)/땅 이름	엽 섭	艸 9	5급	枝葉(지엽) 中葉(중엽) 一葉(일엽) 葉適(섭적)
種	씨/종류/심 을	종	禾 9	5급	種子(종자) 品種(품종) 種瓜得瓜(종과득과)
核	씨/알맹이/ 핵	핵	木 6	4급	核果(핵과) 核心(핵심) 核武器(핵무기)
苗	모/싹/자손 /종족이름	묘	艸 5	3급	苗木(묘목) 種苗(종묘) 苗裔(묘예) 苗族(묘족)
萌	싹/싹틀	맹	艸 8	1급	萌芽(맹아) 萌動(맹동) 杜漸防萌(두점방맹)
芽	싹/싹틀	아	艸 4	3급Ⅱ	發芽(발아) 胚芽(배아) 麥芽(맥아) 出芽(출아)
茂	무성할/우 거질/빼어날	무	艸 5	3급Ⅱ	茂盛(무성) 茂蔭(무음) 茂才(무재) 茂士(무사)
蔚	빽빽할/고 을이름 제비쑥/성할	울 위	艸 11	2급[名]	蔚然(울연·위연) 蔚山(울산)
茸	우거질/녹 용/어리석 을/잔털	용	艸 6	1급	茸茸(용용) 鹿茸(녹용) 茸闒(용탑) 毛茸(모용)
蕃	우거질/무 성할/불을/ 오랑캐	번	艸 12	1급	蕃茂(번무) 蕃盛(번성) 蕃殖(번식) 蕃國(번국)
枯	마를	고	木 5	3급	枯木(고목) 枯葉(고엽) 榮枯盛衰(영고성쇠)
凋	시들/느른 할	조	冫 8	1급	凋落(조락) 枯凋(고조) 萎凋(위조) 凋兵(조병)
萎	시들/병들	위	艸 8	1급	萎縮(위축) 萎病(위병) 凋萎(조위) 衰萎(쇠위)

木本 목본

漢字	훈	음	부수	획수	급수	용례
松	소나무/솔	송	木	4	4급	松葉(송엽) 松津(송진) 松蟲(송충) 老松(노송)
竹	대/피리/대쪽	죽	竹	0	4급Ⅱ	絲竹(사죽) 竹帛(죽백) 竹馬故友(죽마고우)
筍	죽순	순	竹	6	1급	竹筍(죽순) 石筍(석순) 雨後竹筍(우후죽순)
楊	버들/버드나무	양	木	9	3급	楊柳(양류) 綠楊(녹양) 垂楊(수양) 白楊(백양)
柳	버들/별이름	류	木	5	4급	垂柳(수류) 細柳(세류) 花柳(화류) 柳星(유성)
檀	박달나무	단	木	13	4급Ⅱ	檀君(단군) 檀紀(단기) 黑檀(흑단) 紫檀(자단)
楓	단풍/단풍나무	풍	木	9	3급Ⅱ	楓葉(풍엽) 楓嶽(풍악) 丹楓(단풍) 觀楓(관풍)
桑	뽕나무	상	木	6	3급Ⅱ	桑葉(상엽) 扶桑(부상) 桑田碧海(상전벽해)
桂	계수나무	계	木	6	3급Ⅱ	桂樹(계수) 桂皮(계피) 月桂冠(월계관)
葛	칡	갈	艸	9	2급	葛藤(갈등) 葛根(갈근) 葛布(갈포) 葛巾(갈건)
藤	등나무	등	艸	15	2급	藤柳(등류) 藤架(등가) 藤床(등상) 紫藤(자등)
柏	측백나무/잣나무	백	木	5	2급	側柏(측백) 冬柏(동백) 松茂柏悅(송무백열)
檜	노송나무	회	木	13	2급[名]	檜木(회목) 檜皮(회피)
梧	벽오동나무/거문고/버팀	오	木	7	2급	梧桐(오동) 梧葉(오엽) 梧下(오하) 枝梧(지오)
桐	오동나무/거문고	동	木	6	2급	桐梓(동재) 桐油(동유) 靑桐(청동) 桐君(동군)
楸	개오동나무/가래나무/바둑판	추	木	9	2급[名]	楸木(추목) 楸下(추하) 楸行(추행) 楸枰(추평)
楡	느릅나무	유	木	9	2급[名]	楡柳(유류) 桑楡(상유) 楡莢錢(유협전)
椿	참죽나무/아버지	춘	木	9	2급[名]	椿壽(춘수) 大椿(대춘) 椿姬(춘희) 椿堂(춘당)

楨 광나무 정 / 木 9 / 2급[名]
楨幹(정간)

槐 회화나무/삼공의자리 괴 / 木 10 / 2급[名]
槐木(괴목) 槐夢(괴몽) 槐位(괴위) 三槐(삼괴)

樺 자작나무 화 / 木 12 / 2급[名]
樺榴欌(화류장)

枸 구기자 구 / 木 5 / 1급
枸橘(구귤) 枸木(구목) 枸杞子(구기자)

杞 구기자/버들/소태나무/나라이름 기 / 木 3 / 1급
枸杞(구기) 杞柳(기류) 杞憂(기우)

枋 다목/박달나무 방 / 木 4 / 1급
引枋(인방) 中枋(중방)

棠 아가위/팥배나무 당 / 木 8 / 1급
棠軒(당헌) 棠梨(당리) 海棠花(해당화)

橙 등자나무 등 / 木 12 / 1급
橙子(등자) 橙色(등색) 橙黃(등황)

荊 가시나무/가시/땅이름 형 / 艸 6 / 1급
荊棘(형극) 荊妻(형처) 負荊請罪(부형청죄)

棘 가시나무/멧대추나무 극 / 木 8 / 1급
棘針(극침) 棘皮(극피) 棘圍(극위) 蒙棘(몽극)

▼ 木製 목제

材 재목/자품/재능 재 / 木 3 / 5급
材木(재목) 材料(재료) 好材(호재) 人材(인재)

板 널/판목 판 / 木 4 / 5급
板子(판자) 黑板(흑판) 看板(간판) 木板(목판)

床 평상/마루 상 / 广 4 / 4급 II
盤床(반상) 兼床(겸상) 同床異夢(동상이몽)

椅 의자 의 / 木 8 / 1급
椅子(의자) 高椅(고의) 交椅(교의)

架 시렁/건너지르를 가 / 木 5 / 3급 II
書架(서가) 架橋(가교) 十字架(십자가)

棚 시렁/잔교/누각 붕 / 木 8 / 1급
棚棧(붕잔) 山棚(산붕) 大陸棚(대륙붕)

한자	훈	음	부수	획수	급수	용례
柄	자루/권세	병	木	5	2급[名]	身柄(신병) 果柄(과병) 柄臣(병신) 權柄(권병)
杆	몽둥이/지레	간	木	3	2급[名]	欄干(난간) 槍杆(창간) 槓杆(공간)
棍	몽둥이/곤장	곤	木	8	1급	棍棒(곤봉) 棍杖(곤장) 治盜棍(치도곤)
棒	몽둥이	봉	木	8	1급	棒術(봉술) 鐵棒(철봉) 針小棒大(침소봉대)
椎	몽치/칠/등뼈	추	木	8	1급	鐵椎(철추) 椎擊(추격) 脊椎(척추) 腰椎(요추)
槌	몽치/칠 던질/망치	추 퇴	木	10	1급	槌骨(추골) 槌碎(추쇄) 角槌(각퇴) 鐵槌(철퇴)
杖	지팡이/장형	장	木	3	1급	竹杖(죽장) 短杖(단장) 杖刑(장형) 杖毒(장독)
竿	장대	간	竹	3	1급	旗竿(기간) 釣竿(조간) 百尺竿頭(백척간두)
梯	사닥다리	제	木	7	1급	梯隊(제대) 階梯(계제) 登樓去梯(등루거제)
栓	나무못/마개	전	木	6	1급	血栓(혈전) 密栓(밀전) 消火栓(소화전)
柴	섶/울타리	시	木	5	2급[名]	柴炭(시탄) 柴糧(시량) 柴扉(시비) 柴門(시문)
薪	섶나무/땔나무	신	艸	13	1급	薪木(신목) 薪炭(신탄) 臥薪嘗膽(와신상담)
樵	나무할/땔나무/나무꾼	초	木	12	1급	樵夫(초부) 漁樵(어초) 採樵(채초) 樵笛(초적)

▼ 草本 초본

한자	훈	음	부수	획수	급수	용례
草	풀/거칠/초잡을/시작할/처음/초서	초	艸	6	7급	草食(초식) 草略(초략) 草案(초안) 草創(초창)
卉	풀	훼	十	3	1급	花卉(화훼) 百卉(백훼) 嘉卉(가훼) 枯卉(고훼)
茶	차	다·차	艸	6	3급Ⅱ	茶道(다도) 茶房(다방) 茶禮(차례) 綠茶(녹차)

蘭 난초 란 | 艸 17 | 3급 II
蘭草(난초) 蘭言(난언)
金蘭之契(금란지계)

芝 지초 지 | 艸 4 | 2급[名]
芝草(지초) 芝蘭(지란)
蘭芝(난지) 靈芝(영지)

蘆 갈대 로 | 艸 16 | 2급[名]
蘆田(노전) 蘆汀(노정)
依樣葫蘆(의양호로)

蔘 인삼/삼 삼 | 艸 11 | 2급
蔘茸(삼용) 人蔘(인삼)
山蔘(산삼) 海蔘(해삼)

艾 쑥/늙은이/예쁠 애, 다스릴 예 | 艸 2 | 2급[名]
艾葉(애엽) 艾年(애년)
少艾(소애) 艾安(예안)

蓬 쑥/흐트러질 봉 | 艸 11 | 2급[名]
蓬艾(봉애) 蓬髮(봉발)
麻中之蓬(마중지봉)

萊 명아주/묵정밭 래 | 艸 8 | 2급[名]
蓬萊(봉래) 萊蕪(내무)
老萊之戱(노래지희)

芸 운향/김맬 운 | 艸 4 | 2급[名]
芸香(운향) 芸窓(운창)
芸閣(운각) 芸夫(운부)

薰 향풀/향내/태울/온화할/훈자할 훈 | 艸 14 | 2급[名]
香薰(향훈) 薰蒸(훈증)
薰風(훈풍) 薰炙(훈자)

茅 띠 모 | 艸 5 | 2급[名]
茅草(모초) 茅屋(모옥)
茅舍(모사) 茅堂(모당)

荀 풀이름 순 | 艸 6 | 2급[名]
荀子(순자) 孟荀(맹순)

莞 왕골 완, 빙그레웃을 완 | 艸 7 | 2급[名]
莞草(완초) 莞島(완도)
莞爾(완이)

芥 겨자/티끌 개 | 艸 4 | 1급
芥子(개자) 靑芥(청개)
芥塵(개진) 草芥(초개)

芭 파초 파 | 艸 4 | 1급
芭蕉(파초)
芭蕉扇(파초선)

蕉 파초 초 | 艸 12 | 1급
蕉葉(초엽) 蕉布(초포)
蕉鹿夢(초록몽)

菖 창포 창 | 艸 8 | 1급
菖蒲(창포) 白菖(백창)

蒲 부들 포 | 艸 10 | 1급
蒲月(포월) 蒲節(포절)
蒲柳之質(포류지질)

菱 마름 릉 | 艸 8 | 1급
菱花(능화) 菱形(능형)
菱荷(능하) 鐵菱(철릉)

한자	뜻	음	부수	획수	급수	용례
萍	개구리밥	평	艹	8	1급	萍實(평실) 流萍(유평) 浮萍草(부평초)
蔗	사탕수수	자	艹	11	1급	蔗糖(자당) 甘蔗(감자) 蔗境(자경)
苔 註	이끼	태	艹	5	1급	蘚苔(선태) 海苔(해태) 舌苔(설태) 齒苔(치태)

▼ 花卉 화훼

한자	뜻	음	부수	획수	급수	용례
庭	뜰/마당/집안/조정	정	广	7	6급	庭園(정원) 校庭(교정) 家庭(가정) 庭爭(정쟁)
園	동산/밭/무덤	원	口	10	6급	園藝(원예) 陵園(능원) 桃園結義(도원결의)
苑	동산/나라동산	원	艹	5	2급	秘苑(비원) 後苑(후원) 筆苑(필원) 藝苑(예원)
花	꽃/꽃다울	화	艹	4	7급	生花(생화) 花容(화용) 落花流水(낙화유수)
英	꽃부리/뛰어날/영국	영	艹	5	6급	群英(군영) 英靈(영령) 英才(영재) 英美(영미)
芳	꽃다울/향내/향내날	방	艹	4	3급 II	芳年(방년) 芳香(방향) 綠陰芳草(녹음방초)
葯	꽃밥	약	艹	9	1급	葯胞(약포) 多胞葯(다포약)
梅	매화/매화나무/장마	매	木	7	3급 II	梅實(매실) 梅雨(매우) 望梅解渴(망매해갈)
菊	국화	국	艹	8	3급 II	黃菊(황국) 菊版(국판) 梅蘭菊竹(매란국죽)
槿	무궁화/무궁화나무	근	木	11	2급[名]	槿花(근화) 槿域(근역) 木槿(목근) 朝槿(조근)
蓮 註	연/연밥	련	艹	11	3급 II	蓮塘(연당) 睡蓮(수련) 木蓮(목련) 蓮肉(연육)
芙	연꽃/부용	부	艹	4	1급	芙蓉(부용) 太液芙蓉(태액부용)
蓉	연꽃/부용	용	艹	10	1급	芙蓉姿(부용자) 阿芙蓉(아부용)
薔	장미	장	艹	13	1급	薔薇(장미)
薇	고비/장미	미	艹	13	1급	採薇(채미) 薔薇(장미)

註 苔 ▶ 菌 버섯/세균 균 p.215
註 蓮 ▶ 荷 멜/연/짐 하 p.234

字	뜻	음	부수/획수	급수	용례
芍	작약/함박꽃	작	艸 3	1급	芍藥(작약)
葵	해바라기/아욱/접시꽃	규	艸 9	1급	葵花(규화) 錦葵(금규) 蜀葵(촉규)

▼ 實果 실과

字	뜻	음	부수/획수	급수	용례
實	열매/익을/참/참으로/찰/채울/속	실	宀 11	5급	結實(결실) 虛實(허실) 實存(실존) 充實(충실)
果	실과/결과/과단성있을/과연	과	木 4	6급	實果(실과) 因果(인과) 果敢(과감) 果然(과연)
菓	실과/과자	과	艸 8	2급	菓品(과품) 菓子(과자) 茶菓(다과) 氷菓(빙과)
桃	복숭아/복숭아나무	도	木 6	3급II	桃花(도화) 桃李(도리) 武陵桃源(무릉도원)
李	오얏/성(姓)/심부름꾼	리	木 3	6급	李花(이화) 行李(행리) 張三李四(장삼이사)
葡	포도/포도나무	포	艸 9	2급[名]	葡萄(포도) 葡萄糖(포도당)
萄	포도/포도나무	도	艸 8	1급	乾葡萄(건포도) 葡萄酒(포도주)
杏	살구/은행	행	木 3	2급[名]	杏仁(행인) 杏花(행화) 杏林(행림) 銀杏(은행)
櫻	앵두/앵두나무	앵	木 17	1급	櫻桃(앵도) 櫻脣(앵순) 櫻花(앵화) 櫻月(앵월)
棗	대추/대추나무	조	木 8	1급	乾棗(건조) 梨棗(이조) 讓棗推梨(양조추리)
栗	밤/밤나무/떨	률	木 6	3급II	栗刺(율자) 栗谷(율곡) 生栗(생률) 栗烈(율렬)
梨	배/배나무	리	木 7	3급	梨花(이화) 梨園(이원) 烏飛梨落(오비이락)
柹	감/감나무	시	木 5	1급	紅柹(홍시) 乾柹(건시) 棗栗梨柹(조율이시)
柑	홍귤나무/감자나무	감	木 5	1급	柑子(감자) 柑橘(감귤) 蜜柑(밀감)
橘	귤/귤나무	귤	木 12	1급	橘餠(귤병) 橘井(귤정) 南橘北枳(남귤북지)

枳	탱자	지·기
	木 5	1급

枳殼(지각·기각) 橘化爲枳(귤화위지)

柚	유자 바디	유 축
	木 5	1급

柚子(유자) 橘柚(귤유) 杼柚(저축)

43. 鑛物 광물

巖石암석 • 鐵鋼철강 • 寶玉보옥

▼ 巖石 암석

巖	바위/가파를/석굴	암
	山 20	3급 II

巖石(암석) 巖盤(암반) 巖壁(암벽) 巖居(암거)

石	돌/섬	석
	石 0	6급

定石(정석) 萬石(만석) 一石二鳥(일석이조)

礫	조약돌/자갈	력
	石 15	1급

礫巖(역암) 石礫(석력) 沙礫(사력) 角礫(각력)

磁	자석/사기그릇	자
	石 9	2급

磁石(자석) 磁極(자극) 磁氣(자기) 磁器(자기)

礪	숫돌/갈	려
	石 15	2급[名]

礪石(여석) 磨礪(마려)

砧	다듬잇돌	침
	石 5	1급

砧聲(침성) 砧石(침석) 砧杵(침저)

碌	돌많을/따를	록
	石 8	1급

碌碌(녹록)

磊	돌무더기/뜻클	뢰
	石 10	1급

磊磊(뇌뢰) 磊落壯烈(뇌락장렬)

▼ 鐵鋼 철강

鐵 (註)	쇠/무기/단단할	철
	金 13	5급

鐵物(철물) 鐵則(철칙) 寸鐵殺人(촌철살인)

鋼	강철	강
	金 8	3급 II

鋼鐵(강철) 鐵鋼(철강) 鋼管(강관) 製鋼(제강)

銑	무쇠/끌	선
	金 6	1급

銑鐵(선철) 銑鋼(선강)

註 鐵 ▶ 金 쇠/금/금빛/돈/금나라 금 // 성(姓) 김 p.172

鑛 쇳돌/광산 **광** | 金 15 | 4급
鑛物(광물) 鑛脈(광맥) 鑛山(광산) 炭鑛(탄광)

鑄 부어만들 **주** | 金 14 | 3급 II
鑄造(주조) 鑄型(주형) 鑄鐵(주철) 鑄貨(주화)

鍛 쇠불릴/익힐 **단** | 金 9 | 2급
鍛鍊(단련) 鍛造(단조) 鍛金(단금) 鍛工(단공)

鍊 쇠불릴/익힐 **련** | 金 9 | 3급 II
鍊鍛(연단) 製鍊(제련) 試鍊(시련) 教鍊(교련)

煉 쇠불릴/달굴 **련** | 火 9 | 2급
煉炭(연탄) 煉獄(연옥) 煉乳(연유) 煉藥(연약)

冶 불릴/대장간/대장장이 **야** | 冫 5 | 1급
冶金(야금) 鍛冶(단야) 冶坊(야방) 冶工(야공)

鎔 녹일/녹을/거푸집 **용** | 金 10 | 2급[名]
鎔解(용해) 鎔范(용범) 鎔鑛爐(용광로)

熔 녹을 **용** | 火 10 | 2급
熔解(용해) 熔化(용화) * 鎔의 俗字

鍍 도금할 **도** | 金 9 | 1급
鍍金(도금) 電鍍(전도) 金鍍金(금도금)

鎖 쇠사슬/자물쇠/잠글 **쇄** | 金 10 | 3급 II
連鎖(연쇄) 鎖骨(쇄골) 鎖國(쇄국) 封鎖(봉쇄)

鍵 자물쇠/열쇠/비녀장/건반 **건** | 金 9 | 2급[名]
關鍵(관건) 鍵盤(건반) 白鍵(백건) 黑鍵(흑건)

釘 못/못박을 **정** | 金 2 | 1급
釘頭(정두) 押釘(압정) 木釘(목정) 裝釘(장정)

鎚 쇠망치 **추** | 金 10 | 1급
鐵鎚(철추 → 철퇴)

鍮 놋쇠 **유** | 金 9 | 1급
鍮器(유기) 眞鍮(진유)

鈴 방울 **령** | 金 5 | 1급
鈴鐸(영탁) 金鈴(금령) 掩耳盜鈴(엄이도령)

錚 쇳소리/징 **쟁** | 金 8 | 1급
錚盤(쟁반) 錚匠(쟁장) 鐵中錚錚(철중쟁쟁)

寶玉 보옥

- **珍** 보배/희귀할/맛있는 음식 **진** | 玉 5 | 4급 | 珍寶(진보) 珍奇(진기) 五味八珍(오미팔진)
- **寶** 보배/보배로여길/임금 **보** | 宀 17 | 4급 II | 寶物(보물) 寶座(보좌) 寶齡(보령) 寶祚(보조)
- **鈺** 보배/단단한쇠 **옥** | 金 5 | 2급[名]
- **珠** 구슬 **주** | 玉 6 | 3급 II | 珠算(주산) 眞珠(진주) 滄海遺珠(창해유주)
- **玉** 구슬/아름다울/훌륭할 **옥** | 玉 0 | 4급 II | 曲玉(곡옥) 種玉(종옥) 玉稿(옥고) 玉堂(옥당)
- **璣** 구슬 **기** | 玉 12 | 2급[名] | 珠璣(주기)
- **瑾** 아름다운옥/붉은옥 **근** | 玉 11 | 2급[名] | 細瑾(세근) 瑾瑜匿瑕(근유익하)
- **璇** 아름다운옥 **선** | 玉 11 | 2급[名] | 璇室(선실)
- **璿** 아름다운옥/선기 **선** | 玉 14 | 2급[名] | 璿源大鄕(선원대향) 璿璣玉衡(선기옥형)
- **瓊** 아름다운옥 **경** | 玉 15 | 2급[名] | 瓊玉(경옥) 瓊瑤(경요) 瓊枝玉葉(경지옥엽)
- **珏** 쌍옥 **각** | 玉 5 | 2급[名]
- **瑄** 도리옥 **선** | 玉 9 | 2급[名]
- **瑗** 도리옥 **원** | 玉 9 | 2급[名]
- **璧** 둥근옥/옥 **벽** | 玉 13 | 1급 | 璧玉(벽옥) 寶璧(보벽) 完璧(완벽) 雙璧(쌍벽)
- **珣** 옥이름/옥그릇 **순** | 玉 6 | 2급[名]
- **琪** 옥이름/아름다울 **기** | 玉 8 | 2급[名] | 琪樹(기수) 琪花(기화) 琪花瑤草(기화요초)
- **琦** 옥이름/기이할 **기** | 玉 8 | 2급[名] | 琦賂寶貨(기뢰보화)
- **玖** 옥돌 **구** | 玉 3 | 2급[名]

字	훈	음	부수/획수	급수	용례
玟	옥돌	민	玉 4	2급[名]	
珉	옥돌	민	玉 5	2급[名]	貞珉(정민)
瑩	옥돌/맑을/밝을 맑을/의혹할	영 형	玉 10	2급[名]	琇瑩(수영) 崔瑩(최영) 瑩澈(형철) 未瑩(미형)
晶	수정/맑을/밝을	정	日 8	2급[名]	水晶(수정) 液晶(액정) 結晶(결정) 晶光(정광)
琥	호박	호	玉 8	1급	琥珀(호박)
珀	호박	박	玉 5	1급	琥珀(호박) 明珀(명박)
琉	유리	류	玉 7	1급	琉璃(유리) 琉璃窓(유리창)
瑛	옥빛/수정	영	玉 9	2급[名]	赤瑛(적영)
璟	옥빛	경	玉 12	2급[名]	
璨	옥빛/빛날/옥	찬	玉 13	2급[名]	璨璨(찬찬)
瑢	패옥소리	용	玉 10	2급[名]	
玲	옥소리/고울/투명할	령	玉 5	2급[名]	玲瓏(영롱) 玲玲(영령)
瓏	옥소리/환할	롱	玉 16	1급	瓏瓏(농롱) 玲瓏(영롱) 八面玲瓏(팔면영롱)

V. 技術編 기술편

44. 健康 건강

强健강건 • 虛弱허약 • 肥瘠비척 • 醫藥의약

强健 강건

漢字	훈	음	부수	획수	급수	용례
力	힘/힘쓸	력	力	0	7급	重力(중력) 强力(강력) 力作(역작) 力說(역설)
强	굳셀/강할/굳센것/힘쓸/억지로	강	弓	9	6급	强弱(강약) 强要(강요) 自强不息(자강불식)
健	굳셀/튼튼할/잘	건	人	9	5급	健康(건강) 健兒(건아) 强健(강건) 健忘(건망)
剛	굳셀	강	刀	8	3급 II	剛柔(강유) 剛健(강건) 剛斷(강단) 金剛(금강)
彊	굳셀/강할/힘쓸	강	弓	13	2급[名]	自彊(자강) 自彊不息(자강불식)
桓	굳셀/머뭇거릴	환	木	6	2급[名]	桓桓(환환) 盤桓(반환) 桓雄(환웅)
勁	굳셀	경	力	7	1급	勁健(경건) 勁弓(경궁) 勁草(경초) 剛勁(강경)
堅	굳을/굳셀/굳게	견	土	8	4급	堅固(견고) 中堅(중견) 堅忍不拔(견인불발)
硬	굳을/단단할/익숙지않을	경	石	7	3급 II	硬直(경직) 强硬(강경) 硬軟(경연) 生硬(생경)
靭	질길	인	革	3	1급	靭帶(인대) 靭皮(인피) 强靭(강인) 堅靭(견인)

▼ 虛弱 허약

弱	약할/어릴/젊을	약
	弓 7	6급
弱點(약점) 弱年(약년) 弱肉强食(약육강식)		

衰 ㊟	쇠할 상복	쇠 최
	衣 4	3급 II
衰殘(쇠잔) 衰弱(쇠약) 老衰(노쇠) 衰服(최복)		

柔	부드러울/약할	유
	木 5	3급 II
溫柔(온유) 柔弱(유약) 外柔內剛(외유내강)		

軟	연할/부드러울/약할	연
	車 4	3급 II
軟弱(연약) 軟骨(연골) 軟禁(연금) 柔軟(유연)		

脆	무를/연할/가벼울	취
	肉 6	1급
脆弱(취약) 柔脆(유취)		

疲 ㊟	지칠/피곤할/고달플	피
	疒 5	4급
疲困(피곤) 疲勞(피로) 疲民(피민) 疲倦(피권)		

憊	고달플/피곤할/앓을	비
	心 12	1급
憊色(비색) 困憊(곤비) 倦憊(권비) 衰憊(쇠비)		

▼ 肥瘠 비척

肥	살찔/기름질/거름	비
	肉 4	3급 II
肥沃(비옥) 施肥(시비) 天高馬肥(천고마비)		

瘦	파리할	수
	疒 10	1급
瘦肥(수비) 瘦軀(수구) 兄肥弟瘦(형비제수)		

瘠	파리할/메마를	척
	疒 10	1급
瘦瘠(수척) 瘠薄(척박) 越視秦瘠(월시진척)		

憔	파리할	초
	心 12	1급
憔悴(초췌) 焦憔(초초)		

悴	파리할	췌
	心 8	1급
悴顔(췌안) 憔悴(초췌) 傷悴(상췌) 盡悴(진췌)		

▼ 醫藥 의약

醫	의원/병고칠/의술	의
	酉 11	6급
醫師(의사) 名醫(명의) 醫學(의학) 醫藥(의약)		

療	병고칠/면할	료
	疒 12	2급
醫療(의료) 治療(치료) 診療(진료) 療飢(요기)		

愈	나을/더욱	유
	心 9	3급
愈愚(유우) 小愈(소유) 愈出愈怪(유출유괴)		

㊟ 衰 ▶ 萎 시들/병들 위 p.201
㊟ 疲 ▶ 困 곤할/지칠/어려울/괴로움 곤 p.86

癒	병나을	유
	疒 13	1급
癒着(유착) 治癒(치유) 快癒(쾌유) 全癒(전유)		

診	진찰할/볼/점칠	진
	言 5	2급
診脈(진맥) 診察(진찰) 聽診(청진) 觸診(촉진)		

鍼	침/침놓을	침
	金 9	1급
鍼術(침술) 鍼醫(침의) 頂門一鍼(정문일침)		

灸	뜸/뜸질할	구
	火 3	1급
灸點(구점) 鍼灸(침구)		

藥	약	약
	艸 15	6급
藥局(약국) 藥師(약사) 藥籠中物(약롱중물)		

劑	약제/약지을	제
	刀 14	2급
調劑(조제) 藥劑(약제) 錠劑(정제) 洗劑(세제)		

繃	묶을/감을	붕
	糸 11	1급
繃帶(붕대) 石膏繃帶(석고붕대)		

45. 疾病 질병

疾病질병 • 症勢증세 • 苦痛고통 • 障礙장애

▼ 疾病 질병

病 註	병/병들/흠	병
	疒 5	6급
疾病(질병) 病院(병원) 病身(병신) 病弊(병폐)		

疾	병/미워할/빠를	질
	疒 5	3급Ⅱ
疾患(질환) 疾視(질시) 疾風怒濤(질풍노도)		

疫	염병/돌림병	역
	疒 4	3급Ⅱ
疫病(역병) 疫疾(역질) 免疫(면역) 防疫(방역)		

痼	고질	고
	疒 8	1급
痼疾(고질) 痼弊(고폐) 根痼(근고) 沈痼(침고)		

癖	버릇/적취	벽
	疒 13	1급
痼癖(고벽) 盜癖(도벽) 潔癖(결벽) 癖積(벽적)		

罹	걸릴/입을/근심	리
	网 11	1급
罹病(이병) 罹患(이환) 罹災(이재) 百罹(백리)		

註 病 ▶ 患 근심/근심할/병 환 p.46
註 病 ▶ 恙 근심/병 양 p.46

한자	뜻	음	부수/획수	급수	용례
菌	버섯/세균	균	艸 8	3급Ⅱ	菌類(균류) 菌絲(균사) 病菌(병균) 細菌(세균)
癌	암	암	疒 12	2급	癌腫(암종) 發癌(발암) 胃癌(위암) 肺癌(폐암)
瘤	혹	류	疒 10	1급	瘤贅(유췌) 根瘤(근류) 産瘤(산류) 膿瘤(농류)
贅	혹/군더더기/데릴사위	췌	貝 11	1급	贅肉(췌육) 贅言(췌언) 贅辭(췌사) 贅壻(췌서)
瘡	부스럼/종기/상처	창	疒 10	1급	瘡病(창병) 瘡腫(창종) 惡瘡(악창) 金瘡(금창)
腫	부스럼/종기/부을	종	肉 9	1급	腫氣(종기) 腫處(종처) 浮腫(부종) 腫脹(종창)
瘍 (註)	헐/종기/부스럼	양	疒 9	1급	潰瘍(궤양) 膿瘍(농양) 腫瘍(종양) 瘡瘍(창양)
瘙	살갗병/종기/부스럼	소	疒 10	1급	風瘙(풍소)
膿	고름	농	肉 13	1급	膿漏(농루) 膿汁(농즙) 化膿(화농) 燭膿(촉농)
疱	마마/천연두/물집	포	疒 5	1급	疱疹(포진) 疱瘡(포창) 水疱(수포) 膿疱(농포)
痘	마마/천연두	두	疒 7	1급	痘疹(두진) 痘瘡(두창) 痘面(두면) 種痘(종두)
疹	홍역/두창	진	疒 5	1급	疹恙(진양) 發疹(발진) 濕疹(습진) 風疹(풍진)
疝	산증	산	疒 3	1급	疝症(산증) 疝氣(산기) 疝病(산병) 疝痛(산통)
疸	황달/달병	달	疒 5	1급	疸症(달증) 疸病(달병) 黃疸(황달) 色疸(색달)
瘀	어혈	어	疒 8	1급	瘀血(어혈) 通瘀(통어)
疳	감질	감	疒 5	1급	疳疾(감질) 疳病(감병) 疳氣(감기) 下疳(하감)
痔	치질	치	疒 6	1급	痔疾(치질) 痔漏(치루) 痔核(치핵) 外痔(외치)
痢	이질/설사	리	疒 7	1급	痢疾(이질) 白痢(백리) 冷痢(냉리) 瀉痢(사리)

註 瘍 ▶ 潰 무너질/문드러질 궤 p.64

漢字	훈	음	부수	획수	급수	용례
瘧	학질	학	疒	9	1급	瘧疾(학질) 瘧氣(학기)
癎	간질/경풍	간	疒	12	1급	癎疾(간질) 癎病(간병)
癩	문둥병	라	疒	16	1급	癩病(나병) 癩菌(나균) 癩瘡(나창) 癩疹(나진)

▼ 症勢 증세

漢字	훈	음	부수	획수	급수	용례
症	증세	증	疒	5	3급II	症勢(증세) 炎症(염증) 痛症(통증) 重症(중증)
癢	가려울	양	疒	15	1급	搔癢(소양)
痲	저릴/마비할/홍역	마	疒	8	2급	痲痺(마비) 痲醉(마취) 痲藥(마약) 痲疹(마진)
痹	저릴/마비할	비	疒	8	1급	痲痹(마비) 冷痹(냉비) * 痲痹의 뜻 ; 痺와 通用
顫	떨릴	전	頁	13	1급	顫動(전동) 顫聲(전성) 手顫症(수전증)
痙	심줄땅길/경련할	경	疒	7	1급	痙攣(경련) 書痙(서경) 鎭痙(진경)
狂	미칠/미치광이/사나울	광	犬	4	3급II	狂氣(광기) 狂奔(광분) 熱狂(열광) 狂風(광풍)
癲	미칠/지랄병/광증	전	疒	19	1급	癲狂(전광) 癲癎(전간) 酒癲(주전)
猖	미쳐날뛸	창	犬	8	1급	猖狂(창광) 猖獗(창궐) 猖披(창피)
喘	헐떡거릴/숨찰/숨	천	口	9	1급	喘息(천식) 餘喘(여천) 吳牛喘月(오우천월)
咳	기침/기침할	해	口	6	1급	咳唾(해타) 咳喘(해천) 咳血(해혈) 鎭咳(진해)
痰	가래	담	疒	8	1급	痰唾(담타) 喀痰(객담) 檢痰(검담) 冷痰(냉담)

▼ 苦痛 고통

漢字	훈	음	부수	획수	급수	용례
痛	아플/원통할/몹시	통	疒	7	4급	苦痛(고통) 齒痛(치통) 憤痛(분통) 痛歎(통탄)
疼	아플	동	疒	5	1급	疼痛(동통)
傷	다칠/상처/해칠/근심할	상	人	11	4급	傷處(상처) 重傷(중상) 中傷(중상) 傷心(상심)

痍	상처/상처날	이
	疒 6	1급

滿身瘡痍(만신창이) 傷痍軍警(상이군경)

痕	흉터/자취	흔
	疒 6	1급

傷痕(상흔) 殘痕(잔흔) 彈痕(탄흔) 痕迹(흔적)

煩	번거로울/괴로워할	번
	火 9	3급

煩雜(번잡) 煩悶(번민) 百八煩惱(백팔번뇌)

惱	괴로워할/괴로움	뇌
	心 9	3급

惱殺(뇌쇄) 煩惱(번뇌) 懊惱(오뇌) 苦惱(고뇌)

悶	번민할/번민	민
	心 8	1급

悶鬱(민울) 苦悶(고민) 惱悶(뇌민) 解悶(해민)

鬱	답답할/우거질	울
	鬯 19	2급

鬱憤(울분) 抑鬱(억울) 鬱蒼(울창) 鬱陵(울릉)

呻	끙끙거릴	신
	口 5	1급

呻吟(신음)

▼
障礙
장애

盲	소경/어두울	맹
	目 3	3급Ⅱ

盲目(맹목) 色盲(색맹) 盲龜浮木(맹귀부목)

聾	귀머거리/귀먹을	롱
	耳 16	1급

聾啞(농아) 聾盲(농맹) 耳聾(이롱) 聾俗(농속)

啞	벙어리/놀라는소리	아
	口 8	1급

盲啞(맹아) 啞鈴(아령) 啞然失色(아연실색)

跛	절뚝발이 기우듬히설	파 피
	足 5	1급

跛行(파행) 偏跛(편파) 跛立(피립) 跛倚(피의)

矮	난쟁이/키작을	왜
	矢 8	1급

矮人(왜인) 矮小(왜소) 矮子看戲(왜자간희)

46. 飮食 음식

食飮식음 • 食饌식찬 • 料理요리 • 農耕농경 • 農具농구 • 牧畜목축
穀食곡식 • 菜蔬채소 • 酒類주류

食飮 식음

한자	뜻	음	부수/획수	급수	용례
餐	먹을/음식/밥	찬	食 7	2급	聖餐(성찬) 晩餐(만찬) 風餐露宿(풍찬노숙)
喫	먹을/마실/피울/당할	끽	口 9	1급	喫飯(끽반) 喫茶(끽다) 滿喫(만끽) 喫苦(끽고)
哺	먹일/씹어먹을	포	口 7	1급	哺乳(포유) 吐哺(토포) 反哺之孝(반포지효)
咀	씹을	저	口 5	1급	咀嚼(저작)
嚼	씹을/맛볼	작	口 18	1급	咀嚼(저작) 嚼味(작미) 嚼復嚼(작부작)
咬	물/깨물/지저귈	교	口 6	1급	咬裂(교열) 咬傷(교상) 咬創(교창) 咬咬(교교)
呑	삼킬	탄	口 4	1급	倂呑(병탄) 鯨呑(경탄) 甘呑苦吐(감탄고토)
嘔	토할/게울	구	口 11	1급	嘔吐(구토) 嘔逆(구역) 嘔氣(구기)
吐	토할/드러낼/말할	토	口 3	3급Ⅱ	吐氣(토기) 吐逆(토역) 吐露(토로) 實吐(실토)
飽	배부를/가득할/물릴	포	食 5	3급	飽和(포화) 飽聞(포문) 飽食暖衣(포식난의)
飢	주릴/굶주릴/흉년들	기	食 2	3급	飢餓(기아) 飢渴(기갈) 虛飢(허기) 飢歲(기세)
餓	주릴/굶주림	아	食 7	3급	餓死(아사) 餓鬼(아귀) 饑餓(기아) 寒餓(한아)
饉	흉년들/흉년	근	食 11	1급	飢饉(기근) 饑饉(기근) 凶饉(흉근) 餓饉(아근)
飮	마실/마시게할	음	食 4	6급	飮料(음료) 飮食(음식) 長夜之飮(장야지음)
渴	목마를/갈증/마를/서두를	갈	水 9	3급	渴筆(갈필) 渴葬(갈장) 渴而穿井(갈이천정)

汲 길을/물길을/당길/분주할 **급**
水 4 | 1급
汲引(급인) 汲汲(급급)
樵童汲婦(초동급부)

食饌 식찬

食 밥/먹이/먹을/녹 **식** 밥/기를/먹일 **사**
食 0 | 7급
食糧(식량) 食言(식언)
簞食瓢飮(단사표음)

飯 밥/먹을/먹일 **반**
食 4 | 3급 II
白飯(백반) 飯囊(반낭)
飯店(반점) 飯牛(반우)

饌 반찬/음식 **찬**
食 12 | 1급
飯饌(반찬) 素饌(소찬)
珍羞盛饌(진수성찬)

膳 반찬/바칠 **선**
肉 12 | 1급
饌膳(찬선) 減膳(감선)
膳物(선물) 膳賜(선사)

糧 양식/구실/급여 **량**
米 12 | 4급
糧食(양식) 軍糧(군량)
自備糧(자비량)

餌 먹이/음식/미끼/먹을 **이**
食 6 | 1급
鉤餌(구이) 餌藥(이약)
食餌療法(식이요법)

麪 국수/밀가루 **면**
麥 4 | 1급
麵類(면류) 麵床(면상)
＊ 麵과 同字

餠 떡 **병**
食 8 | 1급
月餠(월병) 餠湯(병탕)
畵中之餠(화중지병)

饅 만두 **만**
食 11 | 1급
饅頭(만두)
饅頭皮(만두피)

羹 국 **갱**
羊 13 | 1급
羹汁(갱즙) 羹湯(갱탕)
簞食豆羹(단사두갱)

汁 즙/국물 **즙**
水 2 | 1급
汁液(즙액) 膽汁(담즙)
果汁(과즙) 多汁(다즙)

瀋 즙/물이름 **심**
水 15 | 2급[名]
墨瀋(묵심) 瀋陽(심양)

漿 미음/즙 **장**
水 11 | 1급
乳漿(유장) 血漿(혈장)
巖漿(암장) 漿果(장과)

糊 풀/풀칠할/흐릴/죽 **호**
米 9 | 1급
含糊(함호) 糊塗(호도)
糊口之策(호구지책)

醬 장/간장/된장 **장**
酉 11 | 1급
醬肉(장육) 土醬(토장)
醬油(장유) 魚醬(어장)

▼
料理 요리

漢字	뜻	음	부수	획수	급수	용례
油	기름	유	水	5	6급	豆油(두유) 食油(식유) 油畵(유화) 石油(석유)
脂	기름/비계/진/연지	지	肉	6	2급	油脂(유지) 乳脂(유지) 樹脂(수지) 脂粉(지분)
肪	기름/비계	방	肉	4	1급	脂肪(지방) 松肪(송방)
膏	기름/기름질/고약/염통밑	고	肉	10	1급	膏血(고혈) 軟膏(연고) 泉石膏肓(천석고황)
鮑	절인어물/전복	포	魚	5	2급[名]	鮑魚(포어) 鮑尺(포척) 管鮑之交(관포지교)
脯	포	포	肉	7	1급	脯肉(포육) 肉脯(육포) 魚脯(어포) 乾脯(건포)
饗	**잔치할**/잔치/대접할/제사지낼/흠향할	향	食	13	1급	饗宴(향연) 饗應(향응) 饗告(향고) 歆饗(흠향)
宴	잔치/편안할	연	宀	7	3급Ⅱ	宴會(연회) 宴席(연석) 酒宴(주연) 宴息(연식)
匙 (註)	숟가락	시	匕	9	1급	匙箸(시저) 飯匙(반시) 十匙一飯(십시일반)
箸	젓가락	저	竹	9	1급	匕箸(비저) 竹箸(죽저) 玉箸(옥저) 火箸(화저)
庖	부엌/요리인	포	广	5	1급	庖廚(포주) 庖丁(포정)
廚	부엌	주	广	12	1급	鼎廚(정주) 御廚(어주) 廚房長(주방장)
炊	**불땔**/밥지을	취	火	4	2급	炊事(취사) 炊飯(취반) 自炊(자취) 蒸炊(증취)
熟	익을/익힐/익히	숙	火	11	3급Ⅱ	成熟(성숙) 熟食(숙식) 深思熟考(심사숙고)
蒸	**찔**/많을/무리	증	艸	10	3급Ⅱ	蒸發(증발) 蒸民(증민) 水蒸氣(수증기)
湯	**끓일**/끓인물/목욕간/탕약	탕	水	9	3급Ⅱ	再湯(재탕) 藥湯(약탕) 金城湯池(금성탕지)
沸	**끓을** **용솟음할**	비 불	水	5	1급	沸騰(비등) 沸湯(비탕) 沸水(불수) 沸波(불파)
煮	삶을/익힐	자	火	9	1급	煮沸(자비) 煮鹽(자염) 煮豆燃萁(자두연기)

註 匙 ▶ 匕 비수/숟가락/살촉 비 p.135

한자	뜻	음	부수	획수	급수	용례
煎	달일/지질/졸일/전	전	火	9	1급	煎藥(전약) 煎餠(전병) 煎悶(전민) 花煎(화전)
炒	볶을	초	火	4	1급	炒醬(초장) 炒麵(초면) 土炒(토초) 蜜炒(밀초)
膾	회/회칠	회	肉	13	1급	膾炙(회자) 肉膾(육회) 魚膾(어회)
炙	구울/고기구이/가까이할	자·적	火	4	1급	燒炙(소자) 炙膾(적회) 散炙(산적) 親炙(친자)

▼ 農耕 농경

한자	뜻	음	부수	획수	급수	용례
農	농사/농부	농	辰	6	7급	農耕(농경) 勞農(노농) 士農工商(사농공상)
耕	밭갈/생계꾸릴	경	耒	4	3급 II	筆耕(필경) 舌耕(설경) 晝耕夜讀(주경야독)
豊 (註)	풍년/넉넉할	풍	豆	6	4급 II	豊年(풍년) 大豊(대풍) 豊足(풍족) 豊饒(풍요)
墾	개간할	간	土	13	1급	開墾(개간) 墾植(간식) 墾田(간전) 墾鑿(간착)
沃 (註)	기름질/물댈	옥	水	4	2급[名]	沃土(옥토) 沃畓(옥답) 肥沃(비옥) 灌沃(관옥)
荒	거칠/흉년들/거짓	황	艸	6	3급 II	荒野(황야) 荒年(황년) 破天荒(파천황)
蕪	거칠/순무	무	艸	12	1급	蕪淺(무천) 蕪繁(무번) 荒蕪(황무) 蕪菁(무청)
粗	거칠/클/대강	조	米	5	1급	粗雜(조잡) 粗野(조야) 粗放(조방) 粗略(조략)
灌	물댈/씻을/더부룩이날	관	水	18	1급	灌漑(관개) 灌水(관수) 灌腸(관장) 灌木(관목)
漑	물댈	개	水	11	1급	漑灌(개관) 灌漑(관개) 漑糞(개분)
播	뿌릴/펼/달아날	파	手	12	3급	播種(파종) 播植(파식) 傳播(전파) 播遷(파천)
植	심을/식물	식	木	8	7급	植木(식목) 植民(식민) 植字(식자) 植物(식물)

註 豊 ▶ 凶 흉할/흉악할/흉년들 흉 p.73
註 豊 ▶ 饉 흉년들/흉년 근 p.218
註 沃 ▶ 肥 살찔/기름질/거름 비 p.213

漢字	訓	音	部首	劃數	級數	用例
栽	심을	재	木	6	3급Ⅱ	栽培(재배) 植栽(식재) 移栽(이재) 盆栽(분재)
稼	심을/농사	가	禾	10	1급	稼穡(가색) 稼事(가사) 稼器(가기) 稼動(가동)
培	북돋울	배	土	8	3급Ⅱ	培土(배토) 培植(배식) 培養(배양) 栽培(재배)
耘 註	김맬	운	耒	4	1급	耘耔(운자) 耕耘(경운) 耕耘機(경운기)
穫	벼벨/거둘	확	禾	14	3급	收穫(수확) 秋穫(추확) 一樹百穫(일수백확)
擣	찧을/두드릴	도	手	10	1급	擣精(도정) 擣臼(도구) 擣餠(도병) 擣砧(도침)
野 註	들/민간/질박할/미개할/별자리	야	里	4	6급	田野(전야) 朝野(조야) 野蠻(야만) 分野(분야)
田	밭/사냥할	전	田	0	4급Ⅱ	田地(전지) 耕田(경전) 均田(균전) 田獵(전렵)
畓	논	답	田	4	3급	畓券(답권) 田畓(전답) 門前沃畓(문전옥답)
圃	채마밭/남새밭	포	口	7	1급	圃田(포전) 藥圃(약포) 三圃式(삼포식)
畸	뙈기밭/기이할/병신	기	田	8	1급	畸人(기인) 畸形(기형) 畸形兒(기형아)
頃	백이랑/잠깐/요즘	경	頁	2	3급Ⅱ	萬頃(만경) 食頃(식경) 命在頃刻(명재경각)
畝	이랑/두둑	무·묘	田	5	1급	畎畝(견묘) 田畝(전묘) 頃畝法(경무법)
疇	두둑/무리/접때	주	田	14	2급[名]	田疇(전주) 疇輩(주배) 範疇(범주) 疇日(주일)
畔	두둑/물가	반	田	5	1급	畔路(반로) 讓畔(양반) 湖畔(호반) 江畔(강반)
町	밭두둑/정(3,000坪)	정	田	2	1급	町畦(정휴) 町步(정보)
壟	밭두둑/언덕/무덤	롱	土	16	1급	壟畔(농반) 壟斷(농단) 丘壟(구롱) 先壟(선롱)

註 耘 ▶ 芸 운향/김맬 운 p.205
註 野 ▶ 原 근원/들/벌판/용서할 원 p.79

農具 농구

臼 절구 구 | 部首 臼 0 | 1급
臼齒(구치) 臼狀(구상)
脫臼(탈구) 茶臼(다구)

箕 키/삼태기/별이름 기 | 部首 竹 8 | 2급[名]
箕星(기성) 箕察(기찰)
箕山之志(기산지지)

牧畜 목축

畜 가축/쌓을 축 | 部首 田 5 | 3급II
畜産(축산) 畜養(축양)
家畜(가축) 牧畜(목축)

牧 칠/기를/다스릴/벼슬이름 목 | 部首 牛 4 | 4급II
牧師(목사) 遊牧(유목)
牧民(목민) 州牧(주목)

飼 먹일/기를 사 | 部首 食 5 | 2급
飼料(사료) 飼育(사육)
飼畜(사축) 放飼(방사)

乳 젖/젖먹일 유 | 部首 乙 7 | 4급
乳房(유방) 授乳(수유)
母乳(모유) 乳養(유양)

酪 진한유즙/타락 락 | 部首 酉 6 | 1급
酪農(낙농) 駝酪(타락)
乳酪(유락) 乾酪(건락)

芻 꼴/꼴꾼/풀먹는짐승 추 | 部首 艸 4 | 1급
芻狗(추구) 芻米(추미)
反芻(반추) 芻言(추언)

槽 구유/통 조 | 部首 木 11 | 1급
槽櫪(조력) 浴槽(욕조)
油槽(유조) 齒槽(치조)

穀食 곡식

穀 곡식/좋을/복 곡 | 部首 禾 10 | 4급
糧穀(양곡) 穀日(곡일)
五穀百果(오곡백과)

粉 가루/분/분바를/빻을/회 분 | 部首 米 4 | 4급
製粉(제분) 粉飾(분식)
粉碎(분쇄) 粉壁(분벽)

顆 낟알/흙덩이 과 | 部首 頁 8 | 1급
顆粒(과립) 飯顆(반과)
飯粒(반립)

粒 낟알/쌀알 립 | 部首 米 5 | 1급
粒子(입자) 粟粒(속립)
飯粒(반립) 米粒(미립)

秧 모 앙 | 部首 禾 5 | 1급
秧苗(앙묘) 秧稻(앙도)
移秧(이앙) 晩秧(만앙)

穗 이삭 수 | 部首 禾 12 | 1급
禾穗(화수) 麥穗(맥수)
發穗(발수) 落穗(낙수)

芒	까끄라기/가시/빛/창날/칼날	망
	艸 3	1급

芒種(망종) 光芒(광망)
芒刺在背(망자재배)

秕	쭉정이/더럽힐	비
	禾 4	1급

秕糠(비강) 秕政(비정)

糠	겨	강
	米 11	1급

糟糠(조강) 粃糠(비강)
糠蝦(강하)

米	쌀/미터(m)	미
	米 0	6급

米穀(미곡) 米壽(미수)
玄米(현미) 米突(미돌)

禾	벼/곡물	화
	禾 0	3급

禾苗(화묘) 禾黍(화서)
嘉禾(가화) 禾穀(화곡)

稻	벼	도
	禾 10	3급

早稻(조도) 晩稻(만도)
立稻先賣(입도선매)

稙	올벼/일찍 심은벼	직
	禾 8	2급[名]

稙禾(직화)

麥	보리	맥
	麥 0	3급 II

麥芽(맥아) 麥嶺(맥령)
麥秀之歎(맥수지탄)

黍	기장	서
	黍 0	1급

黍穀(서곡) 黍粟(서속)
黍離之歎(서리지탄)

稷	기장/곡신/농관	직
	禾 10	2급[名]

黍稷(서직) 稷神(직신)
社稷(사직) 后稷(후직)

粱	기장	량
	米 7	1급

粱肉(양육) 黃粱(황량)
膏粱珍味(고량진미)

粟	조/오곡	속
	米 6	3급

粟粒(속립) 束帛(속백)
滄海一粟(창해일속)

豆	콩/제기이름	두
	豆 0	4급 II

豆太(두태) 籩豆(변두)
種豆得豆(종두득두)

菽	콩	숙
	艸 8	1급

菽麥(숙맥) 菽水(숙수)
菽麥不辨(숙맥불변)

藿	콩잎/미역	곽
	艸 16	1급

藿羹(곽갱) 藿湯(곽탕)
藿食者(곽식자)

稗	피/잘	패
	禾 8	1급

稗飯(패반) 稗官(패관)
稗史(패사) 稗說(패설)

菜蔬 채소

菜	나물 채
艸 8	3급 II

菜蔬(채소) 菜食(채식) 野菜(야채) 山菜(산채)

蔬	나물/푸성귀 소
艸 11	3급

蔬菜(소채) 蔬飯(소반) 果蔬(과소) 春蔬(춘소)

瓜	오이 과
瓜 0	2급

瓜期(과기) 甘瓜(감과) 破瓜之年(파과지년)

薯	마 서
艸 14	1급

甘薯(감서) 蕃薯(번서) 薯童謠(서동요)

薑	새앙 강
艸 13	1급

生薑(생강) 片薑(편강) 薑桂之性(강계지성)

酒類 주류

酒	술 주
酉 3	4급

飮酒(음주) 禁酒(금주) 酒池肉林(주지육림)

醴	단술 례
酉 13	2급[名]

醴酒(예주) 醴泉(예천) 甘醴(감례) 醇醴(순례)

醇	전국술/진한술/순수할 순
酉 8	1급

醇酒(순주) 醇醴(순례) 醇味(순미) 醇化(순화)

糟	지게미/재강 조
米 11	1급

糟甕(조옹) 酒糟(주조) 糟糠之妻(조강지처)

粕	지게미/깻묵 박
米 5	1급

糟粕(조박) 酒粕(주박) 魚粕(어박) 豆粕(두박)

釀	빚을/술빚을 양
酉 17	1급

釀造(양조) 釀成(양성) 釀蜜(양밀) 家釀(가양)

醱	술괼 발
酉 12	1급

醱酵(발효)

酵	술밑/술괼 효
酉 7	1급

醱酵(발효) 酵母(효모) 酵素(효소)

斟	술따를/헤아릴 짐
斗 9	1급

斟酒(짐주) 斟酌(짐작)

酌 (註)	따를/잔질할/술/짐작할 작
酉 3	3급

酌婦(작부) 酬酌(수작) 淸酌(청작) 參酌(참작)

醉	취할/취하게할/빠질 취
酉 8	3급 II

滿醉(만취) 心醉(심취) 醉生夢死(취생몽사)

酩	술취할 명
酉 6	1급

酩酊(명정)

(註) 酌 ▶ 酬 갚을/잔돌릴 수 p.138

한자	훈	음	부수	획수	급수	용례
酊	술취할	정	酉	2	1급	酩酊(명정) 酒酊(주정)
醒	깰/술깰/잠깰/깨달을/깨우칠	성	酉	9	1급	醒醉(성취) 半醒(반성) 覺醒(각성) 警醒(경성)

47. 衣服 의복

服飾복식 • 纖維섬유 • 織物직물 • 裁縫재봉

▼ 服飾 복식

한자	훈	음	부수	획수	급수	용례
衣	옷/웃옷/옷입을	의	衣	0	6급	衣服(의복) 內衣(내의) 衣裳(의상) 衣食(의식)
服	옷/옷입을/좇을/일할/약먹을	복	月	4	6급	服裝(복장) 服從(복종) 服務(복무) 服藥(복약)
裳	치마/옷	상	衣	8	3급 II	繡裳(수상) 衣裳(의상) 綠衣紅裳(녹의홍상)
袴	바지	고	衣	6	1급	袴衣(고의) 短袴(단고)
袍	솜옷/웃옷	포	衣	5	1급	道袍(도포) 同袍(동포) 弊袍破笠(폐포파립)
褐	베옷/털옷/갈색	갈	衣	9	1급	褐夫(갈부) 褐色(갈색) 褐寬博(갈관박)
冠	갓/볏/어른/으뜸	관	冖	7	3급 II	衣冠(의관) 鷄冠(계관) 弱冠(약관) 冠絶(관절)
帽	모자/두건	모	巾	9	2급	帽子(모자) 冠帽(관모) 紗帽(사모) 脫帽(탈모)
弁	고깔	변	廾	2	2급[名]	冠弁(관변) 武弁(무변) 弁韓(변한)
笠	삿갓	립	竹	5	1급	笠帽(입모) 蓋笠(개립) 農笠(농립) 金笠(김립)
蓑	도롱이	사	艸	10	1급	蓑衣(사의) 簑笠(사립) 綠蓑衣(녹사의)
襟	옷깃/가슴/마음	금	衣	13	1급	襟章(금장) 開襟(개금) 襟度(금도) 胸襟(흉금)

漢字	훈	음	부수/획수	급수	용례
袖	소매	수	衣 5	1급	袖章(수장) 領袖(영수) 袖手傍觀(수수방관)
袂	소매	몌	衣 4	1급	袂口(몌구) 袂別(몌별) 分袂(분몌) 連袂(연몌)
囊	주머니	낭	口 19	1급	囊乏(낭핍) 行囊(행낭) 背囊(배낭) 淚囊(누낭)
襪	버선	말	衣 15	1급	洋襪(양말) 綿襪(면말) 羅襪(나말)
靴	신	화	革 4	2급	短靴(단화) 長靴(장화) 軍靴(군화) 製靴(제화)
紳	큰띠/벼슬아치	신	糸 5	2급	紳衿(신금) 紳笏(신홀) 紳士(신사) 香紳(향신)
巾	수건/건	건	巾 0	1급	巾布(건포) 手巾(수건) 網巾(망건) 頭巾(두건)
佩	찰/노리개/마음먹을	패	人 6	1급	佩用(패용) 佩玉(패옥) 佩物(패물) 銘佩(명패)
裸	벌거숭이/벌거벗을	라	衣 8	2급	裸體(나체) 全裸(전라) 赤裸裸(적나라)

▼ 纖維 섬유

漢字	훈	음	부수/획수	급수	용례
絲	실/명주/악기이름	사	糸 6	4급	絲雨(사우) 原絲(원사) 絲履(사리) 絲竹(사죽)
緬	가는실/멀/생각할	면	糸 9	1급	緬羊(면양) 緬然(면연) 緬憶(면억) 緬禮(면례)
棉	목화/목화나무	면	木 8	1급	棉花(면화) 棉作(면작) 木棉(목면)
綿	솜/연이을/얽힐	면	糸 8	3급 II	綿絲(면사) 綿密(면밀) 綿綿(면면) 纏綿(전면)
繩	노/먹줄/법도	승	糸 13	2급[名]	繩矩(승구) 繩度(승도) 自繩自縛(자승자박)
撚	꼴	년	手 12	1급	撚絲(연사) 撚紙(연지) 撚絲機(연사기)

▼ 織物 직물

漢字	훈	음	부수/획수	급수	용례
經	날/경서/지날/지낼/다스릴/길/법/월경/일찍이	경	糸 7	4급 II	經線(경선) 經典(경전) 經過(경과) 經濟(경제)
緯	씨/켕긴줄/짤	위	糸 9	3급	緯度(위도) 經緯(경위) 緯武經文(위무경문)
紡	자을/실	방	糸 4	2급	紡織(방직) 紡車(방차) 毛紡(모방) 紡絲(방사)

漢字	訓	音	部首	획수	급수	용례
績	자을/이룰/공	적	糸	11	4급	紡績(방적) 績女(적녀) 成績(성적) 功績(공적)
組	짤/끈	조	糸	5	4급	組織(조직) 組立(조립) 勞組(노조) 組綬(조수)
織	짤/직물/베틀	직	糸	12	4급	織造(직조) 織女(직녀) 毛織(모직) 手織(수직)
錦 註	비단/아름다울	금	金	8	3급Ⅱ	錦衣還鄕(금의환향) 錦繡江山(금수강산)
緋	비단/붉을	비	糸	8	1급	緋緞(비단) 緋玉(비옥) 緋甲(비갑) 緋衲(비납)
緞	비단	단	糸	9	1급	緞子(단자) 綵緞(채단) 模本緞(모본단)
綾	비단	릉	糸	8	1급	綾羅(능라) 綾衾(능금) 綾扇(능선) 綾綺(능기)
綺	비단/무늬/고울	기	糸	8	1급	綵綺(채기) 綺麗(기려) 綺羅星(기라성)
帛 註	비단/명주	백	巾	5	1급	帛書(백서) 幣帛(폐백) 竹帛之功(죽백지공)
絹	명주	견	糸	7	3급	絹紗(견사) 絹織(견직) 絹布(견포) 人絹(인견)
紬	명주/자을	주	糸	5	1급	紬緞(주단) 紬衣(주의) 明紬(명주) 紬績(주적)
紗	깁/외올실	사	糸	4	1급	紗帽(사모) 甲紗(갑사) 網紗(망사) 羅紗(나사)
布	베/펼/베풀	포	巾	2	4급Ⅱ	布木(포목) 布告(포고) 布施(포시 → 보시)
麻	삼	마	麻	0	3급Ⅱ	麻衣(마의) 大麻(대마) 快刀亂麻(쾌도난마)
絨	융	융	糸	6	1급	絨毛(융모) 絨緞(융단) 絨衣(융의) 火絨(화융)
氈	모전	전	毛	13	1급	氈衣(전의) 氈帽(전모) 毛氈(모전) 洋氈(양전)

註 錦 ▶ 繅 고치켤 소 // 야청비단 조 p.199
註 帛 ▶ 幣 돈/비단/폐백 폐 p.138

▼
裁縫
재봉

漢字	훈	음	부수	획수	급수	용례
針	바늘/바느질할	침	金	2	4급	針線(침선) 針母(침모) 避雷針(피뢰침)
裁	마를/결단할/헤아릴/누를	재	衣	6	3급 II	裁判(재판) 裁量(재량) 量體裁衣(양체재의)
縫	꿰맬/기울	봉	糸	11	2급	裁縫(재봉) 彌縫(미봉) 天衣無縫(천의무봉)
補	기울/고칠/도울/더할/임명할	보	衣	7	3급 II	補綴(보철) 補修(보수) 補助(보조) 補任(보임)
繕	기울/고칠	선	糸	12	2급	修繕(수선) 營繕(영선) 補繕(보선) 繕寫(선사)
綻	옷터질/드러날/터질	탄	糸	8	1급	綻裂(탄열) 綻破(탄파) 破綻(파탄) 綻露(탄로)
繡	수/수놓을	수	糸	13	1급	紋繡(문수) 刺繡(자수) 錦繡江山(금수강산)

48. 住居 주거

居住거주 • 家屋가옥 • 屋内옥내 • 建築건축

▼
居住
거주

漢字	훈	음	부수	획수	급수	용례
住	살/머무를	주	人	5	7급	住民(주민) 住宅(주택) 住所(주소) 永住(영주)
居	살/있을/곳/집	거	尸	5	4급	居住(거주) 同居(동거) 居喪(거상) 舊居(구거)
宿 (註)	잘/묵을/번/오랠/빠를 별자리	숙 수	宀	8	5급	留宿(유숙) 宿直(숙직) 宿願(숙원) 星宿(성수)
停	머무를/멈출	정	人	9	5급	停留(정류) 停年(정년) 停止(정지) 停刊(정간)
留	머무를/지체할	류	田	5	4급 II	留學(유학) 留保(유보) 虎死留皮(호사유피)
駐	머무를/머무르게할	주	馬	5	2급	駐在(주재) 駐車(주차) 常駐(상주) 駐留(주류)

註 宿 ▶ 泊 배댈/머무를/떠돌아다닐/엷을 박 p.236

漢字	訓/음	부수·획	급수	용례
僑	더부살이/우거할 교	人 12	2급	僑民(교민) 僑胞(교포) 韓僑(한교) 華僑(화교)
寓	붙여살/부칠/핑계삼을 우	宀 9	1급	寓居(우거) 寓宿(우숙) 寓書(우서) 寓話(우화)
棲	깃들일/살 서	木 8	1급	棲息(서식) 兩棲(양서) 水棲(수서) 隱棲(은서)

▼
家屋
가옥

漢字	訓/음	부수·획	급수	용례
室 (註)	집/방/아내/가족 실	宀 6	8급	室家(실가) 堂室(당실) 居室(거실) 正室(정실)
家	집/가족/전문가 가	宀 7	7급	草家(초가) 家口(가구) 家業(가업) 作家(작가)
堂	집/당당할/근친 당	土 8	6급	堂宇(당우) 書堂(서당) 堂堂(당당) 堂叔(당숙)
屋	집/지붕/덮개 옥	尸 6	5급	屋外(옥외) 家屋(가옥) 韓屋(한옥) 屋上(옥상)
宅	집/무덤 택 / 댁 댁	宀 3	5급	宅地(택지) 家宅(가택) 宅兆(택조) 宅內(댁내)
院	집/담/절 원	阜 7	5급	院長(원장) 上院(상원) 院內(원내) 寺院(사원)
舍	집/쉴/버릴/삼십리 사	舌 2	4급Ⅱ	舍屋(사옥) 校舍(교사) 不舍晝夜(불사주야)
館	집/객사/묵을 관	食 8	3급Ⅱ	館舍(관사) 旅館(여관) * 舘은 俗字
宇	집/지붕/처마/하늘/천하/도량 우	宀 3	3급Ⅱ	屋宇(옥우) 宇下(우하) 宇內(우내) 氣宇(기우)
宙	집/하늘 주	宀 5	3급Ⅱ	宇宙(우주)
邸	집/종친 저	邑 5	1급	邸宅(저택) 官邸(관저) 私邸(사저) 邸下(저하)
樓	다락/망루 루	木 11	3급Ⅱ	樓閣(누각) 望樓(망루) 高樓巨閣(고루거각)
閣	다락집/대궐/마을/잔교/시렁/놓을 각	門 6	3급Ⅱ	傑閣(걸각) 內閣(내각) 棧閣(잔각) 閣筆(각필)
臺	대/마을/대 대	至 8	3급Ⅱ	樓臺(누대) 土臺(토대) 霜臺(상대) 百臺(백대)
亭	정자/역마을/곧을/우뚝솟을 정	亠 7	3급Ⅱ	亭子(정자) 亭閣(정각) 驛亭(역정) 亭亭(정정)

(註) 室 ▶ 齋 재계할/집 재 p.95

漢字	뜻	음	부수	획수	급수	용례
倉	곳집/옥사/갑자기	창	人	8	3급Ⅱ	倉庫(창고) 穀倉(곡창) 營倉(영창) 倉卒(창졸)
庫	곳집	고	广	7	4급	國庫(국고) 車庫(차고) 金庫(금고) 寶庫(보고)
庾	곳집/노적가리	유	广	9	2급[名]	倉庾(창유) 庾積(유적) 金庾信(김유신)
廠	헛간/공장	창	广	12	1급	廠舍(창사) 工廠(공창) 船廠(선창)
庄	전장/농막	장	广	3	2급[名]	庄家(장가) 庄園(장원) *莊의 俗字
廬	오두막집/농막/주막	려	广	16	2급[名]	田廬(전려) 廬舍(여사) 三顧草廬(삼고초려)

屋內 옥내

漢字	뜻	음	부수	획수	급수	용례
柱	기둥/기러기발	주	木	5	3급Ⅱ	柱礎(주초) 柱聯(주련) 電柱(전주) 雁柱(안주)
棟	마룻대/집	동	木	8	2급	棟宇(동우) 病棟(병동) 棟梁之材(동량지재)
梁	들보/다리/발담/양나라	량	木	7	3급Ⅱ	橋梁(교량) 魚梁(어량) 梁上君子(양상군자)
樑	들보	량	木	11	2급[名]	棟樑(동량) 大樑(대량) * 梁의 俗字
軒	추녀/처마/수레/난간/높을/오를	헌	車	3	3급	東軒(동헌) 軺軒(초헌) 軒軒丈夫(헌헌장부)
椽	서까래	연	木	9	1급	椽木(연목) 長椽(장연) 椽大之筆(연대지필)
瓦	기와/질그릇/실패	와	瓦	0	3급Ⅱ	瓦當(와당) 瓦器(와기) 弄瓦之慶(농와지경)
房	방/집/별이름	방	戶	4	4급Ⅱ	房門(방문) 房事(방사) 冊房(책방) 書房(서방)
閨	안방/도장방	규	門	6	2급	閨房(규방) 閨中(규중) 閨秀(규수) 閨範(규범)
窓	창	창	穴	6	6급	窓戶(창호) 同窓(동창) 北窓三友(북창삼우)
門	문/집안/지체/배움터/분야/문(단위)	문	門	0	8급	大門(대문) 名門(명문) 孔門(공문) 部門(부문)
戶	지게/외짝문/집	호	戶	0	4급Ⅱ	門戶(문호) 戶口(호구) 戶主(호주) 家戶(가호)

扉 문짝 — 비
戶 8 · 1급
門扉(문비) 柴扉(시비)
竹扉(죽비) 鐵扉(철비)

樞 지도리/고동/근본/별이름 — 추
木 11 · 1급
戶樞(호추) 樞機(추기)
中樞(중추) 樞星(추성)

廊 행랑/복도 — 랑
广 10 · 3급Ⅱ
行廊(행랑) 舍廊(사랑)
廊下(낭하) 畵廊(화랑)

欄 난간/난/울 — 란
木 17 · 3급Ⅱ
欄干(난간) 殿欄(전란)
欄外(난외) 空欄(공란)

階 섬돌/층계/사닥다리/벼슬차례 — 계 (註)
阜 9 · 4급
階段(계단) 音階(음계)
飛階(비계) 階級(계급)

陛 섬돌/대궐계단 — 폐
阜 7 · 1급
陛下(폐하) 陛見(폐현)
天陛(천폐) 殿陛(전폐)

壁 벽/낭떠러지 — 벽
土 13 · 4급Ⅱ
壁面(벽면) 障壁(장벽)
絶壁(절벽) 岸壁(안벽)

墻 담/경계 — 장
土 13 · 3급
墻垣(장원) 越墻(월장)
*牆의 俗字

堵 담 — 도
土 9 · 1급
堵列(도열) 安堵(안도)
阿堵物(아도물)

藩 울타리/제후나라 — 번
艸 15 · 1급
藩籬(번리) 藩屛(번병)
藩國(번국) 藩邦(번방)

籬 울타리 — 리
竹 19 · 1급
牆籬(장리) 圍籬(위리)
竹籬(죽리) 東籬(동리)

柵 목책/울짱 — 책
木 5 · 1급
木柵(목책) 防柵(방책)
城柵(성책) 鐵柵(철책)

寨 목책/울짱 — 채
宀 11 · 1급
木寨(목채) 山寨(산채)

井 우물/간반듯할/정전/별이름 — 정
二 2 · 3급Ⅱ
井水(정수) 市井(시정)
井間(정간) 井田(정전)

建築 건축

建 세울/일으킬/만들 — 건
廴 6 · 5급
建設(건설) 創建(창건)
建奏(건주) 建議(건의)

築 쌓을/다질/달구 — 축
竹 10 · 4급Ⅱ
築造(축조) 築城(축성)
建築(건축) 構築(구축)

基 터/바탕/근본/기(단위) — 기
土 8 · 5급
基礎(기초) 基盤(기반)
基本(기본) 國基(국기)

註 階 ▶ 段 조각/구분/층계/방법/단 단 p.91

址 터/토대 지
土 4 | 2급[名]
址臺(지대) 基址(기지)
城址(성지) 寺址(사지)

垈 터/집터 대
土 5 | 2급
垈地(대지) 垈田(대전)
家垈(가대) 空垈(공대)

墟 터/옛터 허
土 12 | 1급
廢墟(폐허) 古墟(고허)
殷墟(은허) 殘墟(잔허)

礎 주춧돌 초
石 13 | 3급Ⅱ
礎石(초석) 礎業(초업)
基礎(기초) 定礎(정초)

層 층/겹칠 층
尸 12 | 4급
層層(층층) 層階(층계)
階層(계층) 層樓(층루)

塔 탑 탑
土 10 | 3급Ⅱ
層塔(층탑) 尖塔(첨탑)
象牙塔(상아탑)

葺 지붕일/기울 즙
艸 9 | 1급
瓦葺(와즙) 草葺(초즙)
修葺(수즙) 葺繕(즙선)

49. 交通 교통

輸送수송 • 車輛차량 • 船舶선박

▼
輸送
수송

運 옮길/돌/돌릴/움직일/운수 운
辵 9 | 6급
運送(운송) 運轉(운전)
運動(운동) 國運(국운)

搬 옮길 반
手 10 | 2급
搬入(반입) 搬出(반출)
運搬(운반) 搬送(반송)

般 옮길/돌/즐길/일반 반
舟 4 | 3급Ⅱ
般旋(반선) 般師(반사)
般樂(반락) 萬般(만반)

輸 보낼/나를/질 수
車 9 | 3급Ⅱ
輸送(수송) 輸出(수출)
輸血(수혈) 輸贏(수영)

送 보낼 송
辵 6 | 4급Ⅱ
送付(송부) 送別(송별)
送舊迎新(송구영신)

遣 보낼/풀 견
辵 10 | 3급
遣歸(견귀) 派遣(파견)
遣悶(견민) 消遣(소견)

漢字	훈	음	부수	획수	급수	용례
寄	부칠/맡길/의지할	기	宀	8	4급	寄稿(기고) 寄與(기여) 寄託(기탁) 寄生(기생)
負	질/저버릴/패할	부	貝	2	4급	負荷(부하) 抱負(포부) 負約(부약) 勝負(승부)
擔	멜/짐/맡을	담	手	13	4급Ⅱ	負擔(부담) 重擔(중담) 擔當(담당) 擔保(담보)
荷	멜/연/짐	하	艸	7	3급Ⅱ	荷役(하역) 荷重(하중) 荷主(하주) 蓮荷(연하)
戴	일/받들	대	戈	13	2급	戴冠(대관) 推戴(추대) 男負女戴(남부여대)
載	실을/해	재	車	6	3급Ⅱ	積載(적재) 記載(기재) 千載一遇(천재일우)
撤	거둘/치울	철	手	12	2급	撤收(철수) 撤回(철회) 撤去(철거) 撤廢(철폐)
驛 (註)	역말/역	역	馬	13	3급Ⅱ	驛馬(역마) 驛卒(역졸) 驛程(역정) 驛務(역무)
站	역마을/우두커니설	참	立	5	1급	驛站(역참) 站立(참립) 層階站(층계참)

車輛 차량

漢字	훈	음	부수	획수	급수	용례
車	수레	거·차	車	0	7급	車馬(거마) 車線(차선) 車載斗量(거재두량)
輛	수레	량	車	8	2급	車輛(차량)
輿	수레/많을/땅	여	車	10	3급	喪輿(상여) 輿論(여론) 輿望(여망) 輿圖(여도)
輦	손수레	련	車	8	1급	輦車(연차) 輦下(연하) 大輦(대련) 京輦(경련)
轎	가마	교	車	12	1급	轎子(교자) 轎夫(교부) 四人轎(사인교)
駕	탈것/탈/부릴/능가할	가	馬	5	1급	御駕(어가) 駕御(가어) 駕輕就熟(가경취숙)
輪	바퀴/둘레/돌	륜	車	8	4급	車輪(차륜) 年輪(연륜) 輪廓(윤곽) 輪作(윤작)
軌	바퀴자국/바퀴사이/법도	궤	車	2	3급	軌道(궤도) 軌跡(궤적) 同軌(동궤) 軌範(궤범)
轍	바퀴자국	철	車	12	1급	轍環(철환) 前轍(전철) 南轅北轍(남원북철)

(註) 驛 ▶ 郵 우편/역참 우 p.100

輻	바퀴살/다투어모일	복
	車 9	1급

輻射(복사) 車輻(거폭)
輻輳(복주 → 폭주)

軾	수레앞턱가로나무	식
	車 6	2급[名]

蘇軾(소식)

軸	굴대/두루마리	축
	車 5	2급

樞軸(추축) 卷軸(권축)
天方地軸(천방지축)

軻	수레가기힘들/굴대	가
	車 5	2급[名]

轗軻(감가) 孟軻(맹가)

搭	탈/실을	탑
	手 10	1급

搭乘(탑승) 搭客(탑객)
搭船(탑선) 搭載(탑재)

乘	탈/곱할/수레/대/법/사기(*역사책)	승
	丿 9	3급II

乘車(승차) 乘除(승제)
萬乘(만승) 大乘(대승)

軋	삐걱거릴	알
	車 1	1급

軋軋(알알) 軋轢(알력)
軋弓(알궁)

▼
船舶 선박

舟	배	주
	舟 0	3급

舟船(주선) 虛舟(허주)
一葉片舟(일엽편주)

航	배/건널/날	항
	舟 4	4급II

航路(항로) 舟航(주항)
航空(항공) 就航(취항)

船	배	선
	舟 5	5급

船長(선장) 船路(선로)
漁船(어선) 滿船(만선)

舶	큰배/배	박
	舟 5	2급

舶來(박래) 舶賈(박고)
船舶(선박) 商舶(상박)

艦	싸움배	함
	舟 14	2급

艦船(함선) 軍艦(군함)
航空母艦(항공모함)

艇	거룻배	정
	舟 7	2급

小艇(소정) 艦艇(함정)
快速艇(쾌속정)

筏	떼/뗏목	벌
	竹 6	2급[名]

筏橋(벌교) 筏夫(벌부)
舟筏(주벌) 津筏(진벌)

帆	돛/돛단배/돛달	범
	巾 3	1급

帆布(범포) 帆船(범선)
出帆(출범) 歸帆(귀범)

檣	돛대	장
	木 13	1급

檣竿(장간) 檣頭(장두)
檣樓(장루) 帆檣(범장)

碇	닻/닻내릴	정
	石 8	1급
擧碇(거정) 碇泊(정박)		

泊	배댈/머무를/떠돌아다닐/엷을	박
	水 5	3급
泊船(박선) 宿泊(숙박) 漂泊(표박) 淡泊(담박)		

漕	배저을/배로실어나를	조
	水 11	1급
漕艇(조정) 力漕(역조) 漕運(조운) 漕倉(조창)		

舵	키	타
	舟 5	1급
舵手(타수) 舵輪(타륜) 操舵(조타) 轉舵(전타)		

港	항구	항
	水 9	4급Ⅱ
港口(항구) 港都(항도) 軍港(군항) 空港(공항)		

津	나루/진액/넘칠	진
	水 6	2급
津驛(진역) 津液(진액) 興味津津(흥미진진)		

艙	선창	창
	舟 10	1급
艙口(창구) 船艙(선창) 魚艙(어창)		

埠	부두	부
	土 8	1급
埠頭(부두) 船埠(선부)		

閘	수문	갑
	門 5	1급
閘門(갑문) 水閘(수갑)		

濟	건널/건질/많을/이룰/나루	제
	水 14	4급Ⅱ
濟涉(제섭) 濟濟(제제) 經國濟世(경국제세)		

渡	건널/건넬/나루	도
	水 9	3급Ⅱ
渡江(도강) 讓渡(양도) 暗渡陳倉(암도진창)		

涉	건널/관계할/겪을	섭
	水 7	3급
渡涉(도섭) 干涉(간섭) 交涉(교섭) 經涉(경섭)		

50. 器具 기구

器皿기명 • 雜具잡구

▼
器皿 기명

器	그릇/재능/기관/그릇으로여길·쓸	기
	口 13	4급Ⅱ
器量(기량) 臟器(장기) 君子不器(군자불기)		

皿	그릇	명
	皿 0	1급
器皿(기명) 膝皿(슬명) 器皿折枝(기명절지)		

陶	질그릇/만들/기뻐할	도
	阜 8	3급Ⅱ
陶器(도기) 陶冶(도야) 陶鑄(도주) 陶醉(도취)		

漢字	음	훈	부수	획수	급수	용례
甄	견	질그릇/교화할/살필	瓦	9	2급[名]	甄工(견공) 甄陶(견도) 甄拔(견발) 甄萱(견훤)
瓷	자	오지그릇/사기그릇	瓦	6	1급	瓷器(자기) 陶瓷(도자) 青瓷(청자) 烏瓷(오자)
甕	옹	독/단지/항아리	瓦	13	2급[名]	甕器(옹기) 甕算(옹산) 鐵甕城(철옹성)
缸	항	항아리	缶	3	1급	魚缸(어항) 玉缸(옥항) 酒缸(주항) 附缸(부항)
盆	분	동이	皿	4	1급	盆栽(분재) 花盆(화분) 戴盆望天(대분망천)
甁	병	병/단지	瓦	8	1급	甁花(병화) 花甁(화병) 空甁(공병) 酒甁(주병)
窯	요	가마/오지그릇	穴	10	1급	窯業(요업) 陶窯(도요) 康津窯(강진요)
釜	부	가마/가마솥	金	2	2급[名]	釜鼎(부정) 釜山(부산) 破釜沈船(파부침선)
鼎	정	솥	鼎	0	2급[名]	鼎立(정립) 鼎足(정족) 鼎談(정담) 鼎席(정석)
鉉	현	솥귀	金	5	2급[名]	三鉉(삼현)
錠	정	제기이름/신선로/정제	金	8	1급	錠劑(정제) 糖衣錠(당의정)
盒	합	합	皿	6	1급	飯盒(반합) 饌盒(찬합) 玉盒(옥합) 香盒(향합)
杯	배	잔	木	4	3급	聖杯(성배) 祝杯(축배) 乾杯(건배) 苦杯(고배)
盞	잔	잔	皿	8	1급	盞臺(잔대) 金盞(금잔) 燈盞(등잔) 添盞(첨잔)
觴	상	잔/술잔	角	11	1급	觴詠(상영) 濫觴(남상) 壺觴(호상) 流觴(유상)
瓚	찬	술그릇	玉	19	2급[名]	玉瓚(옥찬) 圭瓚(규찬)
樽 註	준	술통/술단지	木	12	1급	樽酒(준주) 金樽(금준) 樽俎折衝(준조절충)
盤	반	소반/쟁반/받침/큰돌/서릴	皿	10	3급II	銀盤(은반) 基盤(기반) 盤根錯節(반근착절)

註 樽 ▶ 杓 북두자루 표 // 구기 작 p.174

漢字	훈	음	부수	획수	급수	용례
槃	쟁반/즐길	반	木	10	1급	槃盂(반우) 槃游(반유)
籠	대그릇/새장/쌀	롱	竹	16	2급	籠球(농구) 藥籠(약롱) 籠鳥(농조) 籠絡(농락)
籃	대바구니	람	竹	14	1급	籃輿(남여) 搖籃(요람) 魚籃(어람) 竹籃(죽람)
簞	대광주리/호리병박	단	竹	12	1급	一簞(일단) 瓢簞(표단) 簞瓢陋巷(단표누항)
桶	통	통	木	7	1급	水桶(수통) 鐵桶(철통) 休紙桶(휴지통)
筒	대통/통	통	竹	6	1급	筆筒(필통) 算筒(산통) 煙筒(연통) 封筒(봉통)
箱	상자	상	竹	9	2급	箱子(상자) 風箱(풍상) 百葉箱(백엽상)
匣	갑	갑	匚	5	1급	掌匣(장갑) 手匣(수갑) 文匣(문갑) 鏡匣(경갑)
櫃	함/궤짝	궤	木	14	1급	櫃封(궤봉) 書櫃(서궤) 金櫃(금궤) 鐵櫃(철궤)
函	함/편지/넣을/갑옷	함	凵	6	1급	玉函(옥함) 貴函(귀함) 函丈(함장) 函數(함수)
袋	자루/부대	대	衣	5	1급	負袋(부대) 布袋(포대) 酒袋飯囊(주대반낭)

▼ 雜具 잡구

漢字	훈	음	부수	획수	급수	용례
機	틀/베틀/재치/계기/기틀/때/조짐	기	木	12	4급	機業(기업) 機智(기지) 機務(기무) 機會(기회)
械	기구/형틀	계	木	7	3급 II	機械(기계) 器械(기계) 械繫(계계)
斤	도끼/근	근	斤	0	3급	斤數(근수) 斤量(근량) 斤兩(근량) 千斤(천근)
斧	도끼/벨/찍을	부	斤	4	1급	斤斧(근부) 戰斧(전부) 磨斧爲針(마부위침)
剪	가위/벨	전	刀	9	1급	剪刀(전도) 剪斷(전단) 剪枝(전지) 剪毛(전모)
錐	송곳	추	金	8	1급	立錐(입추) 試錐(시추) 囊中之錐(낭중지추)

傘	우산/일산	산
	人 10	2급
雨傘(우산) 日傘(일산) 落下傘(낙하산)		

扇	부채/부채 질할	선
	戶 6	1급
扇面(선면) 秋扇(추선) 夏爐冬扇(하로동선)		

簾	발	렴
	竹 13	1급
簾箔(염박) 珠簾(주렴) 垂簾聽政(수렴청정)		

箔	발/잠박/박	박
	竹 8	1급
珠箔(주박) 蠶箔(잠박) 分箔(분박) 金箔(금박)		

附錄 Ⅰ.

主題別 漢字分類一覽表

1. 본 주제별 한자분류일람표에는 본문의 3,500자 외에 3,300자를 추가로 선정하였다. 모두 6,800자의 한자를 한눈에 살펴볼 수 있도록 도표화 하였다.

2. 본 부록의 한자 배열은 원칙적으로 본문을 따랐으며, 학습에 도움이 되도록 약간의 용례를 실었다.

章	節	3,500字 (教育 · 公認級數) / 3,300字 (其他 ; 訓音表記)
Ⅰ. 人間編		
1. 人間	人民	人 民 世 者 員 隣
		氓 백성 맹 (蒼氓)　鄰 隣의 本字
	男性	男 郎 陽 雄
	女性	女 娘 姬 孃 陰 雌
	英雄	偉 傑 杰 俊 豪 俠
		雋 뛰어날 준　儁 준걸 준
	群衆	群 衆 徒 黨 等 類 輩 曹 彙 部 隊 派
		儕 무리 제　儔 무리 주　烝 무리/찔 증 們 들 문
	主從	主 奴 隷 僕 婢 客 賓 旅
		皁 하인 조　皂 皁의 俗字　廝 종/하인 시 僮 하인/아이 동　妮 계집종 니　羈 나그네/굴레 기
	友敵	朋 友 交 敵 讎 仇
	相對	相 互 胥 對 應 共 俱 偕 兼 竝 併
		并 어우를 병　駢 나란히할 변 · 병
2. 身體	身體	身 體 軀 躬 血 脈 肉 肢 胴 臟 腑 肺 胸 臆 膺 膈 膜 腔
		肓 명치 황　尻 꽁무니 고 (黑尻)　跨 사타구니/넘을 과 胯 사타구니 과　臍 배꼽 제 (臍帶血)　脖 배꼽 발

骨格	骸 骨 髓 脊 肋		
	骼 백골 격 (骨骼)	髑 해골 촉 (髑髏)	髏 해골 루 (髑髏)
	顱 두개골 로	膂 등골뼈 려	骿 통갈비 변
	髆 어깨뼈 박	胛 어깨뼈 갑 (肩胛)	臏 종지뼈 빈
	髕 종지뼈 빈	歹 앙상한뼈 알	
筋肉	筋 腱 背 腰 臀 膚 肌		
	觔 힘줄 근 筋과 同字	乶 볼기 볼 (*音譯字)	臚 살갗/가죽 려
	腠 살결 주	皺 주름살 추	
頭部	頭 首 腦 頂 毛 髮 毫 禿		
	頁 머리 혈	鬢 살쩍 빈	鬒 숱많고검을 진 (鬒髮)
	鬟 쪽진머리 환	髦 다팔머리 모	髳 다팔머리 무
	髢 다리 체 (*月子)	髧 늘어질 담	鬖 헝클어질 삼
	鬉 머리헝클어질 종	辮 땋을 변 (辮髮)	髻 상투 계
	頍 머리들 규		
顔面	面 容 顔 額 顴 頰 耳 目 眼 眉 瞳 睛 口 舌 脣 齒 牙 鼻 顎 項 頸 咽 喉 嚬		
	頟 額과 同字	俁 얼굴클 우 (俁俁)	顙 이마 상
	頄 광대뼈 규·구	臉 뺨 검	顋 뺨 시
	肫 광대뼈 순	耼 귓바퀴없을 담	聃 耼의 俗字
	睍 불거진눈 현	眸 눈동자 모	瞼 눈꺼풀 검 (眼瞼)
	睫 속눈썹 첩 (目睫)	吻 입술 문 (接吻)	齻 사랑니/송곳니 전
	齯 다시난이 예	齦 잇몸 은 깨물 간	齔 이갈 츤
	齠 이갈 초	呀 입딱벌릴 하	頞 콧대/콧마루 알
	衄 코피 뉵	鼽 코막힐 구	頤 턱/기를 이

		頷 턱 함 끄덕일 암	噲 목구멍 쾌	鬚 수염 수 (鬚髥)
		髥 구레나룻 염 (鬚髥)	臏 찡그릴 빈	蹙 찡그릴/줄 축 (嚬蹙)
		顣 찡그릴 축		
	上肢	手 拳 掌 指 拇 擘 爪 肱 腕 臂 膊 肩 腋 叉 拱		
		肘 팔꿈치 주	掖 겨드랑이/낄 액	脇 옆구리 협 脅의 別體
	下肢	足 脚 股 腿 膝 脛 踵 蹴		
		髀 넓적다리 비	膕 오금 괵	腓 장딴지 비
		趾 발/발가락 지	跣 맨발 선 (徒跣)	跟 발꿈치 근
		跗 발등 부	跖 발바닥 척	跂 발돋움할/육발 기
	消化	腹 胃 腸 肝 膽 脾 膵 肛 唾		
		肚 배/밥통 두	脘 밥통 완 (下脘)	痞 뱃속결릴 비
		涎 침 연 (垂涎)		
	排泄	腎 汗 尿 膀 胱 糞 泌 腺 膣		
		屎 똥 시 (屎尿)	屁 방귀 비	溲 오줌 수 (牛溲馬勃)
		洟 콧물 이	嚔 재채기 체	睾 불알 고 (睾丸)
	睡眠	睡 眠 寢 寐 寤 輾 枕 衾 夢 欠		
		寑 잠잘 침	鼾 코골 한 (鼾睡)	囈 잠꼬대 예 (夢囈)
		啽 잠꼬대 암	裀 요/자리 인 (裀褥)	褥 요 욕 (裀褥)
		毯 담요 담	裯 홑이불 주 속적삼 도	
3. 感覺	視覺	視 見 觀 覽 監 看 閱 睹 眺 瞻 瞰 謁 覲 眷 顧 察 窺 眈 眄 瞥 示 幻 顯 著 彰		
		矃 볼 녕 (盯矃)	覩 볼 도	睟 바로볼 수
		瞠 똑바로볼 당 (瞠視)	盯 똑바로볼 정 (盯矃)	僬 밝게살필 초

	睠	돌아볼 권 眷과 同字	矍	두리번거릴 확	睇	흘끗볼 제
	睊	곁눈질할 견	瞯	엿볼 간	矙	엿볼 감
	闚	엿볼 규 窺와 同字	伺	엿볼 사	覗	엿볼 사
	睪	엿볼 역	覘	엿볼 점	闖	엿볼/불쑥들어갈 틈 (闖入)
	俔	엿볼 현	眥	흘길 자 눈초리 제	盻	흘길 혜
	俾	흘길/하여금 비	睥	흘겨볼 비	睨	흘겨볼 예
	盱	쳐다볼 우	瞋	부릅뜰 진	睢	부릅떠볼 휴 물이름 수
	濉	睢와 同字	睜	칩떠볼 정	睚	눈초리/눈흘길 애
	眊	눈어두울 모	眚	눈에백태낄/흐릴 생	瞑	눈감을 명
	燽	드러날 주				
聽覺	聽 聞 音 聲 響 轟 囈					
	聆	들을 령	聱	듣지아니할 오	呟	소리 현
	訇	큰소리 굉	唎	가는소리 리	喨	소리맑을 량
	肸	울려퍼질/웃을 힐	聹	귀지 녕		
嗅覺	嗅 臭 香 馥 闇 芬 馨					
	苾	향내 필	馝	향기로울 필	腥	비릴/날고기 성
	臊	누릴 조	羶	누린내 전		
味覺	味 嘗 苦 甘 糖 蜜 鹹 鹽 辣 醋 醯 澁					
	嚌	맛볼 제	啐	맛볼 쵀 지껄일 줄	吮	빨/핥을 연
	舐	핥을 지 (舐犢)	嗦	핥을 색	甛	달 첨
	鹵	소금/염밭 로 (沙鹵)	酢	초 초 잔돌릴 작	飶	음식냄새 필
	餲	쉴 애				

	觸覺	觸 摩 擦 抑 壓 押 按 捺 扼 刮 搾 爬 搔 滑		
		挪 비빌 나	澾 미끄러울 달	
4. 精神	精神	心 性 衷 精 魂 魄		
	意志	意 志 趣 旨 專 毅 鞏 逞 懦		
		倜 기개있을/대범할 척	顓 오로지/전단할 전	慭 억지로 은
	決定	決 定 選 擇 揀 挺 拔 擢 抽 籤 勸 奬 慫 躊 躇		
		柬 가릴/분별할 간 揀과 同字	敹 가릴 료	扎 뺄 찰
		慂 권할 용 (慫慂)	遴 어려워할 린	踟 머뭇거릴 지 (踟躕)
		躕 머뭇거릴 주 (踟躕)	躑 머뭇거릴 척 (躑躅)	蹢 머뭇거릴 척 (蹢躅)
		躅 머뭇거릴 촉 (躑躅)		
	忍耐	忍 耐 堪 支 撐		
		橕 버틸/기둥 탱	牚 버틸/버팀목 탱	拄 버틸 주
5. 性禀	誠實	誠 款 忠 敦 惇 篤 懇 摯 廉		
		悃 정성 곤 (悃誠)	悾 정성 공	愫 정성 소
		恂 정성/미쁠 순	忱 정성 침	叮 정성스러울 정
		愨 성실할/삼갈 각 (謹愨)	愿 성실할/삼갈 원	慥 진실할 조
		孚 미쁠 부	婠 품성좋을/점잖을 완	嚀 간곡할 녕
		繾 곡진할 견	慇 은근할 은 (慇懃)	懃 은근할 근 (慇懃)
		綣 정다울 권		
	勤勉	勤 勉 努 勵 奮		
		孜 부지런할 자	孶 부지런할/불을 자	圣 힘쓸 골
		蘉 힘쓸 망	勱 힘쓸 매	亹 힘쓸/부지런할 미

		忞 힘쓸 민	忟 힘쓸 민 忞과 同字	
	懶怠	懶 怠 懈 惰 倦		
		嬾 게으를 란 (嬾惰)	慵 게으를 용 (慵懶)	媠 게으를/고울 타
	寬大	寬 綽 恕 赦 宥 免		
		薖 너그러울 과	愃 너그러울 훤 쾌할 선	
	苛酷	苛 酷 甚 頑 愎		
		詖 치우칠 피		
	奸邪	奸 邪 妖 慝 狡 猾		
		憸 간사할 섬	遹 간사할/좇을 휼	宄 간악할 귀
		訞 요사할 요	黠 약을/교활할 할 *俗音:힐	獪 교활할 회 (老獪)
6. 態度	謙遜	謙 遜 讓 恭 悌 順		
		嗛 겸손할 겸	龔 공손할 공	俅 공손할 구
		撙 누를 준		
	驕慢	驕 慢 傲 倨 侮 蔑 凌 恣 擅 僭 誇 衒		
		奡 오만할 오	嫚 업신여길 만	慆 방자할/기뻐할 도
		肆 방자할 사 (恣肆)	媟 무람없을 설	狃 친압할 뉴
		狎 익숙할 압 (狎昵)	昵 친할 닐 (狎昵)	暬 설만할 설
		怭 설만할 필	夸 자랑할 과	詡 자랑할 후
	勇氣	勇 敢 壯 冒 挑 激 烈 猛 悍		
		驍 날랠 효	仡 날랠 흘	赳 헌걸찰 규 (赳赳)
		頎 헌걸찰 기	獷 사나울/모질 광 (獷悍)	
	愼重	謹 愼 兢 毖 頊 虔 恪 警 戒 儆 箴 仔 詳		
		踧 삼갈 축 평평할 적	飭 삼갈/신칙할 칙 (申飭)	劼 삼갈 할

		誡 경계할 계 (敎誡)	蕆 경계할 천	夔 조심할 기
		虁 조심할 기 夔와 同字	蘷 조심할 기	夤 조심할 인
		諄 타이를 순		
	輕率	慌 遑 躁		
		佻 경박할 조 (輕佻浮薄)	恌 경박할 조	訑 으쓱거릴 이
		僄 가벼울/날랠 표	狷 성급할 견	獧 성급할 견
7. 感情	感情	感 情 誼 懷 敍 抒 攄		
		譆 감탄할 희 (*擬聲語)		
	仁愛	愛 慈 寵 好 良 仁 善 价		
		嬖 사랑할 폐	憓 사랑할 혜	臧 착할/감출 장
	戀慕	戀 慕 憧 憬		
	憎惡	憎 嫌 厭 嫉 妬 猜 怨 怏		
		斁 싫어할 역	慊 찐덥지않을 겸	懟 원망할 대 (怨懟)
		憝 원망할 대	譈 원망할 대	
	喜樂	喜 悅 憙 怡 歡 驩 欣 愉 爽 快 洽 笑		
		囍 쌍희 희	僖 기쁠 희	忭 기뻐할 변
		懌 기뻐할 역	懽 기뻐할 환	忻 기뻐할 흔 欣과 同字
		憘 기뻐할 희 憙와 同字	悰 즐길 종	恔 쾌할 교
		噱 크게웃을 갹	唪 껄껄웃을 봉	听 웃을 은
		咥 웃을 희 깨물 질		
	悲哀	悲 哀 慷 慨 悽 悼 惻 愴 慟 慘 噫 嗚		

	怛 슬플/놀랄 달 (憯怛)	憯 슬퍼할 참 (憯怛)	怊 슬퍼할 초 (怊悵)
	悵 슬퍼할 창 (怊悵)	恫 상심할 통	衋 애통할 혁
	忼 강개할 강 (忼慨)	擗 가슴칠 벽 (擗踊)	
憐憫	憐 憫 矜 恤 慰 撫 憮		
	賑 구휼할 진 (賑恤)	勑 위로할 래 徠와 同字	敉 어루만질 미
孤獨	孤 獨 凄 蕭 寥 寞		
	煢 외로울 경	茕 외로울/근심할 경 煢과 同字	踽 외로울/홀로갈 우
	孑 외로울 혈 (孑孑單身)	惸 독신자/근심할 경	
哭泣	嗚 哭 泣 啼 呱 淚 涕		
	咷 울 도	欷 흐느낄 희 (欷歔)	歔 흐느낄 허
	喤 울음소리 황	潸 눈물흐를 산	泫 눈물흘릴/이슬빛날 현
	汍 눈물흐를 환		
嘲弄	嘲 嗤 弄 謔 揶 揄		
	哂 비웃을 신	詼 조롱할 회	揶 농지거리할/희롱할 야
	咿 선웃음칠 이	嚅 선웃음칠/말머뭇거릴 유	
羞恥	辱 羞 恥 慙 愧		
	僇 욕될 륙	浼 더럽힐 매	忝 더럽힐 첨
	媿 부끄러워할/욕보일 괴	恧 부끄러워할 뉵	忸 부끄러워할 뉵 익을 뉴
	怩 부끄러워할 니	怍 부끄러워할 작	靦 부끄러워할 전
	慚 부끄러워할 참 慙과 同字	赧 얼굴붉힐 난	畽 염우(廉隅)없을 톤
忿怒	忿 怒 嗔 愾 憤 冤		
	奰 싱낼 비	悁 싱낼 연	恚 싱낼 에

	慍 성낼 온	懠 성낼 제	懥 성낼 치
	懫 성낼 치	悻 성낼 행	嚇 성낼 혁
	僩 노할/굳셀 한	怫 발끈할 비 답답할 불	艴 발끈할 불
	寃 원통할 원 冤의 俗字		
驚愕	驚 愕 駭 怪 奇 恍 惚 惘		
	瞿 놀랄 구	咢 놀랄 악 愕과 同字	噩 놀랄 악
	唇 놀랄 진	怳 멍할 황	瞏 놀라서볼 경
	睘 볼 경 瞏과 同字		
恐怖	恐 怖 畏 懼 惶 悚 慄 悸 怯		
	恇 겁낼 광	戁 두려워할 난	懍 두려워할/위태할 름
	葸 두려워할/삼갈 사	懾 두려워할 섭 (懾畏)	竦 두려워할 송
	慴 두려워할 습	惕 두려워할 척	怵 두려워할 출
	惴 두려워할 췌	怕 두려워할 파	虩 두려워할 혁
	嘵 두려워할 효	恟 두려워할 흉	恄 두려워할 힐
	觳 곱송그릴/뿔잔 곡 (觳觫)	觫 곱송그릴 속 (觳觫)	
憂愁	憂 愁 患 恙 虞		
	欿 근심할/서운할 감	忉 근심할 도	慱 근심할 단
	懰 근심할 류	愍 근심할 민	怲 근심할 병
	悒 근심할 읍	懆 근심할 조	慽 근심할 척 慼과 同字
	慼 근심할 척 慽과 同字	惙 근심할 철	悄 근심할 초
	愀 근심할 초	忡 근심할 충	憒 심란할 궤
	惔 속탈 담	癙 속끓일 서	恝 근심없을 개
	惆 실망할 추	侘 낙망할 차	喟 한숨쉴 위

	慾望	欲 慾 貪 羨 僥		
		覬 넘겨다볼/바랄 기	叨 탐낼/외람할 도 (叨貪)	婪 탐할 람
		徼 구할/돌 요	倖 요행 행	
8. 運動	運動	動 止 入 出 噴 傳 移 遷 徙 擡 擧 提 牽 引 拉 曳 輓 挽 推 振 搖 掉		
		吪 움직일/화할 와	輟 그칠 철	擎 들 경
		扛 마주들 강	掀 치켜들 흔	搆 끌 구
		挈 끌/이끌 설	掣 끌 체 당길 철	拕 끌 타 (拕曳)
		拖 끌 타 (拖曳)	絅 끌어죌 경	控 당길 공
		掎 당길 기	扔 당길 잉	撼 흔들/흔들릴 감 (搖撼)
		扤 흔들릴 올		
	坐立	立 竪 坐 座 席 筵 藉		
		佇 우두커니설 저 (佇立)	跏 책상다리할 가 (跏趺坐)	趺 책상다리할 부 (跏趺坐)
		踞 걸어앉을/웅크릴 거	跪 꿇어앉을 궤	蹲 웅크릴 준
		蓆 자리 석	蓐 자리/깔개 욕	絪 자리 인
		籧 대자리 거	簟 대자리 점	苫 거적 점
		偃 누울/쓰러질 언		
	起伏	起 勃 伏 臥 俛 俯 匍 匐 顚 倒 蹶 蹉 跌 靡		
		謖 일어날 속	浡 우쩍일어날 발	跼 구부릴 국
		頫 숙일/굽힐 부	跲 넘어질 겁	仆 넘어질/엎어질 부 (仆伏)
		疐 엎드러질 치 꼭지 체	僵 쓰러질/뻣뻣해질 강 (僵屍)	躂 미끄러질 달
	回轉	回 旋 循 廻 斡 轉 捲		

步行	步 踐 踏 履 跋 跆 蹂 躪 巡 邏 彷 徨 徘 徊 逍		
	跬 반걸음 규 (跬步)	蹞 반걸음 규	偊 혼자걸을 우
	逡 뒷걸음칠 준	蹐 살금살금걸을 척	蹜 종종걸음칠 축
	蹻 발돋움할 교	跫 발자국소리 공	躡 밟을 섭
	踖 밟을 적	蹀 밟을 접	蹠 밟을/발바닥 척 (對蹠點)
	徇 돌/두루 순	徜 노닐 상	倘 노닐 상 혹시 당
	徉 노닐 양		
走行	走 奔 趨 馳 驅 跳 躍 遁 逃 避 逋		
	騖 달릴 무	騁 달릴 빙	駛 달릴/빠를 사
	勷 달릴/급할 양	驟 달릴/갑작스러울 취	駸 달릴 침
	駾 달릴 태	躩 바삐갈 곽	蹌 추창(趨蹌)할 창
	趯 뛸 약 躍과 同字	跴 뛸 채	遯 달아날/둔괘 둔 遁과 同字
	犇 달아날 분 奔의 古字	逭 달아날 환	
往來	行 去 往 之 邁 赴 退 進 就 詣 來 臨 復 歸 返 還		
	朅 갈 걸 (朅來)	迲 갈/자래 겁	侁 갈/걷는모양 신
	徂 갈 조	冄 나아갈 염	迪 나아갈 적 (啓迪)
	趁 좇을 진	邅 머뭇거릴 전	逶 구불구불갈 위
	婓 오락가락할 비	徠 올/위로할 래 來와 同字	倈 徠와 同字
	涖 다다를/물소리 리	莅 임할 리	
發着	發 着 到 致 至 及 扱		
	屆 이를/신고할/회수 계	臻 이를 진 (輻輳幷臻)	詹 이를 첨
	迄 이를 흘	迨 미칠 태	曁 및/미칠 기

대분류	소분류	한자
	昇降	登 昇 昂 揚 騰 襄 陟 降 陞 오를 승 (例陞) / 敭 오를 양 揚의 古字 / 躋 오를 제 隮 오를 제 躋와 通用
	飛翔	飛 翔 投 擲 抛 撒 翶 날 고 (翶翔) / 颺 날/날릴 양 / 飖 날아오를 요 (飖颺) 頡 날아올라갈 힐 (頡頏) / 頏 내려날 항 / 鴥 빨리날 율 翩 빨리날/나부낄 편 / 翬 훨훨날/꿩 휘 / 翛 날개찢어질 소
	墜落	墜 落 墮 隕 陷
	懸垂	懸 垂 掛 揭 蕤 드리워질/늘어질 유 / 朶 늘어질 타 (萬朶) / 朵 늘어질 타 朶와 同字 樛 늘어져휠 규 / 挂 걸 괘
9. 行動	指揮	督 制 統 總 領 率 導 揮 營 司 吩 咐 酋 魁 摠 모두 총 總과 同字 / 羑 인도할 유
	追從	追 從 遵 隨 扈 陪 侍 傀 儡 傔 시중들 겸 / 仍 인할 잉 (後仍) / 伻 부릴/따를 팽
	依託	依 據 賴 憑 委 任 托 預 請 託 囑 許 諾 靠 기댈 고 (依靠) / 倚 기댈 의 (倚賴) / 恃 믿을 시 (恃賴) 怙 믿을 호
	反對	反 叛 逆 遡 妨 禁 忌 憚 諱 咈 어길 불 / 忤 거스를 오 (忤逆) / 舛 어그러질 천 (乖舛) 睽 등실/부릅뜰 규

逢別	逢 遇 遭 邂 逅 迎 邀 離 散 訣 餞		
	遘 만난 구	覯 만날 구	姤 만날 구
	晤 만날/밝을 오 (會晤)	覿 볼 적	迓 마중할 아
	俉 맞이할 오	儐 인도할 빈	渙 흩어질/풀릴 환 (渙散)
	仳 떠날 비	贐 전별할 신	
集會	社 集 會 叢 簇 参 遝 輳		
	湊 모일 주 (湊集)	雋 모일/준걸 준	攢 모일/모을 찬
	盍 모일/어찌아니할 합	佸 모일/이를 활	甡 모이는모양 신
連結	關 聯 連 接 續 承 繼 絡 紹		
	賡 이을 갱	纘 이을 찬	
結束	結 締 繫 系 係 紐 束 縛 括 絆 纏 綴		
	繳 맬 교	纍 맬/얽힐 루	縻 맬/묶을 미
	紲 맬/고삐 설	絏 맬 설 紲과 同字	縶 잡아맬 칩
	紮 묶을/머무를 찰 (結紮)(紮營)	綢 얽을/밸 주 (綢繆)	繆 얽을 무 (綢繆)
	縈 얽힐/두를 영		
分割	斷 絕 切 截 裂 割 班 頒 析 剖 劈		
	砍 벨/쪼갤 감	斫 벨/찍을 작 (亂斫)	鍘 벨 차
	翦 자를/가위 전	坼 터질/갈라질 탁 (坼裂)	拆 터질 탁 (拆裂)
	刳 가를 고 (刳割)	柝 쪼갤/딱따기 탁	斮 깎을 착
	剔 뼈바를 척 (剔抉)	抉 도려낼/들추어낼 결 (剔抉)	
贈與	給 授 與 付 贈 賜 貢 獻 呈 供		

	賚 줄/하사할 뢰 (錫賚)	畀 줄 비	貽 줄/끼칠 이 (贈貽)
	詒 줄/보낼 이 속일 태	貺 줄/하사할 황	俵 나누어줄 표
取得	取 持 携 獲 得 拾 受 納 摘		
	攜 가질 휴 携의 本字	捃 주울 군	摭 주울 척
	掇 주울 철		
設施	設 施 張 陳 展 舒 敷 鋪		
	攤 펼 탄	佈 펼 포 (佈告)	擺 열/벌여놓을 파
	濩 퍼질 호 삶을 확		
收集	收 斂 募 綜 聚 蒐 萃		
	裒 모을 부	欑 모을/모일 찬	翕 모을/모일/합할 흡
	摟 끌어모을 루	掊 거두어들일 부	戢 거둘 즙
	捄 담을 구		
蓄積	貯 蓄 積 堆 蘊		
	儲 쌓을/태자 저 (公儲)(建儲)	庤 쌓을 치	
把握	操 執 秉 把 握 攀 撮		
	攬 잡을 람 (收攬)	捫 잡을/더듬을 문	攫 붙잡을 확
	抮 휘어잡을/되돌릴 진 (抮抱)	拈 집을 념	擥 잘 람 攬과 同字
	搤 쥘/잡을 액	掬 움킬 국	抔 움킬/움큼 부 (抔土)
	匊 움켜뜰 국 掬의 本字	捻 비틀/집을 념	捩 비틀 렬
	搴 뽑을/뺄 건	捋 뽑을 랄	揠 뽑을 알
	擱 놓을 각		
逮捕	拘 逮 捕 捉 拏 拿 虜 擒		

	俘 사로잡을 부 (俘虜)		
製作	製 造 作 做 構		
破壞	破 壞 崩 頹 潰 毁 碎 挫 折 拗		
	捌 깨뜨릴 팔	垝 무너질 궤	坍 무너질 담
	圮 무너질/무너뜨릴 비	隤 무너질 퇴	隳 무너질 휴
	剉 꺾을/꺾일 좌	摧 꺾을 최 (摧折)	
打擊	打 擊 拍 拷 搏 撲 撞 敲 叩 毆 撻		
	挌 칠 격	撾 칠 과 (撾撻)	扑 칠 복 (扑撻)
	拊 칠/어루만질 부	挃 칠/찌를 질	椓 칠 탁
	摽 칠 표	搉 두드릴 각	捆 두드릴 곤
	扣 두드릴 구	抃 손뼉칠 변	捶 매질할/종아리칠 추
	箠 채찍/채찍질할 추		
採掘	採 采 掘 鑿 穿 鑽 窟 穴 坑 穽		
	堀 굴 굴 窟과 同字	窩 굴/움집 와 (蜂窩)	窖 움 교
	坎 구덩이 감 (坎穽)	阬 구덩이/묻을 갱 坑과 同字	窞 구덩이 담
	窪 웅덩이/구덩이 와	岫 산굴 수 (巖岫)	峀 산굴 수 岫와 同字
	跑 땅허빌 포	阱 함정 정 穽과 同字	
探索	求 探 索 搜 尋 訪 覓 摸 偵 諜		
	籲 부를 유 (籲俊)	龥 부를 유 籲와 同字	

Ⅱ. 人文編

分類	小分類	漢字
10. 哲學	思惟	思 想 念 慮 憶 惟 考 料 勘 忖 省 諦 諒 辨 覺 悟 忘
		侖 생각할/둥글 륜　恁 생각할 임　攷 상고할 고 考의 古字 稽 상고할/머무를 계 (滑稽)　揣 헤아릴 췌　釆 분별할 변 惺 깨달을 성
	存在	存 在 有 無 罔 含
		无 없을 무　唵 머금을 암
	智慧	智 慧 睿 策 謨 謀 知 識 認 賢 悧 聰 哲 喆
		諝 슬기로울 서　譿 슬기로울 혜　譓 슬기로울 혜 慜 총명할 민　怜 영리할 령　伶 영리할/악공(樂工) 령 儇 영리할 현　俐 똑똑할 리　㥠 지혜 서 叡 밝을 예　愰 밝을/영리할 황　猷 꾀 유 (謀猷)
	愚昧	愚 癡 呆 魯
		憨 어리석을 감　倥 어리석을/바쁠 공　傋 어리석을 구 騃 어리석을 애　嚚 어리석을 은　侄 어리석을 질 蚩 어리석을 치 (妍蚩)　惛 어리석을 혼　侗 미련할 통 정성 동 戇 고지식할/어리석을 당
11. 宗教	信仰	信 仰 祈 禱 祝 神 聖 靈
	悔改	悔 懺 恨 憾 懊 嗟 歎 改 悛
		嘅 탄식할 개　吁 탄식할 우　嘆 탄식할 탄 (愁嘆) 惋 한탄할 완
	救助	救 助 援 扶 贊 輔 佐 弼 佑 祐 翊 毘 裨 幇 恩 惠 謝

	護 구할/풍류이름 호　拯 건질/도울 증 (救拯)　幫 도울 방 毗 도울 비　佽 도울/잴 차 (佽助)
生命	生 活 壽 命 呼 吸 蘇 甦
	穌 소생할 소 蘇와 同字
罪惡	罪 辜 瑕 疵 惡 害 毒 弊 凶 兇 暴 虐 妄 悖 乖 戾 猥 違 犯
	愆 허물/어그러질 건　咎 허물/나무랄 구 (誰怨誰咎)　訧 허물 우 忮 해칠 기 (忮害)　騫 이지러질/허물 건　玷 이지러질/옥티 점 很 어길/패려궂을 흔　獰 모질 녕　狠 개싸우는소리/패려궂을 한 (狠戾)
死亡	死 歿 殞 斃 逝 殉 夭 殺 戮 屠 煞 殲 弑 絞 縊
	殪 죽을/쓰러질 에　殂 죽을 조　薨 죽을 훙 (薨逝) 殤 일찍죽을 상　殀 일찍죽을 요　戕 죽일 장 剿 죽일/끊을 초　剄 목벨 경　刎 목벨 문 (刎頸之交)
喪葬	喪 葬 弔 殮 殯 訃 賻
	賵 보낼 봉　襚 수의 수　緦 시마복 시 絰 수질/요질 질 (首絰)　唁 위문할 언
墳墓	墳 墓 塚 壙 埋 屍 棺 柩 槨 碑
	墦 무덤 번　塋 무덤 영 (先塋)　冢 무덤 총 窀 광중/뫼구덩이 둔　穸 뫼구덩이 석　隧 무덤길 수 (墓隧) 瘞 묻을/무덤 예　祔 합장할/합사할 부　窆 하관할 폄 柾 널 구 나무바를 정　碣 비/둥근비석 갈 (碑碣)　殭 굳어질/누에말라죽을 강 (殭屍) 俑 허수아비 용 (土俑)
祭祀	祭 祀 奠 廟 祠 壇 犧 牲 贖 歆

		禘 종묘제사이름/큰제사 체 · 禴 봄제사 약 · 祊 제사이름 팽 禫 담제 담 · 雩 기우제 우 (舞雩祭) · 禋 제사지낼 인 祼 강신제지낼 관 · 禡 마제 마 · 軷 길제사 발 祇 땅귀신 기 (山祇) · 誄 뇌사/제문 뢰 · 祧 조묘 조 壝 제단 유 · 堭 당집 황 · 禰 아비사당 녜 墠 제사터 선 · 龕 감실 감 (壁龕) · 簋 제기이름 궤 璉 호련(瑚璉) 련 · 籩 제기이름 변 · 簠 제기이름 보 牷 희생 전 · 膰 제육/제사고기 번 · 胙 제지낸고기 조
	佛教	佛 陀 迦 彌 菩 薩 寺 刹 伽 庵 僧 尼 梵 唄 偈 鉢 鐸 衲 袈 禪 涅 卍
		陁 비탈질 타 陀의 俗字 · 剃 머리깎을 체 (開剃)
	占卜	占 卜 卦 艮 爻 讖 巫 覡 鬼 魔 儺
		筮 점칠/점대 서 (筮卜) · 笒 점대 금 속찬대 함 · 栻 점판 식 彖 단/판단할 단 · 巽 손괘 손 · 离 도깨비/산신 리 魍 도깨비 망 · 魎 도깨비 량 · 禊 계제사 계 祓 푸닥거리 불 (祓禳) · 禳 푸닥거리할 양 (祈禳) · 賽 굿/굿할 새 (報賽)
12. 倫理	道德	倫 孝 德 悳 禮 儀 俗 慣 公 私 義 庸 效 楷
		彝 떳떳할 이 · 彛 떳떳할 이 彝의 俗字 · 効 效의 俗字 傚 본받을 효 效와 同字
	根本	本 原 源 宗 紀 綱 維 綸
		氐 근본 저
	眞正	眞 正 匡 矯 訂 董 可 是 妥 適 當 宜 確 貞 肯 允 洵

		諶 참 심	亶 미쁨/진실로 단	哿 좋을/옳을 가
		昰 是의 本字 夏의 古字	諟 이/바로잡을 시	寔 이/진실로 식
		剴 알맞을/낫 개	碻 굳을 확 確과 同字	
	虛僞	假 僞 不 非 未 否 弗 誤 謬 訛 捏		
		佯 거짓 양	贋 가짜 안	
	欺瞞	詐 欺 瞞 詭 誣 騙 疑 訝		
		誑 속일 광	迋 속일 광	伋 속일/생각할 급
		謾 속일 만	侜 속일 주	譸 속일/저주할 주
		紿 속일 태	諼 속일 훤	譎 속일 휼 (詭譎)
		謟 의심할 도		
	誘惑	迷 惑 魅 誘 拐 唆 嗾 煽 惹 眩		
		謎 수수께끼/ 미혹시킬 미	餂 낚을 첨	
	竊盜	盜 賊 寇 匪 竊 剽 擄 掠		
		偸 훔칠 투 (鼠竊狗偸)	掏 소매치기할/가릴 도	鈔 노략질할 초
		贓 장물 장 (贓物)		
	姦淫	姦 淫 蕩 宕 娼 妓		
		泆 방탕할/넘칠 일		
13. 價値	平和	平 和 協 燮 雍 哎 諧 睦 穆 邕 便 安 康 寧 逸 穩 佚 靖 憺		
		諴 화할/화동(和同)할 함	洽 화할 협	凞 화할 희
		濈 화목할 즙	廱 화락할/막을 옹	嘻 화락할 희
		叶 화합할 협 協의 古字	恊 맞을/합할 協과 同字	愷 편안할/즐거울 개
		恬 편안할 념	甯 편안할 녕 寧과 同字	甯 차라리/편안할 녕 寧과 同字

	綏 편안할/끈 수 (靖綏)
希望	希 望 願 冀 企 待
	欿 바랄 감　俟 기다릴 사 (河淸難俟)　竢 기다릴 사 俟의 古字
幸福	幸 福 祚 祜 禧 祉 吉 祥 瑞 禎 慶 賀 享
	祺 복 기　禑 복 우　禔 복 지 禛 복받을 진
不幸	災 殃 禍 厄 困 難 艱
	祅 재앙 요　灾 재앙 재 災와 同字　祟 빌미 수 轗 가기힘들 감 (轗軻)
超越	超 越 踰 卓 能 特 最 優 秀 元 覇 副 次 亞
	逾 넘을 유 (逾越)　儻 빼어날/혹시 당　卲 높을/뛰어날 소 軼 앞지를 일 번갈아 질
貴賤	貴 賤 卑 俚
	佖 점잖을 필　倡 천할 창
尊敬	尊 崇 敬 欽 奉 捧 威 嚴 肅 莊 儼 拜 頓 揖
	憼 공경할 경　祗 공경할 지　顒 엄숙할 옹
實用	用 費 具 備 該 需 要 緊
	宂 쓸데없을 용 冗은 俗字　冗 쓸데없을 용 宂의 俗字　僎 갖출 선
成功	成 遂 功 勳 興 榮 亨 繁 昌 旺 盛 郁 熹 賞
	侊 성할/성찬 광　祁 성할 기　熺 성할 희 熹와 同字 勛 勳의 古字　勣 공적 적
全體	完 全 諸 皆 咸 僉 悉 梗 概 每

	俒 완전할 흔 　 槩 대개/평미레 개 槪와 同字 　 汔 거의 흘
部分	附 屬 貼 片 段 各
喪失	失 廢 棄 捨 捐 拌 抹 消 耗 滅 亡 脫 剝 奪 簒
	泯 멸할/다할 민 (泯滅) 　 戩 멸할/다할 전 　 祛 떨/떨어없앨 거
	敝 해질 폐 　 棁 벗을 탈 　 搶 빼앗을/부딪칠 창
變化	變 化 代 替 易 兌 換 遞 迭
	渝 변할/달라질 투 　 忒 변할/틀릴 특
混亂	混 雜 錯 紛 亂 紊 擾 攪 訌
	殽 섞일 효 　 淆 뒤섞일/흐릴 효 (混淆) 　 繚 얽힐/감길 료
	怓 어지러울 노 　 繽 어지러울 빈 　 紜 어지러울 운 (紛紜)
	溷 어지러울 혼
純粹	純 粹 淨 潔 淸 淑 澄 澈 湜 瀅 淳 朴 樸 澹
	蠲 깨끗할/덜 견 　 漌 맑을 근 　 洌 맑을 렬
	泠 맑을/깨우칠 령 　 瀏 맑을 류 　 潾 맑을/돌샘 린
	偰 맑을 설 　 瀞 맑을 정 　 澯 맑을 찬
	泚 맑을 체 　 淏 맑을 호 　 潚 물맑을 숙·축
汚濁	汚 鄙 陋 穢 瀆 濁 渾 腐 朽 垢
	汙 더러울 오 汚와 同字 　 褻 더러울 설 (猥褻) 　 黷 더럽힐 독 (黷貨)
	淈 흐릴 굴
洗淨	洗 濯 滌 沐 浴 齋 掃 拂 拭 澣
	汏 씻을/일 대 　 浣 씻을/빨/열흘 완 (浣滌)(上浣) 　 湔 씻을/빨 전 (湔洗)

분류	소분류	한자
		澡 씻을 조 / 洮 씻을/물이름 조 / 盪 씻을 탕
		埽 쓸 소 掃와 同字 / 帚 비/쓸 추 / 涑 헹굴/강이름 속
		頮 세수할 회 / 漱 양치질할 수 (盥漱)
14. 學問	學問	學 科 課 修 練 習 講 讀 誦 諷 研 究 試 驗 儒 士 彦
		肄 익힐/수고 이 / 諳 욀 암
	教育	敎 訓 誨 諭 育 養 鞠 馴 師 傅 校 庠 塾
		斅 가르칠 효 / 毓 기를 육 / 頉 기를 이 탈날 탈
		泮 학교 반 (泮宮)
	書籍	册 卷 篇 帙 券 籍 帖 簿 稿
		笈 책상자 급 (秘笈) / 簶 책상자/책 록 / 宬 서고(書庫) 성
	出判	編 述 撰 輯 纂 版 刊 刷
		梓 가래나무/판목 재 (上梓)
	文具	紙 筆 硯 墨 案 机 几
		聿 붓 율 / 榥 책상 황
15. 文字	文字	字 書 記 錄 誌 寫 抄 謄 篆
		搨 베낄 탑 (搨本) / 籒 주문 주 (*漢字字體)
	文章	詩 文 章 節 句 題 韻 飜 譯 郵 簡 札 翰 牒 箋 榜 檄 詔 勅
		翻 날/뒤집을/번역할 번 飜과 同字 / 繙 번역할 번 / 牘 편지 독 (簡牘)
		牓 방 방 榜과 同字 / 栍 찌/장승 생 / 牋 장계(狀啓) 전
		劄 차자/찌를 차 (劄子)(劄刺)
	象徵	票 標 符 牌 印 璽
		栞 표할/표목 간 / 簽 서명할/농 첨 / 鈕 인꼭지 뉴

		綬 끈/인끈 수 (綱綬)　紱 인끈 불
16. 言語	言語	言 語 談 話 說 辭 詞 譚 諺
		讜 곧은말/맞을 당
	云謂	曰 云 謂 辯 論 議 宣 告 奏 稟 諫 譬 喩 闡 盟 誓 契 約 訥
		噂 이야기할 준　詮 설명할 전 (詮議)　諞 말잘할 편 呭 수다스러울 예　囁 소곤거릴 섭　喃 재잘거릴 남 喋 재잘거릴 첩　嗿 많을 탐　嗑 말많을 합 訒 말적을/말더듬을 인　誾 논쟁할 은　誥 고할 고 (官誥) 譻 고할 곡　諗 간할/고할 심　諍 간할 쟁 (諫諍) 諤 곧은말할 악 (侃諤)　吶 말더듬을 눌 訥과 同字　吃 말더듬을 흘
	問答	問 諮 訊 劾 答 解 釋 繹 註
		詢 물을 순 (廣詢)　咨 물을 자 諮와 同字　諏 물을 추(諮諏) 詁 주낼 고 (訓詁學)
	招聘	招 聘 徵 召 喚
	稱讚	讚 頌 譽 褒 諂 諛 媚
		襃 기릴 포　佞 아첨할 녕
	批評	批 評 責 叱 呵 喝 詰 譴 譏 誹 謗 罵 詛 呪 讒 貶
		訶 꾸짖을/꾸지람 가　咄 꾸짖을 놀 (叱咄)　詈 꾸짖을 리 (罵詈) 誶 꾸짖을 수　詆 꾸짖을 저　誚 꾸짖을 초 譙 꾸짖을 초　咤 꾸짖을 타 (叱咤)　詬 꾸짖을 후 訕 헐뜯을 산　呰 헐뜯을 자　訿 헐뜯을 자 呰와 同字 譖 헐뜯을 참　僝 욕할/나타낼 잔　訐 들추어낼 알
	靜寂	靜 寂 謐 窈 幽 默

		闃	고요할 격 (闃寂)	侐	고요/쓸쓸할 혁	窕	으늑할/정숙할 조 (窈窕)
		噤	입다물 금	悱	말나오지아니할/표현 못할 비		
	騷亂	騷 哄 喧 喊 叫					
		慅	소동할 소	聒	떠들석할 괄	呶	떠들석할 노
		譟	떠들석할 조	嘖	떠들석할 책	啾	떠들석할 추
		譁	떠들석할 화 (喧譁)	諠	떠들석할/잊을 훤	嘈	들렐 조
		囂	들렐/떠들석할 효	咻	지껄일 휴 따스히할 후	鬧	시끄러울 뇨 (惹鬧)
		嗷	시끄러울 오	警	嗷와 同字	譟	시끄러울 조
		噭	부르짖을 교	嘷	부르짖을 호		
17. 文法	虛辭	焉 哉 乎 也 於 于 兮 矣 耶 以 或 且 此 斯 玆 彼 伊 其 然 何 那 誰 孰 使 被 莫 勿 毋 僅 頗 已 旣 竟 但 只 雖 尙 猶 唯 聊 必 須 凡 苟 亦 又 更 尤 如 若 故 卽 乃 奈 奚 豈 由 因 所 況 而					
		歟	어조사 여	粤	어조사 월	纔	겨우 재
		迺	이에/너 내 乃와 同字	爰	이에 원	曷	어찌 갈
		攸	바 유	矧	하물며/잇몸 신	這	이 저 (這間)
		啻	뿐 시	怎	어찌 즘	麼	잘/어찌 마
		※ 註 : 這, 啻, 怎, 麼 등은 의미상 본란에 포함.					
	人稱	自 他 吾 予 余 汝 爾 厥 某					
		儂	나 농	俺	나 엄	你	너 니
		它	다를 타	佗	다를 타		
18. 名稱	姓氏	姓 氏 哥 姜 劉 牟 閔 潘 裵 范 卞 薛 芮 阮 袁 兪 尹 蔣 曺 蔡 崔 彭 馮 邢					

분류			
	姞 성(姓) 길	宓 성(姓) 복	遆 성(姓) 체
	棸 성(姓)/나무이름 추		
人名	名 號 稱 諡 羲 堯 舜 禹 禼 桀 紂 乭		
	湺 사람이름 보	羿 사람이름 예	瑥 사람이름 온
	嫄 사람이름 원	瓆 사람이름 질	琸 사람이름 탁
	魋 사람이름 퇴	釗 쇠 쇠 (乭釗)	姮 항아 항 (姮娥)
	嫦 항아 항・상 姮의 俗字	妲 계집이름 달	姈 여자이름/계집슬기로울 령
	婀 여자의자(字) 아	謚 시호 시 /웃을 익	佺 신선이름 전
	倧 신인 종		
國名	殷 秦 楚 漢 魏 蜀 吳 晉 隋 唐 宋 鄭 鄧 鄒 趙 韓 倻 倭		
	郯 나라이름 담	豳 나라이름 빈	鄂 나라이름 악
	邾 나라이름 주	竺 나라이름 축 (天竺)	邰 나라이름 태
地名	鎬 邯 陜 邵 巴 歐		
	乫 땅이름 갈	酈 땅이름 력	隴 땅이름 롱
	沬 땅이름/어스레할 매	玅 땅이름/묘할 묘	邳 땅이름/클 비
	邠 땅이름 빈	乷 땅이름/음역자(音譯字) 살	剡 땅이를 섬 날카로울 염
	郇 땅이름 순	鄘 땅이름 용	兗 땅이름/연주 연
	堣 땅이름 우	亐 땅이름 울	羑 땅이름 이
	岾 땅이름 점	酇 땅이름/마을 찬	鄲 조나라서울 단 (邯鄲夢)
	亳 은나라서울 박	鄴 위나라서울 업	郢 초나라서울 영
	郿 고을이름 미	郰 고을이름 추 (*孔子의 出生地)	鄹 고을이름 추 郰와 同字
種族	夷 蠻 戎 狄 胡 匈 靺 鞨 濊 貊		
	羌 오랑캐 강	羯 오랑캐/불깐양 갈	邛 오랑캐/언덕 공

분류	소분류	한자		
		閩 오랑캐이름 민	猺 오랑캐이름 요	獫 오랑캐이름 험 (獫狁)
		玁 오랑캐이름 험 獫과 同字	狁 오랑캐이름 윤 (玁狁)	獯 오랑캐이름 훈
		獩 민족이름 예	韃 종족이름 달 (韃靼)	靼 종족이름/ 다룸가죽 단 (韃靼)
19. 藝術	技藝	藝 術 才 技 伎 倆 巧 妙 拙 劣 工 匠 演 劇 俳 倡		
		埶 심을/재주 예 藝와 同字	笨 거칠 분	
	舞踊	舞 娑 踊 蹈 佾		
		僛 춤출 기	儛 춤출 무 舞와 同字	傞 춤출 사
		踴 뛸 용 踊과 同字		
	美醜	美 佳 徽 烋 嬅 婉 嘉 嬌 鮮 麗 姸 艶 姚 媛 雅 醜		
		佼 예쁠 교	嫋 예쁠 뇨	丰 예쁠 봉
		贇 예쁠 빈·윤	嫙 예쁠 선	娥 예쁠/항아 아 (姮娥)
		娟 예쁠 연 (嬋娟)	娃 예쁠 왜 (吳娃)	婥 예쁠 작
		婷 예쁠 정	姼 예쁠 제	姝 예쁠 주
		姝 예쁠 주	倩 예쁠 천	盼 눈예쁠/곁눈질할 반
		姣 아름다울 교	姱 아름다울 과	孌 아름다울 련
		媺 아름다울/좋을 미	萸 아름다울 서	娍 아름다울 성
		嬿 아름다울 연	懿 아름다울 의	猗 아름다울/불깐개 의
		頔 아름다울/ 사람이름 적	娜 아리따울 나	鬈 고울/갈라빗을 권
		嬋 고울 선 (嬋娟)	媄 빛고울 미	嫣 싱긋웃을/ 아름다울 언
		婐 날씬할 와	嫋 간드러질 뇨	姃 단정할 정
		紑 산뜻할 부	嬛 산뜻할 현 아름다울 경	醜 추할 수 미워할 추

	化粧	粧 飾 扮 裝 鏡 鑑 珥 釧 簪 梳 櫛		
		妝 단장할 장	靚 단장할 정 (靚飾)	臙 연지 연
		黛 눈썹먹 대	鑒 거울 감 鑑과 同字	笄 비녀 계
		鈿 비녀/나전세공 전	釵 비녀 차·채	篦 참빗/빗치개 비
		揥 빗치개 체	珈 머리꾸미개 가	
20. 音樂	歌唱	歌 謠 唱 謳 吟 詠 呂		
		嘯 휘파람불 소	韶 풍류이름/ 아름다울 소	
	樂器	樂 管 絃 鼓 鍾 鏞 磬 笛 琯 簫 壎 琴 瑟 琵 琶		
		柷 악기이름 축 (柷敔)	敔 악기이름/막을 어 (柷敔)	錞 악기이름 순 (錞釪)
		筑 악기이름 축	觱 악기이름 필 (觱篥)	簧 혀/피리 황 (笙簧)
		栒 가름대나무/ 악기다는틀 순	虡 쇠북거는틀 거	鼛 큰북 고
		鼖 큰북 분	鞞 마상북 비 칼집 병	鐘 종/쇠북 종
		鎛 종 박(鎛鐘)	鐄 종/쇠북 횡	鼗 땡땡이 도 (路鼗)
		鞉 땡땡이 도	鏜 종고소리 당	鉦 징 정 (鉦鼓)
		哱 바라/어지러울 발	刁 바라 조	籥 피리 약
		珖 옥피리 광	籟 퉁소 뢰	篪 저이름 지
		笙 생황 생 (笙簧)	塤 壎과 同字	喇 나팔 라 (喇叭)
		叭 나팔 팔 (喇叭)	箜 공후 공 (箜篌)	篌 공후 후 (箜篌)
		箏 쟁 쟁 (牙箏)		
21. 美術	色彩	色 彩 白 素 皓 黑 玄 盧 黎 漆 灰 朱 紅 赤 赫 焃 丹 黃 靑 碧 蒼 滄 藍 紺 綠 紫 濃 淡 染 褪		
		釉 광택/유약 유 (釉藥)	縟 채색/번다할 욕 (繁文縟禮)	皦 흴/밝을 교

	皚 흴 애	暠 흴 호	皜 흴 호
	黔 검을 검	黮 검을 담	緇 검을 치
	淄 검은빛 치	柒 옻 칠 漆의 俗字	赬 붉을 정
	緹 붉을 제	焃 붉을/밝을 혁	彤 붉은칠 동
	絳 진홍 강	纁 분홍빛 훈	熉 노란모양 운
	鑂 금빛바랠 훈	緅 보랏빛 추	黝 검푸를 유
	縹 옥색 표	綦 연둣빛 기	
繪畫	圖 畫 繪 劃 描 屛 幀 紋 絢 斑		
	皴 주름/준법 준 (皴法)	渲 바림 선 (渲染)	扆 병풍 의 (扆座)
	斐 문채날 비	彧 문채 욱	
彫塑	彫 刻 銘 琢 磨 塑 型		
	彔 새길 록	鏤 새길 루 (刻鏤)	鐫 새길 전 (彫鐫)
	鋕 새길 지	嵌 새겨넣을/산골짜기 감 (象嵌)(嵌谷)	劂 새김칼 궐
	剞 새김칼 기	玊 옥다듬는장인 숙	刓 깎을 완
	礱 갈/맷돌 롱 (礱磨)	磋 갈 차 (切磋琢磨)	

Ⅲ. 社會編

22. 家庭

家族

我 父 母 兄 弟 姉 妹 子 孫 祖 婆 舅 姑 姨 壻 甥 姪 嫂 爺
妣 昆 孟 伯 仲 叔 季 裔 胄 胤 嗣 親 族 戚 嫡 庶 譜 閥

媽 어미 마 (媽媽)	媓 어머니 황	姐 누이 저 (小姐)
娣 누이동생/손아랫동서 제	孥 처자 노	嫗 할미 구
姥 할미 모	媪 할미 온	媳 며느리 식
妗 외숙모 금	妯 동서 축 (妯娌)	娌 동서 리 (妯娌)
婭 동서 아	姒 손윗동서 시 (娣姒)	晜 형 곤 昆과 同字
奶 젖어미/젖 내	姆 유모/여스승 모 (保姆)	孽 서자 얼 (庶孽)

婚姻

婚 姻 配 偶 匹 伴 侶 夫 婦 妻 妾 孀 鰥 媒 娶 嫁 媤 緣

婣 姻과 同字	媾 겹혼인할 구	娉 장가들 빙
醮 초례/제사지낼 초 (醮禮)	逑 짝 구	儷 짝/쌍 려 (儷匹)
耦 짝 우	伉 짝 항 (伉配)	媵 잉첩(媵妾) 잉
嫠 홀어미 리		

妊産

妊 娠 孕 胎 胚 胞 産 誕 娩

姙 아이밸 임 妊과 同字

兒童

兒 童 幼 稚 蒙 嬰

嫩 어릴 뉴	穉 어릴 치 稚와 同字	倪 어린이 예 (旄倪)
孩 어린아이 해 (嬰孩)	孺 젖먹이 유 (孺孩)	丱 총각/쌍상투 관
豎 더벅머리/세울 수	髫 다박머리 초	髗 뿔송곳 휴 (髗年)

老人

老 耆 翁 丈 齡

耇 늙을/늙은이 구	耄 늙은이 모 (耄耋)	叟 늙은이 수
耋 늙은이 질 (耄耋)	爹 아비 다	皤 머리셀 파 (皤皤老人)

23. 社會	都市	都 市 京 畿 甸
		圻 서울지경 기 寰 기내(畿內)/천하 환 坰 들 경
	鄕村	鄕 村 里 閭 閻 洞 坊 邑 郡 州 縣 郊
		邨 마을 촌 村과 同字 閎 마을문 굉
	道路	道 路 途 街 巷 逵 衢 岐 徑 橋 棧
		甬 길 용(*양쪽담길) 逕 좁은길 경 (小逕) 俓 지름길 경 徑과 同字 蹊 지름길 혜 徯 샛길 혜 歧 갈림길 기 岐와 同字 阡 두렁 천 (阡陌) 陌 길/밭두둑 맥 (阡陌) 蹕 길치울/벽제 필 矼 징검다리 강 圯 흙다리 이
24. 政治	政治	政 治 攝 理 轄 撥 釐 權 勢
		綰 통괄할/맬 관 (綰攝) 厘 다스릴/리 리 釐의 俗字
	國家	國 邦 稅 租 賦
		傜 구실 요 (傜役) 繇 부역 요
	法律	憲 法 規 則 程 律 式 典 範 矩 準 例 格 令 准
		笵 법 범
	裁判	審 判 檢 査 糾 訴 訟 證
		訩 송사할 흉 俙 송사할 희 撿 단속할 검 覈 핵실할 핵 (覈實) 糺 糾와 同字 愬 하소연할/참소할 소 鞫 국문할 국 (親鞫)
	刑罰	刑 罰 懲 斬 誅 笞 謫
		馘 벨 괵 (劓馘) 刵 귀벨 이 (刵刑) 劓 코벨 의 (劓刑) 剕 발꿈치벨 비 (剕刑) 刖 발꿈치벨 월 (刖刑) 髡 머리깍을 곤 (髡鉗) 黥 자자할 경 磔 찢을 책 轘 차열할/환형 환 殛 쇠줄/죽일 극

	監獄	獄 圄 圉 牢 檻 囚 錮 桎 梏 轞 함거(轞車) 함　傒 가둘 혜　拑 재갈먹일/다물 겸 箝 재갈먹일 겸　鉗 칼 겸 (髡鉗)
25. 軍事	戰爭	戰 鬪 競 爭 征 伐 攻 討 侵 襲 鬩 다툴 혁 (兄弟鬩墻)　鬨 싸울 홍
	勝敗	勝 克 剋 鎭 凱 敗 戡 이길/죽일 감　鏖 무찌를 오　掜 비길 예
	防禦	防 禦 抵 抗 拒 杜 沮 閼 保 守 護 衛 戍 闌 막을/난간 란　遏 막을 알 (防遏)　扞 막을 한 捍 막을 한 扞과 同字　牴 부딪힐/숫양 저
	排斥	排 斥 却 攘 逐 黜 擠 밀칠 제 (排擠)　卻 물리칠 각 却의 本字　辟 물리칠/임금 벽 (辟邪) 擯 물리칠 빈 (擯斥)
	軍隊	武 軍 卒 兵 將 帥 陣 屯 哨 伍 帳 幕 旗 幟 旌 麾 幄 장막 악 (帷幄)　幃 휘장 위　帷 휘장 유 (帷幄) 幬 휘장 주　幌 휘장 황　旝 기 괴 (旟旝) 旂 기 기　幢 기 당　幡 기/나부낄 번 旟 기 여 (旟旝)　旃 기 전 (旃旌)　旐 기 조 旆 기 패　纛 둑/기 독　杠 깃대/다리 강 旄 깃대장식/늙은이 모 (旄倪)
	城郭	城 郭 廓 塹 壕 濠 堡 壘 陴 성가퀴 비　堄 성가퀴 예　堞 성가퀴 첩 (城堞) 湟 해자 황　隍 해자 황　砦 울타리 채 (堡砦) 壔 성채 도　塢 둑/보루 오
	武器	刀 劍 匕 鋒 刃 戈 矛 槍 戟 銃 弓 弧 弩 矢 箭 弦 銃 砲 彈

		干 盾 鉀 兜 仗 的 射 刺 衝 狩 獵		
		鏌 칼이름 막	鍔 칼날 악	鞘 칼집 초
		琫 칼집장식 봉	珌 칼장식옥 필	鋥 칼날세울 정
		棨 창 계	戣 창 규	錟 창 담 날카로울 섬
		鈒 창 삽	槊 창 삭	戛 창 알
		戞 창 알 戛의 俗字	釪 창고달/악기이름 우 (錞釪)	鉍 창자루 필
		祋 몽치 대	弋 주살 익	繳 주살 작 (繳網) *俗音:격
		矰 주살 증	鍭 화살/살촉 후	鏑 살촉 적 (鋒鏑)
		鏃 살촉 족 (沒鏃) *俗音:촉	砮 돌살촉 노	櫜 활집 고
		韔 활집 창	夬 깍지 결 터놓을 쾌	韘 깍지 섭
		弭 활고자 미	箙 전동 복	檠 도지개 경
		棐 도지개 비	檃 도지개 은	彀 (활)당길 구
		鉷 쇠뇌고동 홍	楯 방패/난간 순	鎧 갑옷/갑옷입을 개
		埻 과녁 준	帿 과녁 후	刲 찌를/벨 규
		搑 찌를/칠 용	獠 밤사냥 료	檑 무기이름 뢰
26. 經濟	商業	商 賈 貿 販 賣 買 購 報 償 酬 賠 釀 賃 貸 借 貰 店 廛		
		沽 팔 고	售 팔 수 (買售)	怰 팔 현
		榷 전매할/도거리할 각	賒 외상거래할 사	僦 세낼 추
	金錢	錢 幣 資 財 貨 賄 賂 祿 俸 債 價 値		
		貲 재물 자	贄 폐백 지 (執贄)	賕 뇌물/뇌물줄 구 (賕賂)
		寀 녹봉 채	估 값 고	
	富裕	富 裕 饒 奢 侈 吝 嗇 惜		
		贍 넉넉할/도울 섬 (贍富)(贍賑)	賱 넉넉할 운	賰 넉넉할 춘

大分類	小分類	漢字
		慳 아낄/인색할 간
	貧困	貧 窮 缺 乏 窶 儉 乞
		寠 가난할 구 丐 빌/거지 개 (丐乞)
27. 勞動	勞動	職 業 事 爲 勞 役 拮 辦 務 雇 傭
		縡 일 재 据 일할 거 (拮据) 劬 수고할 구 (劬勞) 懋 힘쓸 무 勖 힘쓸 욱 勗 힘쓸 욱 勖의 訛字 矻 힘써일할 골
	遊戲	遊 戲 娛 耽 嬉 嗜 玩 棋 賭 觝
		遨 놀 오 敖 놀/거만할 오 衎 즐길 간 湎 빠질 면 (沈湎) 翫 노리개/가지고놀 완 棊 바둑 기 棋와 同字 碁 바둑 기 弈 바둑 혁 枰 바둑판 평 鞦 그네 추 (鞦韆) 韆 그네 천 (鞦韆) 乒 의성어/핑퐁 핑 乓 의성어/핑퐁 팡
	休息	休 息 憩 歇 閑 暇 忙
		愒 쉴 게 呬 쉴 희 怬 쉴 히 閒 한가할 한 悤 바쁠 총 (悤悤) 憁 바쁠 총
28. 歷史	王國	君 王 皇 帝 侯 后 妃 嬪 御 朕 冕 袞 笏 圭 珪 璋 珽 琮 垜 剌
		旒 면류관끈/깃발 류 (冕旒冠) 琬 홀 완 玠 홀 개
	官職	官 爵 卿 尉 仕 宦 吏 臣 僚 寮 宰 丞 薦 銓
		掾 아전 연 閹 내시/고자 엄
	官廳	廷 宮 殿 宸 闕 府 廳 署 衙
		廨 관아 해 闈 대궐작은문/대궐 위 闥 문 달 闉 성문 인 閽 문지기 혼 壼 대궐안길 곤 (宮壼)

Ⅳ. 自然編

29. 時間	時間	時 分 秒 年 歲 現 過 新 舊 古 昔 今 先 豫 期 恒 常 永 久 亘 歷 史
	瞬間	暫 瞬 突 猝 俄 忽 奄 乍 잠깐 사 / 臾 잠깐 유 (須臾) / 倏 갑자기 숙 儵 갑자기 숙 / 溘 갑자기 합 / 輒 문득 첩 欻 문득 훌
	月曆	春 夏 秋 冬 晨 曉 曙 朝 旦 午 晝 夕 暮 夜 宵 昨 翌 週 旬 朔 晦 臘 朞 閏 曆 昕 새벽 흔 / 晁 아침 조 朝의 古字 / 鼂 아침 조 晡 신시/저녁 포 / 曛 어스레할/황혼 훈 / 曩 접때 낭 晬 돌/생일 수 / 匝 돌/두루 잡
	天干	甲 乙 丙 丁 戊 己 庚 辛 壬 癸
	早晚	早 曾 夙 晚 晏 旰 늦을/해질 간
	始初	始 初 創 肇 緖 俶 비로소 숙 / 刱 처음 창 創의 古字
	終末	末 端 終 了 畢 竣 罷 極 盡 竭 耑 끝 단 오로지 전 / 柰 끝 말 / 闋 끝날/마칠 결 訖 마칠 글 이를 흘 / 异 말/그칠 이 / 澌 다할 시 (澌盡) 殄 다할 진 (殄殲) / 殫 다할 탄 (殫竭)
30. 空間	場所	場 處 間 際 邊 垠 隅 區 域 境 界 疆 限 圈 蹟 跡 迹 踪

	畺 지경 강 疆과 同字	堺 지경 계 界와 同字	垓 지경 해
	艽 변방 구	陲 변방 수	坫 경계 점
	隈 모퉁이/굽이 외	陬 구석 추	蹤 자취 종
位置	位 置 措 放 羅 列 抱 擁 介 挾 挿 圍 周 遍 隔 距 疊		
	寘 둘 치	夾 낄 협	搢 꽂을 진
	縉 꽂을 진	遶 두를 요	繞 두를 요 (圍繞)
	圜 두를 환	浹 두루미칠 협	徧 두루 편
	摺 접을 접 (摺紙)		
方向	東 西 南 北 上 中 央 下 縱 橫 前 後 左 右 側 傍 旁 內 外 表 裏 裡 奧 傾 斜 偏 向 嚮		
	迤 비스듬할 이	仄 기울 측 (傾仄)	
遠近	遠 悠 遙 遼 迂 遐 近		
	邈 멀/아득할 막 (綿邈)	沕 아득할 물	逖 멀/멀리할 적
	迢 멀 초	逴 멀 탁	泂 멀 형
	迥 멀 형	冂 먼데/멀 경	邇 가까울 이 (遠邇)
	攖 가까이할 영		
廣狹	廣 博 普 洪 浩 澔 弘 汪 沆 闊 恢 擴 漫 渺 茫 陝 狹 窄 隘		
	溥 넓을 부	泱 넓을/깊을 앙	瀚 넓을 한
	濶 넓을 활 闊의 俗字	豁 넓을/뚫린골 활 (豁達)	藐 아득할 막 작을 묘
	灝 아득할 호	淼 물아득할 묘	瀰 물넓을 미
	阨 좁을 애/막힐 액	戹 좁을 액	褊 좁을 편
空虛	空 虛 沖 曠 孔 隙		
	罄 빌/다할 경	廫 공허할 료	竅 구멍 규 (孔竅)
	竇 구멍 두 (閨竇)	郤 틈 극	罅 틈/갈라질 하
	釁 틈/피바를 흔 (釁隙)		

主題	分類			
31. 數學	數字	數 零 一 壹 二 貳 再 兩 雙 三 四 五 六 七 八 九 十 什 百 千 萬 億 兆 半 倍 第 番 秩 序 級 單 隻 複 幾		
		菥 다섯곱 사	廿 스물 입	卅 서른 삽
		佰 일백 백	仟 일천 천	
	計算	計 算 合 加 增 益 添 減 損 除 刪 削 遺 殘 剩 餘		
		籌 산가지/꾀 주 (牙籌)	沓 합할/겹칠 답 (噂沓)	埤 더할 비
		减 덜 감 減의 俗字	贏 남을 영	
32. 尺度	尺度	寸 尺 度 比 較 測 量 揆 漸 稍 枚 個 箇 斗 升 勺 坪 疋		
		絜 헤아릴/잴 혈	吋 인치(inch) 촌 꾸짖을 두	呎 피트(feet) 척
		仞 길 인 (1仞=8尺)	哩 마일(mile)/어조사 리	浬 해리(海里) 리
		斛 휘 곡 (1斛=10斗)	秭 용량단위 자 (1秭=3200斛)	石 섬 석
	大小	大 太 巨 泰 碩 甫 丕 龐 奭 宏 小 微		
		鉅 클 거 (細鉅)	厖 클 방	賁 클 분/꾸밀 비
		嚭 클/기뻐할 비	訏 클 우	奘 클 장
		倬 클/밝을 탁	昄 클 판	嘏 클/복 하 (嘏命)
		奕 클/겹칠/바둑 혁	顥 클/흴 호	佌 작을 차
		嘒 작을 혜	傞 잘/잘게부술 사	脞 잘 좌
		瑣 자질구레할/잘 쇄 (瑣細)	齷 잔달/악착할 악 (齷齪)	齪 잔달/악착할 착 (齷齪)
	多少	多 累 屢 頻 少 寡 些 稀 罕		
		夥 많을 과 (夥多)	詵 많을 선·신	溱 많을 진
		哆 많을 치	儦 많을 표	荐 거듭할 천
		勻 적을/고를 균	尠 적을 선	
	輕重	輕 重 秤 衡 錘 銖 鎰		
		輶 가벼울 유	錙 저울눈 치	鈞 서른근/녹로 균

		噸 톤(ton) 돈	鍰 무게단위 환	
	高低	高 隆 亢 喬 低 底		
		会 높을 운	阭 높을 윤	兀 우뚝할 올 (突兀)
	緩急	徐 弛 緩 遲 延 急 速 迅 捷 敏 慓 催 促		
		懮 느릴/근심할 우	儃 머뭇거릴 천	啍 느릿한모양 톤
		噋 느릿느릿갈 톤	霍 빠를 곽	适 빠를 괄
		亟 빠를 극	遄 빠를 천	僤 빠를 탄
		嘌 빠를 표	趫 재빠를 교 (趫捷)	嫖 날랠/음탕할 표 (嫖姚)(嫖客)
		遽 급히/갑자기/역말 거 (急遽)	劻 급할 광	絿 급할 구
	長短	長 短 咫 幅 略		
		曼 길 만	縯 길 연/당길 인	挻 늘일 연
	厚薄	厚 薄 纖 細		
		渥 두터울 악 (渥恩)	腆 두터울 전	菲 엷을 비(淺學菲才)
	疏密	疏 疎 密 緻 稠 充 滿 盈 塡		
		贏 찰 영	牣 찰 인 (充牣)	闐 찰/성할 전
		縝 촘촘할 진 (縝密)		
	膨縮	膨 脹 滋 殖 伸 縮		
		虧 이지러질 휴 (盈虧)		
33. 形態	形象	形 像 狀 態 樣 貌 姿 局 直 曲 屈 彎 枉 撓 歪 整 齊 扁 坦 凹 凸 尖 銳 利 鈍		
		勾 굽을 구	詘 굽을/굽힐 굴	紆 굽을/굽힐 우 (盤紆)
		觩 뿔굽을 구	篧 가늘고길 적	橈 휠 뇨
		揉 휠/주무를 유	窿 활꼴 륭 (穹窿)	楔 쐐기 설 (楔形文字)
		坳 우묵할 요	銛 날카로울/쟁기 섬	釰 둔할/무딜 일

	圖形	點 線 罫 方 楞 稜 團 圓 球 丸 環 帶 楕 点 점 점 點의 俗字 · 円 원 圓의 俗字 · 毬 공 구 (擊毬) 鐶 고리 환 · 橢 길쭉할 타
34. 狀態	**同異**	同 調 均 差 別 異 殊 仝 한가지 동 同의 古字 · 侔 같을 모 · 諪 고를/조정할 정 另 다를 령 · 齟 어긋날 서 (齟齬) · 齬 어긋날 어(齟齬)
	擬似	擬 似 肖 恰 佛 宛 模 倣 糢 仿 비슷할 방 · 髣 비슷할 방 (髣髴) · 髴 비슷할 불 (髣髴) 摹 본뜰/베낄 모
	開閉	開 啓 闢 拓 披 閉 封 緘 闔 닫을/문짝 합 · 閟 닫을 비 · 縢 봉할 등
	通徹	通 達 透 徹 貫 敞
	梗塞	壅 塞 障 礙 滯 堙 막을/막힐 인 · 陻 막을/막힐 인 堙과 同字 · 碍 거리낄 애 礙의 俗字
	遮蔽	包 遮 掩 蔽 覆 蓋 庇 套 裹 쌀 과 · 苞 쌀 포 (花苞) · 揜 가릴 엄 盖 덮을 개 蓋의 俗字 · 冪 덮을 멱 (冪數) · 幎 덮을 멱 幪 덮을 몽 · 幭 덮개 멸
	隱匿	隱 蟄 祕 匿 藏 僻 廋 숨길 수 · 竄 숨을/달아날 찬 (逃竄) · 韜 감출/비결 도 (六韜三略) 韞 감출 운 · 온
	危殆	危 殆 脅 劫 逼 迫 岌 위태할 급 · 臲 위태할 얼 (臲卼) · 卼 위태할 올 (臲卼) 拶 다칠/핍박할 찰 · 偪 핍박할 핍 逼과 同字

분류	소분류	한자
35. 物質	材質	物 品 件 質 固 液 氣 氛 기운/재앙 분 · 氤 기운성할 인 (氤氳) · 氳 기운성할 온 (氤氳) 瘴 장기 장 (瘴氣)
	元素	炭 窒 酸 金 銀 銅 鉛 錫 硫 砒 硅 硝 硼 礬 氮 질소 담 · 鏋 금 만 · 汞 수은 홍(昇汞) 磺 유황 황 광석 광 · 蓚 수산 수 · 醣 탄수화합물 당 硃 주사 주 · 雘 진사 확
	實驗	溶 融 濾 瀝 淘 汰 滓 澱 凝 膠 粘 漉 거를 록 (滲漉) · 淅 일/쌀일/쓸쓸할 석 (淅瀝) · 渣 찌끼 사 (渣滓) 黏 차질 점
36. 宇宙	日月	日 月 旭 暹 昶 皎 暈 蝕 暾 아침해 돈 (朝暾) · 暘 해돋이 양 · 旽 먼동틀/밝을 돈 曈 해뜰/동틀 동 · 旴 해돋을/클 우 · 暲 해돋을 장 晟 해돋을 성 · 昃 기울 측 (盌昃) · 朏 초승달 비 朓 그믐달 조 · 朣 달뜰/흐릴 동
	星辰	星 辰 台 奎 昴 杓 彗 婁 별이름 루 · 婺 별이름 무 · 孛 살별 패 嘒 별반짝일 혜 · 躔 궤도 전
	光輝	光 景 華 輝 煌 燦 爛 炳 煥 煜 炅 炯 熙 燁 昱 曜 耀 炫 彬 照 熹 映 暎 曝 閃 炛 빛 광 光과 同字 · 暉 빛/빛날 휘 · 煇 빛/빛날 휘 旲 햇빛 대 · 昤 햇빛 령 · 昐 햇빛 분 暐 햇빛 위 · 昡 햇빛 현 · 晛 햇빛 현 曦 햇빛 희 (曦光) · 曘 해빛깔 유 · 熲 빛날 경 冏 빛날 경 · 耿 빛날 경 (耿耿) · 斌 빛날 빈

		熠 빛날 습	曄 빛날 엽	燁 빛날 엽
		煐 빛날/사람이름 영	炡 빛날 정	烱 빛날 형 炯의 俗字
		奐 빛날 환	暘 볕날 역	燿 비칠/빛날 요 (閃燿)
		曬 볕쬘 쇄 (曬書)		
	光明	明 朗 昭 亮 晳 昞 昺 晃 晟 晙 皓 瞭 昉		
		杲 밝을 고	暻 밝을 경	曒 밝을 교
		昑 밝을 금	旿 밝을 오	煒 밝을/빨갈 위
		焯 밝을/빛날/태울 작	晢 밝을 절	晣 밝을 절 晢과 同字
		炤 밝을 소 비칠 조	晫 밝을 탁	皞 밝을/흴 호
		皡 밝을 호 皞와 同字	晄 밝을 황 晃과 同字	晥 환할 환
	暗黑	暗 昏 冥 暝 溟 闇 沌 昧 曖 杳 影 蔭		
		黯 어두울/검을 암	晻 어두울 암	焞 어스름할 돈 성할 퇴
		矇 어스레할/ 어리석을 몽	朦 흐릴 몽 (朦朧)	朧 흐릿할 롱 (朦朧)
		僾 어렴풋할 애	晷 그림자 구	廕 그늘 음 蔭과 同字
37. 自然	蒼空	天 乾 昊 旻 穹		
		霄 하늘 소		
	土地	土 壤 陸 地 坤 洲 沙 漠 泥 塗 塊 屑 塵 埃 垩		
		砂 모래 사 沙의 俗字	堇 진흙 근	淖 진흙 뇨
		淤 진흙 어 (淤泥)	埴 찰흙 식·치	墡 백토 선
		壚 흑토/검은석비레 로	赭 붉은흙/붉을 자	濘 진창 녕 (泥濘)
		隰 진펄 습	蕢 흙덩이 괴	墩 돈대 돈 (坐墩)
		坮 대/돈대 대	堠 돈대 후	埇 길돋울 용

	堧 빈터 연		
山岳	山 岳 峯 嶺 峴 坡 阪 麓 嵎 丘 邱 陵 阿 岸 岡 崗 阜 塏 谷 峽 壑 崖 仙		
	嶽 큰산 악 (楓嶽)	岵 산 호	屺 민둥산 기
	砠 돌산 저	巒 메/산봉우리 만 (奇巒)	岑 봉우리 잠 (岑峨)
	巘 봉우리 헌	嶂 산봉우리 장	巔 산꼭대기 전
	嶝 고개 등	峠 고개 상	坵 언덕 구 丘의 俗字
	堈 언덕/독 강	厓 언덕/물가 애	垞 언덕 택
	塽 높고밝은땅 상	僊 신선/춤출 선 仙과 同字	
山勢	險 阻 崎 嶇 峻 埈 巍 峙 聳		
	隗 험할/높을 외	崒 험할 줄	嶪 높고험할 업 (岌嶪)
	岌 산높을/위태로울 급 (岌嶪)	峨 산높을 아 (岑峨)	嵬 산높을 외
	嶢 산높을 요	崢 가파를 쟁 (崢嶸)	嶸 가파를 영 (崢嶸)
	嶄 가파를 참	巉 가파를 참	峭 가파를 초
	嶠 산뾰족할 교	巑 산뾰족할/높이솟을 찬	嶞 뾰족할/회오리봉 타 (嶞山)
	崛 우뚝솟을 굴	嵯 우뚝솟을 차	矗 우뚝솟을/우거질 촉 (矗石)
	崧 우뚝솟을/산웅장할 숭	屹 산우뚝솟을 흘	
山名	崙		
	岱 대산 대 (*泰山의 別稱)	嵩 숭산/산이름 숭	崑 산이름 곤 (崑崙)
	岓 산이름 기	峱 산이름 노	崍 산이름 래
	岭 산이름 령	岺 산이름 령 岭과 同字	邙 산이름 망 (北邙山)
	嵋 산이름 미	岷 산이름 민	岯 산이름 비

分類			
	佘 산이름 사	嶧 산이름 역	嶷 산이름 의
	嶓 산이름 파	嵆 산이름 혜 嵇의 本字	嵇 산이름 혜
	岍 산이름 견		
海洋	海 洋 島 嶼 礁 沿 灣 浦 潟 串 岬 渤		
	瀛 바다 영 (大瀛)	嶋 섬 도 島와 同字	隩 물굽이 오
	埼 갑 기		
波濤	潮 波 浪 濤 瀾 漣 渦 洶 澎 湃		
	汐 저녁조수 석 (潮汐)	渼 파문 미	澐 큰물결일 운
	漪 잔물결 의	漩 소용돌이 선	沄 소용돌이칠 운
	漾 출렁거릴 양		
海物	貝 蛤 蜃 螺 鰒 蝦 殼 珊 瑚 藻		
	蚌 방합 방 (蚌鷸之爭)	蠙 진주조개/씹조개 빈	蠃 고둥/나나니벌 라
	蠣 굴 려	鰕 새우 하 蝦와 同字	蟹 게 해 (魚蟹圖)
	螃 방게 방	螯 집게발 오	
河川	江 河 川 溪 澗 湍 灘 溝 渠 堤 堰		
	洚 큰물 홍	汭 물굽이 예	磎 시내 계 谿와 同字
	谿 시내 계	涓 시내 연 (涓涓)	滎 실개천/못이름 형
	磵 산골물/산골짜기 간	瀨 여울 뢰 (淺瀨)	洫 봇도랑 혁 (溝洫)
	澮 봇도랑 회	隄 둑/방죽 제 堤와 同字	陂 방죽/둑 피
江名	沂 汶 沔 泗 洛 洙 淇 淮 渭 潽 濂 磻		
	涇 물이름/통할 경	湳 물이름 남	潼 물이름 동
	雒 물이름/가리온 락	濂 시내이름 렴	澧 강이름 례
	潞 강이름 로	瀘 강이름 로	汴 물이름 변
	濮 강이름 복	汾 물이름/클 분	沘 강이름 비

대분류	소분류			
		淠 강이름 비	湘 물이름 상 (瀟湘)	瀟 물이름 소
		淞 물이름 송	沁 물이름/스며들 심	瀁 물이름 양
		洳 강이름 여	沇 강이름 연	渶 강이름 영
		潁 강이름 영	灉 강이름 옹	沽 물이름 우
		沅 강이름 원	洹 강이름 원	洧 강이름 유
		濰 강이름 유	溵 물이름 은	瀷 강이름 익
		漳 강이름 장	潍 강이름 재	瀍 물이름 전
		浙 강이름 절	湞 강이름 정	泲 강이름 제
		沱 물이름/눈물흐를 타	漯 물이름 답	浿 강이름 패
		澧 강이름 풍	瀅 물이름 형	滈 강이름 호
		洄 물이름/ 흐물흐물할 회	涍 강이름 효	
	沼澤	湖 泉 池 澤 塘 淵 潭 沼 皐 沛 瀑		
		潢 못 황	鹽 짠못/염지(鹽池) 고	氿 샘 궤 (氿泉)
		洿 웅덩이 오	瀦 웅덩이/물괼 저	湫 웅덩이/늪 추 (龍湫)
		藪 늪/수풀 수 (淵藪)		
	水涯	涯 汀 墺 濱 瀕		
		磯 물가 기 (漁磯)	湄 물가 미	浜 물가 빈 濱의 俗字
		涘 물가 사	澨 물가 서	漘 물가 순
		潯 물가 심	渚 물가 저 (沙渚)	沚 물가 지
		滸 물가 호 (水滸誌)	坻 모래톱/물가 지	
38. 氣象	氣候	雨 雲 電 雷 震 雪 露 霜 霧 雰 靄 霞 虹 候 晴 暢 曇 旱 魃		
		澍 단비/적실 주 (澍濡)	霢 가랑비 맥	霂 가랑비 목
		霎 가랑비 삽	潦 큰비 료	霉 매우 매
		雹 우박/누리 박 (雨雹)	瀧 비올 롱 여울 랑	濛 가랑비올 몽

		霾 흙비올 매	滂 비퍼부을/물흐를 방	霈 비쏟아질 패
		瀌 비눈퍼부을 표	霪 장마 음 (霪霖)	霖 장마 림 (霪霖)
		霔 장마 주	霽 비갤 제 (光風霽月)	靉 구름낄 애 (靉靉)
		渰 구름일 엄	雯 구름무늬 문	霆 천둥소리/번개 정 (雷霆)
		霹 벼락 벽 (霹靂)	靂 벼락 력 (霹靂)	霰 싸라기눈 산 (急霰)
		霙 진눈깨비 영	雱 눈내릴 방	霏 눈펄펄내릴 비
		漼 눈서리쌓일 최	嵐 남기 람 (嵐氣)	漙 이슬많을 단
		瀼 이슬많을 양	瀣 이슬기운 해 (沆瀣)	螮 무지개 체 (螮蝀)
		蝃 무지개 체 (蝃蝀)	蝀 무지개 동 (螮蝀)	霓 무지개 예 (虹霓)
		蜺 무지개 예 (虹蜺) 霓와 同字	暣 별기운 기	曣 청명할 연
	風力	風 颱 飄 吹 噓		
		飆 폭풍 표	飈 폭풍 표 飆의 俗字	颶 구풍 구
		颯 바람소리 삽	呴 숨내쉴 구 (呴噓)	
	溫暖	溫 暖 煖 熱 暑		
		昷 온화할/어질 온	烔 더울 동	炆 따뜻할 문
		燠 따뜻할 욱	暄 따뜻할 훤	煊 따뜻할 훤
		煦 따뜻하게할/은혜 후	炘 화끈거릴 흔	
	寒冷	寒 冷 凜 涼 凍		
		冽 찰 렬 (凜冽)	冱 찰 호	凊 서늘할 정
39. 火氣	火氣	火 炎 焰 燉 燈 燭 爐 烽 燎 燐		
		爔 불/햇빛 희	焱 불꽃/탈 염 炎과 同字	燄 불꽃 염
		熛 불똥/불똥튈 표	熒 등불/빛날 형	炷 심지 주 (燈炷)
		炬 홰/횃불 거 (植炬)	鑪 화로 로 爐와 同字	烓 화덕 계

		鋏 부젓가락 협	熢 봉화/연기자욱할 봉	燧 봉화/부싯돌 수 (烽燧)
		炡 화톳불 홍	烘 화톳불/횃불 홍	
	燃燒	燃 燒 焚 灼 熾 爆 炸 烙 焦 煤 煙 熏 熄 燼		
		焌 태울 준	燋 그슬릴 초 焦와 통용	焄 김오를/김쐴 훈
		燻 연기낄 훈 (燻製)		
40. 水分	水分	水 氷 汽 滴 溜 泡 沫		
		霤 낙숫물 류		
	流動	流 注 衍 溢 氾 濫 滔 漲 涌 滲 漏 洩 泄 瀉 淋 灑 潑 洑		
		滾 흐를 곤 (滾滾)	瀯 흐를/물소리 영	滺 흐를/물흐르는 모양 유
		滮 흐를/물흐르는 모양 퓨	湲 물흐를 원 (潺湲)	潺 졸졸흐를 잔 (潺湲)
		潣 물졸졸흐를 민	湝 출렁출렁흐를 개	淢 빨리흐를 역
		潝 물빨리흐르는소리 흡 (潝潝)	潀 흘러들어갈/물들이 총	汜 지류(支流) 사
		洎 물부을 계	瀲 물넘칠 렴	湎 물넘칠 면
		滕 물솟을/나라이름 등	濆 물솟을/뿜을 분	湧 물솟을 용 涌과 同字
		洸 물용솟음칠 광 황홀할 황	迸 솟아나올/달아날 병	潗 샘솟을 집
		漓 스며들 리 (淋漓)	洒 물뿌릴 쇄	濺 물뿌릴 천
		淃 물돌아흐를 권	濙 소용돌이칠 영	滙 물돌아나갈 회
		溯 거슬러올라갈 소 遡와 同字	泝 거슬러올라갈 소	洄 거슬러올라갈 회
		涏 물찰 정	粼 물부딪칠 린	挹 뜰 읍 (挹酌)
		䨞 물소리/깃 우	淙 물소리 종	泙 물소리 평
	燥濕	燥 濕 潤 霑 涵		
		涸 마를 학	暵 마를/말릴 한	晅 마를/말릴 훤
		晞 마를/말릴 희	熯 말릴 한 사를 선	熇 불에쬘 고 뜨거울 혹

		焙 불에쬘 배	濡 젖을 유 (澍濡)	浥 젖을 읍
		沾 젖을 첨 (均沾)		
	深淺	深 濬 泓 滉 浚 渫 淺		
		覃 깊을 담	邃 깊을 수 (祕邃)	澳 깊을 오
		瀜 물깊을 융	澕 물깊을 화	奫 물깊고넓을 윤
		俴 얕을/엷을 천	淀 얕은물 정	
	浮沈	沈 浸 潛 汨 沒 溺 湮 淪 浮 汎 泛 漂 游 泳		
		漚 담글/거품 구	淹 담글/적실 엄	漬 담글/적실 지 (漸漬)
		墊 빠질 점	湛 괼/깊을 잠 (湛水) 즐길 담 (湛樂)	渟 물괼 정
41. 動物	獸畜	獸 角 皮 革 韋 尾 牡 吼 咆 哮 鼠 牛 丑 虎 寅 兎 卯 龍 蛟 蟠 蛇 巳 羊 猿 狙 申 犬 狗 尨 戌 豚 豬 亥 猫 獅 豹 熊 象 犀 麒 麟 駱 駝 鹿 獐 麝 狐 豺 狼 貂 龜 鼈 蟾		
		鞹 가죽 곽	韎 가죽 매	牝 암컷 빈 (牝牡)
		牸 암컷 자	呦 울 유 (呦咽)	吠 짖을 폐 (越犬吠雪)
		狺 으르렁거릴 은	闞 범우는소리 함	虓 범부르짖을 효 (虓虎)
		毨 털갈 선	猋 개떼달릴 표	疃 자귀 탄 (*짐승의 발자국)
		鼷 생쥐 혜	犖 얼룩소/뛰어날 락	犛 검정소 리
		犉 누르고입술검은소 순	犢 송아지 독 (牲犢)	牼 정강이뼈 경 (*소의 膝下骨)
		彪 범 표	虢 범발톱자국 괵	貔 비휴/맹수이름 비
		貅 비휴/맹수이름 휴	貘 맹수이름/표범 맥	毚 토끼 참
		螣 등사 등	虺 살무사 훼	羝 숫양 저
		牂 암양 장	羖 검은암양 고	羔 새끼양 고
		羜 새끼양 저	猨 원숭이 원 猿과 同字	獼 원숭이 미 (獼猴)
		猴 원숭이 후 (獼猴)	猱 원숭이 노 (猱狖)	狖 검은원숭이 유 (猱狖)

	禺	긴꼬리원숭이 우	猩	성성이 성 (大猩猩)	獒	개 오
	獜	좋은개 령	猘	미친개 제	豜	돼지 견
	豕	돼지 시 (遼東豕)	猪	돼지 저 豬의 俗字	彘	돼지 체
	豶	불깐돼지 분	豝	암돼지 파	豘	돼지새끼 돈
	豵	돼지새끼 종	犴	들개 안	狻	사자 산
	猊	사자 예	羆	큰곰 비	麀	암사슴 우 (麀麌)
	麌	수사슴 우 (麀麌)	麛	사슴새끼 미	麑	사슴새끼/사자 예
	麃	고라니 포	噳	뭇사슴우물거릴 우	麕	노루 균
	羚	영양 령 (羚羊)	麋	순록 미(麋鹿)	狽	이리 패 (狼狽)
	貍	삵/너구리 리	狸	너구리 리 (海狸)	貉	오소리 학 오랑캐 맥
	貆	오소리 훤	鼪	족제비 생 (鼪鼬)	鼬	족제비 유 (鼪鼬)
	蝙	박쥐 편 (蝙蝠)	蝠	박쥐 복 (蝙蝠)	鼴	두더지 언
	蝟	고슴도치 위	鼫	석서 석 (鼫鼠)	鼯	날다람쥐 오
	獺	수달 달 (水獺)	猵	수달 편	鰐	악어 악 (鰐魚)
	鼉	악어 타	鱉	자라 별 鼈과 同字	鼇	자라 오
	黿	자라 원	鰲	자라 오 鼇의 俗字	蛙	개구리 와 (井底蛙)
	蝌	올챙이 과 (蝌蚪)	蚪	올챙이 두 (蝌蚪)	蟆	두꺼비 마 (蝦蟆)
	黽	맹꽁이 맹 힘쓸 민	蜥	도마뱀 석 (蜥蜴)	蜴	도마뱀 척 (蜥蜴)
	鯢	도롱뇽 예	玳	대모 대 (玳瑁)	瑁	대모/옥홀 모 (玳瑁)
	螭	교룡 리	兕	외뿔소 시	獬	해태 해
	柙	우리 합	罠	그물 민	罝	그물 저
馬匹	馬 駿 騏 驥 驪 駁 駑 駒 駙 騎 蹄 鞍 銜 勒 羈 鞭 廏					
	駔	준마 장 (駔駿)	驁	준마 오	騮	준마/월따말 류
	騅	오추마(烏騅馬) 추 (*項羽의 愛馬)	駘	둔마 태	駵	월따말 류

	駓 황부루 비	騂 절따말 성	騵 절따말 원
	騧 공골말 왜	驃 표절따 표	駰 오총이 인
	驄 총이말 총	驒 연전총/가리온 탄	騢 적부루마 하
	駽 돗총이 현	騋 큰말 래	驔 정강이흰말 담
	驈 다리흰말 율	馵 발흰말 주	驖 검붉은말 철
	駟 사마 사 (駟馬)	騑 곁말 비	驂 곁말 참
	馹 역말 일 (乘馹)	騭 수말 즐	驢 당나귀 려 (靑驢)
	騾 노새 라	駏 버새 거 (駏驉)	驉 버새 허 (駏驉)
	騤 말끌밋할 규	駜 말살찔 필	駪 말많을 신
	秣 꼴/말먹이 말	鬐 갈기 기 (*말갈기)	鬣 갈기 렵
	嘶 말울 시 (聲嘶)	驀 말탈/곧장 맥	驤 머리들/달릴 양
	馭 말부릴 어 (馭馬)	騶 마부/기수 추	圉 마부 어
	轡 고삐 비	軜 고삐 납	鞗 고삐 조
	鑣 재갈 표	啣 재갈 함 銜과 同字	幩 재갈장식 분
	鍚 당노 양 (*말의 裝飾物)	靳 가슴걸이/욕보일 근 (靳靷)	鞅 가슴걸이 앙
	靷 가슴걸이 인 (發靷)	楅 쇠뿔가로나무 복 (*뿔막이)	鞙 멍에끈 현
	鐙 등자 등 (鐙子)	牿 외양간/마굿간 곡	櫪 말구유/마판 력
	駉 살질/목장 경		
鳥類	鳥 禽 羽 翼 卵 蛋 孵 喙 巢 鷄 酉 鴨 燕 雀 烏 鵲 雉 鳩 鷗 鷺 鶴 鴈 鴻 鵠 鷹 鳶 鵑 鶯 鴛 鴦 翡 翠 鳳 凰 鸞 鵬		
	隹 새 추	鷙 맹금 지	鷇 새새끼 구
	翎 깃 령 (翎毛)	氅 새털 창	翯 날개깃휠/함치르르할 학
	翹 꼬리긴깃털/뛰어날 교	咮 부리 주	嘴 부리 취
	觜 털뿔 자 (*부엉이의 ~)	窠 보금자리 과	塒 해 시

	唳	울/학울 려 (風聲鶴唳)	鷕	울 요	啁	울/비웃을 조 (啁哳)
	哳	지저귈 찰 (啁哳)	囀	지저귈 전	喈	새소리 개
	嚶	새소리/울 앵	嗈	새울음고울 옹	啄	쪼을 탁 (剝啄)
	雞	닭 계	嘐	닭울 교	喔	닭우는소리 악
	雛	병아리 추	鳧	오리 부 (野鳧)	鶩	집오리 목
	鵝	거위 아 (白鵝)	鴉	갈까마귀 아 (山鴉)	鷽	큰부리까마귀 여
	翟	꿩 적	鷮	꿩 교	雊	장끼울 구
	鵻	비둘기 추	鴃	때까치 격	鵙	때까치 격
	鶉	메추라기 순	痺	암메추라기/저릴 비	鷊	칠면조 역
	鷖	갈매기 예	鷓	자고 자 (鷓鴣)	鴣	자고 고 (鷓鴣)
	鶊	꾀꼬리 경	鸝	꾀꼬리 리 (黃鸝)	鳲	뻐꾸기 시
	鸚	앵무새 앵(鸚鵡)	鵡	앵무새 무 (鸚鵡)	鶺	할미새 척 (鶺鴒)
	鴒	할미새 령(鶺鴒)	雝	할미새/화락할 옹	鷦	뱁새 초
	雚	황새 관	鸛	황새 관	鶖	무수리 추
	鶬	새두루미 상	鴈	기러기 안	鴇	능에 보
	鷸	도요새 휼 (蚌鷸之爭)	鵜	사다새 제	雕	수리/새길 조
	鷲	수리 취 (禿鷲)	雎	물수리 저	隼	새매 준
	鶻	송골매 골	鴟	올빼미 치	梟	올빼미/목베어달 효
	鴞	올빼미 효	鴕	타조 타	鴆	짐새 짐
	鶂	새이름 역 거위소리 예	囮	후림새 와 (囮鳥)	罿	새그물 동
	罦	그물 부	罨	그물 엄 (*새, 물고기용~)		
魚類	魚 鱗 鯨 鰍 鰻 漁 撈 網 釣 鉤					
	鰓	아가미 새	鰭	지느러미 기	鰾	부레 표
	鯤	곤이 곤 (鯤鮞)	鮞	곤이 이 (鯤鮞)	鯁	생선뼈 경
	鮫	상어 교	鱣	철갑상어 전	鯉	잉어 리 (鯉魚)

	魴 방어 방 (魴魚)	鮒 붕어 부	鮪 다랑어 유
	鯖 청어 청 (鯖魚)	鮆 갈치 제	鱧 가물치 례
	鱸 농어 로 (蓴鱸)	鰱 연어 련 (鰱魚)	鱮 연어 서
	鱒 송어 준	鮐 복 태	鰋 메기 언
	鮎 메기 점	鮟 아귀 안 (鮟鱇)	鱇 아귀 강 (鮟鱇)
	鰈 가자미 접	鯈 피라미 조	鰷 피라미 조 鯈와 同字
	鯀 곤어 곤	鯊 문절망둥어 사	鮀 문절망둥어 타
	鱨 자가사리 상	緡 낚싯줄 민	杈 작살/나뭇가지 차
	罽 그물 계	罟 그물 고	罛 그물 고
	罭 그물 역	罶 통발 류	筌 통발 전 (得魚忘筌)
	罩 가리 조	汕 오구 산	
蟲類	蟲 蜂 蠟 蝶 螢 蚊 蜚 蝗 蠶 繰 繭 蚓 蝸 螟 蛔 蠹		
	翅 날개 시 (翅翼)	蛹 번데기 용	繅 고치켤 소
	蛻 허물/허물벗을 태・세	蠡 좀먹을 려	喓 벌레소리 요
	喞 벌레소리 즉	蠕 꿈틀거릴 연	蚑 길 기
	螫 쏠 석 (*벌레가 ~)	蟊 뿌리잘라먹는벌레 모 (蟊賊)	蝥 모 蟊과 同字
	蜾 나나니벌 과	蜹 파리매 예	蚋 파리매 예 蜹와 同字
	蛺 호랑나비 협	蝴 나비 호	蛾 나방 아
	蠋 나비애벌레 촉	蟬 매미 선 (秋蟬)	蜩 쓰르라미/매미 조
	蟪 쓰르라미 혜	蠐 굼벵이 제 (蠐螬)	螬 굼벵이 조 (蠐螬)
	蝤 나무굼벵이 추	蜻 잠자리 청 (蜻蛉)	蛉 잠자리 령(蜻蛉)
	蜉 하루살이 부 (蜉蝣)	蝣 하루살이 유 (蜉蝣)	蛩 메뚜기 공
	螽 누리 종	蝗 누리 황 (蝗蟲)	蜙 베짱이 송
	蚸 방아깨비 력	螂 버마재비 랑 (螳螂)	蜋 버마재비 랑

		蟻 개미 의 (螻蟻)	蚍 왕개미 비	蚳 개미알 지
		垤 개밋둑 질	蟋 귀뚜라미 실 (蟋蟀)	蟀 귀뚜라미 솔 (蟋蟀)
		蛄 땅강아지 고	螻 땅강아지 루 (螻蟻)	蠅 파리 승 (家蠅)
		蛆 구더기 저	蝱 등에 맹	虷 장구벌레 간
		孓 장구벌레/짧을 궐	蛣 장구벌레 길	蜎 장구벌레 연
		蚤 벼룩 조 (蚤蝨)	蝨 이 슬 (蚤蝨)	蟣 서캐 기
		蜘 거미 지 (蜘蛛)	蛛 거미 주 (蜘蛛)	蠨 갈거미 소
		蛸 갈거미 초	蝪 땅거미 탕	蜚 바퀴 비
		蚿 노래기 현	蜈 지네 오 (蜈蚣)	蚣 지네 공 베짱이 송
		蝍 지네 즉	蠍 전갈 갈 (全蠍)	蝎 전갈 갈 나무굼벵이 할
		蠆 전갈 채	蠹 좀 두 (蠹書)	蚯 지렁이 구 (蚯蚓)
		蚇 자벌레 척	螠 도롱이벌레 의	蛭 거머리 질 (水蛭)
		蟯 요충 요 (蟯蟲)	蠱 뱃속벌레/미혹할 고 (蠱惑)	
42. 植物	樹木	木 樹 林 森 株 根 幹 莖 條 枝 柯 梢 蔓 葉 種 核 苗 萌 芽 茂 蔚 茸 蕃 枯 凋 萎		
		茇 뿌리 발	苻 깍지 부	蒴 깍지 삭
		蔕 꼭지 체	梶 나무끝 미	檮 등걸 도
		蘖 그루터기 얼	杌 그루터기/위태할 올	蘀 낙엽 탁
		芚 싹나올 둔	蒔 모종할 시	椄 접붙일 접
		柖 나무흔들릴 소	橚 나무길/무성할 숙	梴 길 천
		杕 홀로서있을 체	莽 우거질 망 (草莽)	菶 우거질 봉
		芃 우거질 봉	苯 우거질 분	芾 우거질/작을 불
		菴 우거질/암자 암	藹 우거질 애	薿 우거질 의
		蓁 우거질 진	萋 우거질 처	茷 우거질 패
		薈 우거질 회	芼 풀우거질 모	苒 풀우거질 염

	穠 무성할/많을 농	柅 무성할 니	楙 무성할 무
	秞 무성할 유	茲 무성할 자 (*艸部)	稶 서직(黍稷) 무성할 욱
	𥢑 稶의 本字	茀 풀숲/덤불 불	槁 마를 고 (枯槁)
	稾 마를 고 槁와 同字		
木本	松 竹 筍 楊 柳 檀 楓 桑 桂 葛 藤 柏 檜 梧 桐 楸 楡 椿 楨 槐 樺 枸 杞 枋 棠 橙 荊 棘		
	筠 대/대껍질 균 (綠筠)	篁 대/대숲 황	篔 왕대 운
	簜 왕대 탕	簬 대이름 로	簵 대이름 로 簬의 古字
	笆 가시대/대바자 파	笹 조릿대 세	篠 조릿대 소
	篾 대껍질 멸	篛 대껍질 약	檟 개오동나무 가
	梀 가시목 색	茨 가시나무/일 자	橄 감람나무 감 (橄欖)
	欖 감람나무 람 (橄欖)	栲 멀구슬나무 고	槲 떡갈나무 곡
	樕 떡갈나무 속	柞 떡갈나무 작	桄 광랑나무 광
	槻 물푸레나무 규	梣 구주물푸레나무 침	杻 감탕나무 뉴
	檍 감탕나무 억	枏 녹나무 남	楠 녹나무 남 枏의 俗字
	樟 녹나무 장	檎 능금나무 금	柰 능금나무 내
	欒 모감주나무/둥글 란	栵 산밤나무 렬	茉 말리 말 (茉莉)
	莉 말리 리 (茉莉)	杋 수부나무 범	檗 황벽나무 벽 (黃檗)
	蘗 황벽나무 벽 (黃蘗)	枇 비파나무 비 (枇杷)	杷 비파나무 파 (枇杷)
	檳 빈랑나무 빈 (檳榔)	榔 빈랑나무 랑 (檳榔)	枌 흰느릅나무 분 (枌楡)
	櫟 상수리나무 력	橡 상수리나무 상	芧 상수리나무 서 모시풀 저
	栩 상수리나무 허	茱 수유나무 수 (茱萸)	萸 수유나무 유 (茱萸)

	檖	돌배나무 수	橓	무궁화나무 순	蕣	무궁화나무 순
	檿	산뽕나무 염	柘	산뽕나무 자	棕	종려나무 종 (棕櫚)
	椶	종려나무 종 棕과 同字	櫚	종려나무 려 (棕櫚)	榧	비자나무 비 (榧子)
	杉	삼나무 삼	椰	야자나무 야 (椰子)	棫	두릅나무 역
	榕	벵골보리수 용	楰	광나무 유	楢	졸참나무 유
	桋	멧대추나무 이	樲	멧대추나무 이	樗	가죽나무 저
	楮	닥나무 저 (練楮)	栴	단향목 전	檉	위성류 정
	樅	전나무 종	榛	개암나무 진	椒	산초나무 초 (山椒)
	棣	산앵두나무 체	杶	참죽나무 춘	梔	치자나무 치 (梔子)
	椐	영수목(靈壽木) 거	栝	노송나무 괄	椵	나무이름 가 (*유자나무의 일종)
	楀	나무이름 우	橒	나무이름/ 나무무늬 운	杝	나무이름 이
	櫶	나무이름 헌	橲	나무이름 희		
木製	材 板 床 椅 架 棚 柄 杆 棍 棒 椎 槌 杖 竿 梯 栓 柴 薪 樵					
	牀	평상 상 床은 俗字	楪	평상 접	簀	살평상 책
	檔	의자 당	凳	걸상 등	榻	긴걸상 탑 (對榻)
	桯	탁자 정	棅	자루 병 柄과 同字	桿	몽둥이 간 杆의 俗字
	殳	몽둥이 수	槓	막대기/지렛대 공 (槓杆)	梃	막대기 성
	臬	말뚝/과녁 얼	椸	횃대 이	櫍	모탕 질
	梘	마개/홈통 견	欌	장롱 장 (壁欌)	蕘	땔나무 요
草本	草 卉 茶 蘭 芝 蘆 蔘 艾 蓬 萊 芸 薰 茅 荀 莞 芥 芭 蕉 菖 蒲 菱 萍 蔗 苔					
	艸	풀 초	艿	새풀싹 잉	莢	꼬투리 협 (*콩과식물 깍지)

茁	풀처음나는모양/ 싹 줄	乂	벨/깍을 예	刈	벨/낫 예 (刈草)
芟	풀벨 삼 (芟除)	薙	풀벨/깍을 체	萠	등골나물 간
苷	감초 감	蒹	갈대/물억새 겸	苽	줄 고
菰	줄 고	菅	솔새/골풀 관	茭	당아욱 교
芎	궁궁이 궁 (川芎)	蕁	지모(知母) 담	蘿	담쟁이덩굴 라 (藤蘿)
蘞	거지덩굴 렴	藟	덩굴풀 류	虆	덩굴풀 류
稂	강아지풀 랑	藜	명아주 려 (蒺藜)	藘	꼭두서니 려
茜	꼭두서니 천	苓	도꼬마리 령	菉	조개풀 록
蓼	여뀌 료 (馬蓼) 클 륙 (蓼莪之詩)	蘺	천궁(川芎) 리	藺	골풀 린
苙	어수리 립	茗	차/차싹 명	蓂	명협(蓂莢) 명
苜	거여목 목 (苜蓿)	蓿	거여목 숙 (苜蓿)	蒡	인동덩굴/우엉 방
茯	복령(茯苓) 복	葍	메꽃 복	莩	풀이름/갈대청 부
蘋	개구리밥 빈	莎	사초/향부자 사	蘚	이끼 선 (蘚苔)
藚	질경이택사 속	蓀	창포 손	枲	모시풀 시
蓍	톱풀 시	莘	족두리풀 신	藎	조개풀 신
芯	골풀/등심초 심	莪	지칭개 아 (菁莪)	蒻	부들 약
薏	율무 억·의	葽	애기풀/우거질 요	蕓	평지 운
葳	둥굴레 위	葭	갈대 가 (葭葦)	葦	갈대 위 (葭葦)
菼	물억새 담	荻	물억새 적 (蘆荻)	蔿	애기풀 위
蔚	익모초 위	萑	익모초 추 물억새 환	蓷	익모초 퇴
莠	가라지/ 강아지풀 유	荑	흰비름 이 띠싹 제	莧	비름 현
蒿	쑥 호	萩	쑥/사철쑥 추	茵	사철쑥/깔개 인 (茵蔯)
蔯	더위지기/사철쑥 진 (茵蔯)	蘩	산흰쑥 번	蔞	산쑥 루
萇	양도(羊桃) 장	藷	사탕수수/고구마 저 (甘藷)	苴	삼 지

		荃	향초 전	荑	삘기/띠싹 제	稊	돌피 제
		蔦	누홍초(縷紅草) 조	芷	구릿대 지	蒺	납가새 질 (蒺藜)
		蓫	참소리쟁이 축	菟	새삼 토	匏	박/바가지 포
		萞	아주까리 피	苄	지황(地黃) 하・호	芦	지황(地黃) 호・하
		薤	염교 해	蕙	혜초/향풀이름 혜	茴	회향풀 회
		芄	박주가리 환	萱	원추리 훤	苹	개구리밥 평
		荇	마름/노랑어리연꽃 행	芩	풀이름 금	荓	풀이름 병
	花卉	庭 園 苑 花 英 芳 葯 梅 菊 槿 蓮 芙 蓉 薔 薇 芍 葵					
		囿	동산 유 (苑囿)	葩	꽃 파	蕾	꽃봉오리 뢰
		瓣	꽃잎/외씨 판 (花瓣)	蕊	꽃술 예	橤	꽃술 예 蘂와 同字
		蘂	꽃술 예 蕊의 俗字	萼	꽃받침 악	韡	꽃활짝필 위
		萏	연꽃봉오리 담	菡	연꽃봉오리 함	蘧	패랭이꽃 거
		薊	엉겅퀴 계	堇	제비꽃 근	荔	타래붓꽃 려
		茙	접시꽃 융	苕	능소화/완두 초		
	實果	實 果 菓 桃 李 葡 萄 杏 櫻 棗 栗 梨 柿 柑 橘 枳 柚					
		睆	익을 환	蓏	풀열매 라 (果蓏)	榴	석류나무 류 (石榴)
		苺	딸기 매	莓	딸기/이끼 매	栯	산앵두 욱
		薁	까마귀머루 욱	葚	오디 심		
43. 鑛物	巖石	巖 石 礫 磁 礪 砧 碌 磊					
		嵒	바위/가파를 암	礧	바위 뢰 (磈礧)	磐	너럭바위 반 (磐石)
		礖	돌이름 여	磾	비단에검은물들이는 돌 제	碾	맷돌 년 (碾磑)
		磑	맷돌 애 (碾磑)	厲	숫돌/갈 려	磏	숫돌 렴
		砥	숫돌 지 (革砥)	磧	자갈밭/서덜 적	磈	돌많을 외 (磈礧)
		硜	돌소리 갱	砬	돌무너지는소리 립	磅	돌떨어지는소리/파운드 방

	砰 돌구르는소리 팽		
鐵鋼	鐵 鋼 銑 鑛 鑄 鍛 鍊 煉 冶 鎔 熔 鍍 鎖 鍵 釘 鎚 鍮 鈴 錚		
	鉐 놋쇠 석	錕 붉은쇠/산이름 곤	鋌 쇳덩이 정
	鏶 쇳조각/판금 집	鉼 판금 병	鉑 금박 박
	鈑 금박 판	銹 녹/녹슬 수 (鐵銹)	鏽 녹/녹슬 수
	煅 쇠불릴 단 鍛의 俗字	銷 녹일 소	鑠 쇠녹일 삭
	焠 담금질 쉬	淬 담금질할 쉬	坩 도가니 감 (坩堝)
	堝 도가니 과 (坩堝)	鋈 도금 옥	鋃 쇠사슬 랑 (鋃鐺)
	鐺 쇠사슬 당 (鋃鐺)	鏈 쇠사슬 련	觼 쇠고리 결
	鋂 사슬고리 매	鑰 자물쇠 약	鏗 금속소리/ 거문고소리 갱
	鍈 방울소리 영		
寶玉	珍 寶 鈺 珠 玉 璣 瑾 璇 璿 瓊 珏 瑄 瑗 璧 珣 琪 琦 玖 玟 珉 瑩 晶 琥 珀 琉 瑛 璟 璨 瑢 玲 瓏		
	珤 보배 보 寶의 古字	琛 보배 침	瑰 구슬 괴 (玫瑰)
	玭 구슬이름 빈	璱 푸른구슬 슬	珞 구슬목걸이 락(瓔珞)
	瓘 옥 관	璆 옥 구	琁 옥 선
	璵 옥 여	璊 붉은옥 문	琳 아름다운옥 림
	玿 아름다운옥 소	瑜 아름다운옥 유 (瑕瑜)	琿 아름다운옥 혼
	瑨 아름다운돌 진 璡과 同字	珫 귀고리옥 충	玧 귀막이옥 윤
	琠 귀막이옥 전	瑱 귀막이옥 진	瑬 면류관드림 류
	璪 면류관드림옥 조	璥 경옥 경	珙 큰옥 공
	瑭 당무옥 당	璜 서옥/패옥 황	琚 패옥 거 (琚瑀)
	玦 패옥/활깍지 결	玘 패옥 기	璲 패옥 수
	瑀 패옥 우 (琚瑀)	珩 패옥 형	璂 피변옥 기

琰	옥갈 염	璔	옥모양 증	玔	옥고리 천
琅	옥이름 랑 (琅琅)	珹	옥이름 성	琡	옥이름 숙
珵	옥이름 정	瑅	옥이름/제당옥 제	瑃	옥이름 춘
珦	옥이름/향옥 향	珝	옥이름 후	玕	옥돌 간
瑊	옥돌 감	磲	옥돌 거	琨	옥돌 곤
珷	옥돌 무	璞	옥돌 박	珗	옥돌 선
琇	옥돌 수	璶	옥돌 신	瑌	옥돌 연
瓔	옥돌 영 (瓔珞)	珸	옥돌 오	琓	옥돌 완
瑤	옥돌 요	玗	옥돌 우	瑋	옥 위 (奇瑋)
珢	옥돌 은	璡	옥돌 진	硨	옥돌/조개이름 차
玹	옥돌 현	玫	매괴(玫瑰) 매	瑪	마노 마 (瑪瑙)
碼	마노 마 瑪와 同字	瑙	마노 노 (瑪瑙)	珂	백마노 가
瑠	유리 류 琉와 同字	璃	유리 리	玻	유리 파 (玻璃)
璘	옥빛 린	瑆	옥빛 성	瑳	옥빛깨끗할/웃을 차
瓓	옥무늬 란	璸	옥무늬어룽어룽할 빈	琤	옥소리 쟁
玎	옥소리 정	瑲	옥소리 창	瑝	옥소리 황
瑽	패옥소리 종	鏘	금옥소리 장		

V. 技術編

44. 健康	强健	力 强 健 剛 彊 桓 勁 堅 硬 靭		
		勍 셀 경	侃 굳셀/강직할 간 (侃諤)	橿 굳셀/감탕나무 강
		倞 굳셀 경	倔 굳셀/고집셀 굴 (倔强)	偲 굳셀/책선할 시
		劤 힘셀 근	伾 힘셀 비	遒 굳을/굳셀 주
		佶 건장할 길	暋 강할 민	頣 강할 민
		敃 강인할/힘쓸 민	韌 질길 인	
	虛弱	弱 衰 柔 軟 脆 疲 憊		
		耎 약할 연	孱 잔약할 잔	癃 느른할/곱사등이 륭
		勦 노곤할/표절할 초	勩 수고로울/괴로울 예	
	肥瘠	肥 瘦 瘠 憔 悴		
		肭 살찔 눌	胖 살찔/희생반쪽 반	膃 살찔 올 (膃膃)
		腴 살찔 유	膩 기름 니	臞 야윌 구
		羸 파리할 리 (老羸)		
	醫藥	醫 療 愈 癒 診 鍼 灸 藥 劑 繃		
		痊 병나을 전	瘥 나을 채 병 차	瘳 나을 추
		砭 돌침 폄		
45. 疾病	疾病	病 疾 疫 痼 癖 罹 菌 癌 瘤 贅 瘡 腫 瘍 瘙 膿 疱 痘 疹 疝 疽 瘀 痯 痔 痢 瘧 癎 癩		
		痗 병/앓을 매	痻 병/앓을 민	瘼 병/병들 막
		癘 염병 려	瘟 염병 온 (瘟疫)	疚 오랜병 구
		癈 폐질 폐	疢 열병 진	瘕 기생충병 하
		瘝 병들 관	癉 병들 단	瘐 병들 유
		瘁 병들 췌 (鞠躬盡瘁)	痯 앓을/병에지칠 관	瘏 앓을 도

		痡 앓을 부	疷 앓을 저	瘨 앓을 전
		瘵 앓을 채	黴 곰팡이 미	疣 사마귀 우 (疣痔)
		癤 부스럼 절 (癰癤)	癰 등창 옹 (肝癰)	疽 등창 저 (壞疽)
		疔 정 정 (疔瘡)	疥 옴 개 (疥癬)	癬 옴/버짐 선 (疥癬)
		疕 두창 비	尰 수종다리 종	癨 곽란 곽 (癨亂)
		痳 임질 림 (痳疾)		
	症勢	症 癢 痲 痹 顫 痙 狂 癲 猖 喘 咳 痰		
		痒 가려울/앓을 양	痱 땀띠 비	痂 딱지 가 (落痂)
		痏 멍 유	疻 멍 지	攣 걸릴/쥐날/ 오그라질 련 (痙攣)
		獗 날뛸 궐 (猖獗)	譫 헛소리 섬	瘋 두풍/미치광이 풍
		嘽 헐떡거릴 탄	嗽 기침 수 (咳嗽)	
	苦痛	痛 疼 傷 痍 痕 煩 惱 悶 鬱 呻		
		劌 상처낼 귀	瘢 흉터 반 (瘢痕)	懣 번민할 만
		菀 쌓일 울 (菀結) 자완(紫菀) 완		
	障礙	盲 聾 啞 跛 矮		
		瞽 소경 고	瞍 소경 수	矇 청맹과니 몽
		瞢 눈어두울 몽	眇 애꾸눈 묘	瞎 애꾸눈 할
		瘖 벙어리 음	蹇 절뚝발이 건 (蹇蹇)	尩 절름발이/곱사등이 왕
		傴 곱사등이 구 (傴僂)	痀 곱사등이 구	佝 꼽추 구 (佝僂)
		瘻 곱사등이/부스럼 루	僂 곱사등이/굽을 루 (佝僂)	侏 난쟁이 주
46. 飮食	食飮	餐 喫 哺 咀 嚼 咬 呑 嘔 吐 飽 飢 餓 饉 飮 渴 汲		
		啗 먹을 담	啖 먹을 담 (茶啖)	餤 먹을/나아갈 담

	茹 먹을 여	湌 먹을 찬	犒 호궤할 호 (犒饋)
	饋 먹일/보낼 궤 (犒饋)	餽 보낼 궤	餼 보낼 희
	噬 씹을 서	嘬 물/한입에넣을 최	齧 깨물 설 (齧齒類)
	齕 깨물/씹을 흘	嚥 삼킬 연 (嚥下)	哽 목멜 경
	旡 목멜 기	噎 목멜 열 (噎嘔)	咯 토할/뱉을 각
	喀 토할/뱉을 객	饜 포식할 염 (饜飫)	飫 실컷먹을 어 (饜飫)
	饇 배부를 어	餒 주릴 뇌 (餒餓)	殍 주려죽을 표
	歃 마실/끼워넣을 삽	啜 마실 철	歠 마실 철
	哈 마실 합	侑 권할 유 (侑食)	
食饌	食 飯 饌 膳 糧 餌 麪 餅 饅 羹 汁 瀋 漿 糊 醬 油 脂 肪 膏 鮑 脯		
	饔 아침밥 옹 (饔飧)	飧 저녁밥 손 (饔飧)	湌 저녁밥 손 飧의 속자
	餔 저녁밥/먹을 포	饁 들밥 엽	餕 대궁 준 (餕餘)
	糜 죽 미	饘 죽 전 (饘粥)	飦 죽 전 饘과 同字
	粥 죽 죽 (饘粥)	鬻 죽 죽 粥과 同字 팔 육 (鬻賣)	餗 솥안음식 속
	饛 수북이담을 몽	饍 반찬 선 膳과 同字	粮 양식 량 糧과 同字
	粻 양식 장	饟 건량 양	餉 건량/군량 향
	餱 건량 후	饎 주식(酒食) 치 서속찔 희	餻 떡 고
	餺 떡/수제비 박 (餺飥)	飥 떡/수제비 탁 (餺飥)	麭 경단 포
	餃 엿/경단 교 (餃飴)	飴 엿 이 (餃飴)	菹 김치/절일 저 (靑菹)
	醢 젓갈 해	醓 장/육장 담	臠 저민고기 련

	胾	고깃점 자	脢	등심 매	膴	포 무
	腊	포 석	脩	포 수 (脯脩)	胏	포 자
	臄	순대 갹	餛	만두/빵 혼 (餛飩)	飩	만두/빵 돈 (餛飩)
	咖	커피/카페인 가 (咖啡)	啡	커피 배 (咖啡)	饐	쉴 의
料理	饗 宴 匙 箸 庖 廚 炊 熟 蒸 湯 沸 煮 煎 炒 膾 炙					
	讌	잔치 연	醼	잔치 연	柶	숟가락/윷 사 (擲柶)
	筯	젓가락 저 箸와 同字	梡	도마 관	俎	도마 조 (刀俎)
	竈	부엌 조	爨	부뚜막/불땔 찬	燔	구울 번 (燔祭)
	炮	통째로구울 포	炰	통째로구울 포	煬	땔/쬘 양
	熬	볶을 오	烹	삶을 팽 (兎死狗烹)	饙	찔 분
	瀹	데칠 약				
農耕	農 耕 豊 墾 沃 荒 蕪 粗 灌 漑 播 植 栽 稼 培 耘 穫 搗 野 田 畓 圃 畸 頃 畝 疇 畔 町 壟					
	畯	농부 준 (寒畯)	耭	밭갈 기	畋	밭갈 전
	佃	밭갈/사냥할 전	畇	밭일굴 균	耨	김맬/괭이 누
	薅	김맬 호	耔	북돋울 자	歉	흉년들 겸
	堉	기름진땅 육	楛	거칠 고	麤	거칠 추
	埆	메마를 각 (墝埆)	磽	메마를/메마른땅 교	墝	메마른땅 요 (墝埆)
	澆	물댈 요 (澆灌)	穡	거둘/농사 색 (稼穡)	䆃	벼가릴 도
	簸	까부를 파	擣	찧을 도	舂	절구질할/찧을 용
	碓	방아 대	畬	새밭 여	菑	묵정밭 치
	畑	화전 전	畎	밭도랑 견	埸	밭두둑 역

	畦 밭두둑 휴	畛 두둑 진	
農具	臼 箕		
	杵 공이 저 (臼杵)	犂 쟁기 려 얼룩소 리	耒 쟁기 뢰
	耜 보습 사	耙 써래 파	梩 가래 리
	鍹 가래 선	鍬 가래 초	耰 곰방메/씨앗덮을 우
	錤 호미 기	鉏 호미/김맬 서	鋤 호미/김맬 서
	鎡 호미 자	鎌 낫 겸 (鉤鎌)	銍 낫 질 (銍刈)
	枷 도리깨/칼(형틀) 가 (連枷)(足枷)		
牧畜	畜 牧 飼 乳 酪 芻 槽		
	豢 기를/가축 환	茭 꼴 교	
穀食	穀 粉 顆 粒 秧 穗 芒 秕 糠 米 禾 稻 稙 麥 黍 稷 粱 粟 豆 菽 藿 稗		
	稔 곡식여물 임 (不稔) *俗音:념	穟 이삭 수	穎 이삭/빼어날 영 (秀穎)
	粃 쭉정이 비 (粃糠)	穰 볏대/짚 양 (旱穰)	稈 짚/볏짚 간 (麥稈)
	藁 짚/마를 고 (麥藁)	秸 볏짚 갈	穧 볏단 제
	糶 쌀팔 조	糴 쌀사들일 적	糯 찰벼/찹쌀 나
	稌 찰벼 도 (秔稌)	秔 메벼 갱 (秔稌)	粳 메벼 갱
	稑 올벼 륙	穋 올벼 륙 稑과 同字	粲 정미 찬
	粺 정미 패	糗 볶은쌀 구	麰 보리 모
	麩 밀기울 부	穈 기장 미	粢 기장 자
	秬 검은기장 거	秠 검은기장 비	芑 차조/상추 기
	朮 차조 출	蕎 메밀 교	荳 콩 두

		蓽 콩/사립짝 필	萁 콩대 기 (煮豆燃豆萁)	豌 완두 완
	菜蔬	菜 蔬 瓜 薯 薑		
		蔌 푸성귀 속	葷 훈채 훈 (葷菜)	葱 파 총
		蔥 파/부들 총 葱의 古字 (蔥蒜)	蒜 마늘 산(蔥蒜)	葫 마늘/호리병박 호
		菔 무 복	蔔 무 복 菔과 同字	菏 무/풀이름 하
		葑 순무 봉	菁 순무 정 우거질 청	陏 오이 타
		瓞 북치 질	萵 상추 와 (萵苣)	苣 상추/홰 거
		薐 시금치 릉	菠 시금치 파	蓴 순채 순 (蓴鱸)
		茆 순채 묘	茄 가지 가 (天茄)	莒 감자 거
		韭 부추 구	蕨 고사리 궐	芹 미나리 근 (獻芹)
		桔 도라지 길	荼 씀바귀 도	蕷 마 여 (薯蕷)
		芋 토란 우	藕 연뿌리 우 (蓮藕)	蕡 들깨 분
		荏 들깨 임 (黑荏子)	薺 냉이 제	芣 질경이 부
		苡 질경이/율무 이	苢 질경이 이	
	酒類	酒 醴 醇 糟 粕 釀 醱 酵 斟 酌 醉 酩 酊 醒		
		麴 누룩/술 국 (麴母)	醹 진한술 유	酎 전국술 주
		酤 단술 고	醨 묽은술 리	醍 맑은술 제
		鬯 울창주 창	肴 안주 효 (佳肴)	湑 거를 서
		釃 거를 시	醞 빚을 온	帘 주막기 렴
		酣 술즐길 감	酲 숙취 정	酗 주정할 후
47. 衣服	服飾	衣 服 裳 袴 袍 褐 冠 帽 弁 笠 蓑 襟 袖 袂 囊 襪 靴 紳 巾 佩 裸		
		褧 홑옷 경	襌 홑옷 단	袗 홑옷 진

袷 겹옷 겹	裌 겹옷 겹	褚 솜옷 저
裘 갖옷 구	襤 누더기 람 (襤褸)	褸 누더기 루 (襤褸)
裋 해진옷 수	褙 속옷/배접할 배	袢 속옷 번
儭 속옷 츤 어버이 친	襯 속옷 친	襖 웃옷 오
襦 저고리/속옷 유	衫 적삼 삼 (單衫)	褂 마괘자 괘
褰 바지/걷을 건	褌 잠방이 곤	裙 치마 군 (翠裙)
韐 슬갑 겹	巿 슬갑 불	韍 슬갑/수 불 (黼韍)
韠 슬갑 필	鞸 슬갑 필 韠과 同字	簑 도롱이 사 蓑의 俗字
裾 옷자락 거	襋 옷깃 극	衿 옷깃 금 襟과 同字
襮 수놓은깃 박	衽 옷섶 임	袵 옷섶 임 衽과 同字
紕 가선 비	袪 소매 거	褶 주름/사마치 습 (褶曲)
縐 주름질 추	鞋 신 혜	屨 신 구
屐 나막신 극	蹝 짚신/밟을 사	鞮 가죽신 제
緄 띠 곤	鞶 큰띠 반	幞 건/복두 복
纚 갓끈 리	纓 갓끈 영 (冠纓)	緌 갓끈 유
褾 목도리/장황 표	鞓 가죽띠 정	襜 행주치마 첨
褘 폐슬 휘 아름다울 위	綎 띳술/인끈 정	縭 향주머니끈 리
帨 수건 세	橐 전대 탁	襁 포대기/띠 강 (襁褓)
褓 포대기 보 (襁褓)	袱 보/보자기 복	裴 옷치렁치렁할 배 本字는 裵
袺 옷섶잡을 결	摳 걷을/추어올릴 구 (摳衣)	襭 옷자락걷을 힐
褎 옷잘입을/우거질 유 소매 수	袒 웃통벗을 단 (左袒)	裼 웃통벗을 석

		褫 옷벗길/빼앗을 치 (褫奪) 　臝 벌거벗을 라 　裎 벌거숭이 정
	纖維	絲 緬 棉 綿 繩 撚
		糸 실 사 / 가는실 멱 　纑 실 로 　縷 실/자세할 루 (一縷) 綅 붉은실 침 　綃 생사 초 　紇 생사/묶을 흘 纊 솜 광 　絮 솜 서 (飛絮) 　縕 헌솜 온 紽 타래 타 　紘 끈 굉 (帝紘) 　紃 끈/좇을 순 絛 끈 조 　纆 노 묵 　紼 줄/얽힌삼 불 綯 꼴/새끼 도 　紓 느슨할 시
	織物	經 緯 紡 績 組 織 錦 緋 緞 綾 綺 帛 絹 紬 紗 布 麻 絨 氈
		緝 길쌈할/이을/모을 집 *本音:즙 　紝 베짤 임 　筬 바디 성 (*베틀의 부속) 杼 북 저 (杼梭) 　梭 북 사 (杼梭) 　繒 비단 증 (甲繒) 綵 비단 채 (綵緞) 　縑 합사비단 겸 (縑楮) 　紈 흰비단 환 縞 흰비단/흴 호 (縞衣玄裳) 　繻 명주 수 　苧 모시 저 (苧布) 紵 모시 저 (韓山紵) 　絺 칡베 치 (絺綌) 　綌 칡베 격 (絺綌) 毳 솜털 취
	裁縫	針 裁 縫 補 繕 綻 繡
		緎 솔기 역 　鉥 돗바늘 술 　敾 기울 선 黼 수 보 (黼黻)
48. 住居	**居住**	住 居 宿 停 留 駐 僑 寓 棲
		逗 머무를 두 (逗留) 　遛 머무를 류 　栖 깃들일/살 서 棲와 同字 捿 깃들일/살 서 棲, 栖와 同字
	家屋	室 家 堂 屋 宅 院 舍 館 宇 宙 邸 樓 閣 臺 亭 倉 庫 庾 廠 庄 廬

	傢	가구 가 家의 俗字	廈	큰집 하 (廈屋)	厦	큰집 하 廈의 俗字
	廡	곁채/집 무	廂	곁채/곁방 상 (西廂)	闍	망루/망대 도
	榭	정자 사	囷	곳집 균	廩	곳집/녹미 름
	帑	나라곳집 탕 (內帑庫)	墅	농막 서 (山墅)		
屋內	柱 棟 梁 樑 軒 椽 瓦 房 閨 窓 門 戶 扉 樞 廊 欄 階 陛 壁 墻 堵 藩 籬 柵 塞 井					
	枺	기둥 말	楹	기둥 영 (楹棟)	枓	두공 두 구기 주
	栱	두공 공 (枓栱)	櫨	두공 로	桁	도리 형
	桴	마룻대/북채 부	檼	마룻대 은	棼	들보/마룻대 분
	桭	처마 진	檐	처마 첨	簷	처마 첨 檐과 同字
	桷	서까래 각 (椽桷)	榱	서까래 최	梠	평고대 려
	甍	용마루 맹	欂	박공 박 (欂栱)	橵	산자 산
	坏	날기와 배 (*굽지않은 기와)	窗	窓의 本字	牖	들창 유
	櫺	격자창 령	堗	부엌창 돌	楣	문미/처마 미 (門楣)
	閤	쪽문 합	窬	협문 유·두	篳	사립문 필
	框	문골/문테 광	棖	문설주 정	梱	문지방 곤
	棞	문지방 곤 梱과 同字	閫	문지방 곤	閾	문지방 역
	戺	지도리 사	楗	문빗장 건	扃	빗장 경
	陔	층계 해	阼	섬돌/동편층계 조 (阼階)	砌	섬돌 체
	墉	담 용	垣	담 원 (牆垣)	樊	울/새장 번 (樊籬)
	榦	담결기둥/줄기 간	廁	뒷간 측 (廁間)	厠	뒷간 측 廁과 同字

		宖 집울릴 횡		
	建築	建 築 基 址 垈 墟 礎 層 塔 葺		
		坧 터 척	礩 주춧돌 질	甓 벽돌 벽 (瓦甓)
		塼 벽돌 전 (方形塼)	磚 벽돌 전 (磚瓦)	甎 벽돌 전
		甃 벽돌 추	枘 장부 예 (通枘) (*촉꽂이)	墐 매흙질할 근
		塈 맥질할 기 (塗塈)	垸 바를 완	陾 담쌓는소리 잉
49. 交通	輸送	運 搬 般 輸 送 遣 寄 負 擔 荷 戴 載 撤 驛 站		
		齎 가져올/가져갈 재	責 싣어줄 새	賫 집어줄 재 齎의 俗字
		儋 멜/두섬 담	馱 실을 태	駄 실을 태 馱의 俗字
	車輛	車 輛 輿 輦 轎 駕 輪 軌 轍 輻 軾 軸 軻 搭 乘 軋		
		輅 수레 로 (象輅)	輧 수레 병	轝 수레 여
		軺 수레 초	鑾 방울/임금수레 란 (鑾鈴)	輜 짐수레 치 (輜重)
		輊 잎숙은수레 지 (軒輊)	橇 썰매 취	轅 끌체 인 (南轅北轍)
		輈 끌채 주	輗 끌채끝 예 (輗軏)	軏 끌채끝 월 (輗軏)
		軖 수레앞가로나무 굉	軫 수레뒤턱나무 진	桊 수레채가죽 목
		轂 바퀴통 곡	軝 바퀴통끝 기	輞 바퀴테 망
		輮 바퀴테 유	輹 복토 복	鈐 비녀장 검
		錧 비녀장 관	舝 비녀장 할	軔 바퀴굄목 인
		韔 수레장식가죽 흔	茀 수레가리개 불	幝 수레휘장해질 천
		轢 삐걱거릴 력 (軋轢)	輘 수레소리/삐걱거릴 릉	
	船舶	舟 航 船 舶 艦 艇 筏 帆 檣 碇 泊 漕 舵 港 津 艙 埠 閘 濟 渡 涉		

舡	배/오나라배 강 船의 俗字	艘	배 소	舸	큰배 가
艀	작은배/거룻배 부	舫	쌍배 방	艅	배이름 여
楂	떼/뗏목 사	槎	떼/뗏목 사	艫	이물 로 (舳艫) (*뱃머리)
舳	고물 축 (舳艫) (*배의 뒤쪽)	舷	뱃전 현 (右舷) (*배의 양쪽 가)	錨	닻 묘
纜	닻줄 람 (繫纜)	艤	배댈 의	櫓	노/방패 로 (櫓聲)(干櫓)
棹	노 도 (櫓棹)	櫂	노 도 (櫓櫂)	枻	노 예 도지개 설
楫	노 즙 (舟楫)	篙	상앗대 고	槳	상앗대 장
柁	키 타	杭	건널/나룻배 항 航과 同字		

50. 器具

器皿

器 皿 陶 甄 瓷 甕 缸 盆 瓶 窯 釜 鼎 鉉 錠 盒 杯 盞 觴 瓚

樽 盤 槃 籠 籃 簞 桶 筒 箱 匣 櫃 函 袋

甌	사발 구	椀	주발 완	盌	주발 완
碗	주발 완 盌의 俗字	盂	바리 우 (飯盂)	杅	바리 우
盔	바리 회	盎	동이 앙	壺	병 호 (投壺)
甑	시루 증 (歲時甑)	璹	옥그릇 숙 옥이름 수·도	棬	나무그릇 권
瓮	독 옹	垌	항아리 동	罌	항아리 앵
缶	장군 부 (水缶)	琺	법랑 법 (琺瑯)	瑯	법랑/땅이름 랑 (琺瑯)
釦	금테두리할 구	鍑	솥 복	鑴	솥 휴
錡	가마솥 기	鼐	가마솥 내	鬷	가마솥 종
鑊	가마솥 확	鍋	노구솥 과	鋗	노구솥 현
鼒	옹달솥 자	盥	대야/씻을 관 (盥手)	匜	손대야 이
盃	잔 배 杯의 俗字	桮	잔 배 杯와 同字	巵	잔/술잔 치

	巵 잔/술잔 치 巵의 俗字	觶 잔 치	觚 술잔 고
	巹 술잔/합환주잔 근	斝 옥잔 가	罎 술병/술단지 담
	鐏 술단지 준	罍 술독/대야 뢰	椑 술통/감나무 비
	卣 술통 유	觥 뿔잔 굉	鐥 복자 선 (*술·기름되는그릇)
	瓢 바가지/박 표 (瓢子)	瓠 표주박 호	筥 광주리/볏단 거
	筐 광주리 광 (頃筐)	篚 광주리 비	籯 바구니 영
	笭 종다래끼 령	篒 대밥통 식	筽 버들고리 오
	簣 삼태기 궤	畚 삼태기 분	篠 삼태기 조
	笥 상자 사	篋 상자 협	匭 갑/상자 궤
	匱 함/삼태기 궤	櫝 함/널 독 (櫃櫝)	匵 궤 독
雜具	機 械 斤 斧 剪 錐 傘 扇 簾 箔		
	鈇 도끼 부	鉞 도끼 월 (斧鉞)	斨 도끼 장
	鉸 가위 교	鋸 톱/켤 거 (鋸齒)(鋸屑)	鏟 대패 산
	鉋 대패 포	銶 끌 구	鑢 줄 려
	鎣 줄 형	篩 체/체질할 사 (絹篩)	圬 흙손 오
	杇 흙손 오	墁 흙손 만	鑵 두레박 관 (湯鑵)
	缾 두레박/단지 병	綆 두레박줄 경 (綆繘)	繘 두레박줄 율 (綆繘)
	轆 도르래 록 (轆轤)	轤 도르래 로 (轆轤)	筧 대홈통 견
	椧 홈통 명	鈷 다리미 고	熨 다리미 위
	篝 배롱(焙籠) 구	繖 우산 산	翿 깃일산 도
	翳 깃일산 예		

附錄 Ⅱ.

漢文教育用 基礎漢字

1. 본 부록은 1972년 세정 · 공포한 한문교육용 기초한사를 교육부에서 조정하여 2000년 12월 공포한 내용이다. 중 · 고등학교용 각각 900자씩 모두 1,800자에 해당한다.

2. '*' 표 다음은 중학교용, '**' 표 다음은 고등학교용 한문교육용 기초한자이다.

가
* 佳
假
價
加
可
家
歌
街
** 暇
架

각
* 各
脚
角
** 刻
却
覺
閣

간
* 干
看
間
** 刊
姦
幹
懇
簡
肝

갈
* 渴

감
* 感
敢
減
甘
** 監
鑑

갑
* 甲

강
* 强
江
講
降
** 剛
康
綱
鋼

개
* 個
改
皆
開
** 介
慨
概
蓋

객
* 客

갱
* 更

거
* 去
居
巨
擧
車
** 拒
據
距

건
* 乾
建
** 件
健

걸
** 乞
傑

검
** 儉
劍
檢

격
** 擊
格
激
隔

견
* 堅
犬
見
** 牽
絹
肩
遣

결
* 決
潔
結
** 缺

겸
** 兼
謙

경
* 京
庚
慶
敬
景
競
經
耕
輕
驚
** 傾
卿
境
徑
硬
竟
警
鏡
頃

계
* 季
溪
界
癸
計
鷄
** 係
啓
契
戒
桂
械
系
繫
繼
階

고
* 古
告
固
故
考
苦
高
** 姑
孤
庫
枯
稿
顧
鼓

곡
* 曲
穀
谷
** 哭

곤
* 困
坤

골
* 骨

공
* 公
共
功
工
空
** 供
孔
恐
恭
攻
貢

과	愧	龜	규	긍	길
* 果	교	국	** 叫	** 肯	* 吉
科	* 交	* 國	糾	기	나
課	敎	** 局	規	* 其	** 那
過	校	菊	균	基	낙
** 寡	橋	군	* 均	己	** 諾
誇	** 巧	* 君	** 菌	幾	난
곽	矯	軍	극	技	* 暖
** 郭	較	郡	* 極	旣	難
관	郊	** 群	** 克	期	남
* 官	구	굴	劇	氣	* 南
觀	* 久	** 屈	근	記	男
關	九	궁	* 勤	起	납
** 冠	口	* 弓	根	** 企	** 納
寬	句	** 宮	近	器	낭
慣	救	窮	** 僅	奇	** 娘
管	求	권	斤	寄	내
貫	究	* 勸	謹	忌	* 乃
館	舊	卷	금	旗	內
광	** 丘	權	* 今	棄	** 奈
* 光	俱	** 券	禁	機	耐
廣	具	拳	金	欺	녀
** 狂	區	궐	** 琴	畿	* 女
鑛	懼	** 厥	禽	祈	년
괘	拘	궤	錦	紀	* 年
** 掛	構	** 軌	급	豈	념
괴	狗	귀	* 及	飢	* 念
** 塊	球	* 歸	急	騎	녕
壞	苟	貴	給	긴	** 寧
怪	驅	** 鬼	** 級	** 緊	

노
* 怒
** 努
奴
농
* 農
뇌
** 惱
腦
능
* 能
니
** 泥
다
* 多
** 茶
단
* 丹
但
單
短
端
** 團
壇
斷
旦
檀
段
달
* 達
담
* 談
** 擔
淡
답
* 答
** 沓
踏
당
* 堂
當
** 唐
糖
黨
대
* 代
大
對
待
** 帶
臺
貸
隊
덕
* 德
도
* 刀
到
圖
島
度
徒
道
都
** 倒
塗
導
挑
桃
渡
盜
稻
跳
逃
途
陶
독
* 獨
讀
** 毒
督
篤
돈
** 敦
豚
돌
** 突
동
* 冬
動
同
東
洞
童
** 凍
銅
두
* 斗
豆
頭
둔
** 屯
鈍
득
* 得
등
* 燈
登
等
** 騰
라
** 羅
락
* 樂
落
** 絡
란
* 卵
** 亂
欄
蘭
람
** 濫
覽
랑
* 浪
郞
** 廊
래
* 來
랭
* 冷
략
** 掠
略
량
* 兩
凉
良
量
** 梁
糧
諒
려
* 旅
** 勵
慮
麗
력
* 力
歷
** 曆
련
* 練
連
** 憐
戀
聯
蓮
鍊
렬
* 列
烈
** 劣
裂
렴
** 廉
렵
** 獵
령
* 令
領
** 嶺
零
靈
례
* 例
禮
** 隸

로	류	린	茫	** 冥	무

로
* 勞
老
路
露
** 爐

록
* 綠
** 祿
錄
鹿

론
* 論

롱
** 弄

뢰
** 賴
雷

료
* 料
** 了
僚

룡
** 龍

루
** 屢
樓
淚
漏
累

류
* 柳
流
留
** 類

륙
* 六
陸

륜
* 倫
** 輪

률
* 律
** 栗
率

륭
** 隆

릉
** 陵

리
* 利
李
理
里
** 吏
履
梨
裏
離

린
** 隣

림
* 林
** 臨

립
* 立

마
* 馬
** 磨
麻

막
* 莫
** 幕
漠

만
* 晩
滿
萬
** 慢
漫

말
* 末

망
* 亡
忙
忘
望
** 妄
罔
茫

매
* 妹
每
買
賣
** 埋
媒
梅

맥
* 麥
** 脈

맹
** 孟
猛
盟
盲

면
* 免
勉
眠
面
** 綿

멸
** 滅

명
* 名
命
明
鳴
** 冥
銘

모
* 暮
母
毛
** 侮
冒
募
慕
某
模
謀
貌

목
* 木
目
** 牧
睦

몰
** 沒

몽
** 夢
蒙

묘
* 卯
妙
** 墓
廟
苗

무
* 務
戊
武
無
舞
茂
** 貿
霧

묵
* 墨
** 默

문
* 問
文
聞
門

물
* 勿
物

미
* 味
尾
未
米
美
** 微
眉
迷

	민
*	民
**	憫
	敏
	밀
*	密
**	蜜
	박
*	朴
**	博
	拍
	泊
	薄
	迫
	반
*	半
	反
	飯
**	伴
	叛
	班
	盤
	般
	返
	발
*	發
**	拔
	髮
	방
*	房

	放
	方
	訪
	防
**	倣
	傍
	妨
	芳
	邦
	배
*	拜
	杯
**	倍
	培
	排
	背
	輩
	配
	백
*	白
	百
*	伯
	번
*	番
**	煩
	繁
	飜
	벌
*	伐
**	罰

	범
*	凡
**	犯
	範
	법
*	法
	벽
**	壁
	碧
	변
*	變
**	辨
	辯
	邊
	별
*	別
	병
*	丙
	兵
	病
**	屛
	竝
	보
*	保
	報
	步
**	寶
	普
	補
	譜

	복
*	伏
	復
	服
	福
**	卜
	腹
	複
	覆
	본
*	本
	봉
*	奉
	逢
**	封
	峯
	蜂
	鳳
	부
*	否
	夫
	婦
	富
	扶
	浮
	父
	部
**	付
	副
	府

	符
	簿
	腐
	負
	賦
	赴
	附
	북
*	北
	분
*	分
**	墳
	奔
	奮
	憤
	粉
	紛
	불
*	不
	佛
**	拂
	붕
*	朋
**	崩
	비
*	備
	比
	悲
	非
	飛

	鼻
**	卑
	妃
	婢
	批
	碑
	祕
	肥
	費
	빈
*	貧
**	賓
	頻
	빙
*	氷
**	聘
	사
*	事
	仕
	使
	史
	四
	士
	寺
	巳
	射
	師
	思
	死
	私

絲
舍
謝
** 似
司
寫
捨
斜
斯
査
沙
祀
社
蛇
詐
詞
賜
辭
邪

삭

** 削
朔

산

* 山
散
産
算

살

* 殺

삼

* 三

상

* 上
傷
商
喪
尙
常
想
相
賞
霜
** 像
償
嘗
床
桑
狀
祥
裳
詳
象

새

** 塞

색

* 色
** 索

생

* 生

서

* 序
暑
書
西
** 庶
徐
恕
敍
緖
署
誓
逝

석

* 夕
席
惜
昔
石
** 析
釋

선

* 仙
先
善
線
船
選
鮮
** 宣
旋
禪

설

* 舌
設
說
雪

섭

** 攝
涉

성

* 城
姓
性
成
星
盛
省
聖
聲
誠

세

* 世
勢
歲
洗
稅
細

소

* 小
少
所
消
笑
素
** 召
掃
昭
燒
疏
蔬
蘇
訴
騷

속

* 俗
續
速
** 屬
束
粟

손

* 孫
** 損

송

* 松
送
** 訟
誦
頌

쇄

** 刷
鎖

쇠

** 衰

수

* 修
受
壽
守
愁
手
授
收
數
樹
水
秀
誰
雖
須
首
** 囚
垂
帥
搜
殊
獸
睡
輸

遂	승	臣	악	야	** 抑
隨	* 乘	身	* 惡	* 也	언
需	勝	辛	** 岳	夜	* 言
숙	承	** 伸	안	野	** 焉
* 叔	** 僧	愼	* 安	** 耶	엄
宿	昇	晨	案	약	* 嚴
淑	시	실	眼	* 弱	업
** 孰	* 始	* 失	顔	約	* 業
熟	市	室	** 岸	若	여
肅	施	實	雁	藥	* 余
순	是	심	알	** 躍	如
* 純	時	* 心	** 謁	양	汝
順	示	深	암	* 揚	與
** 巡	視	甚	* 巖	洋	餘
循	詩	** 審	暗	羊	** 予
旬	試	尋	압	讓	輿
殉	** 侍	십	** 壓	陽	역
瞬	矢	* 十	押	養	* 亦
脣	식	쌍	앙	** 壤	易
술	* 式	** 雙	* 仰	楊	逆
* 戌	植	씨	** 央	樣	** 域
** 術	識	* 氏	殃	어	役
述	食	아	애	* 於	疫
숭	** 息	* 兒	* 哀	漁	譯
* 崇	飾	我	愛	語	驛
습	신	** 亞	** 涯	魚	연
* 拾	* 信	牙	액	** 御	* 然
習	新	芽	** 厄	억	煙
** 濕	申	雅	額	* 億	研
襲	神	餓		憶	** 宴

	延
	沿
	演
	燃
	燕
	緣
	軟
	鉛
	열
*	悅
	熱
**	閱
	염
*	炎
**	染
	鹽
	엽
*	葉
	영
*	榮
	永
	英
	迎
**	影
	映
	泳
	營
	詠
	예
*	藝
**	譽
	銳
	豫
	오
*	五
	午
	吾
	悟
	烏
	誤
**	傲
	嗚
	娛
	汚
	옥
*	屋
	玉
**	獄
	온
*	溫
	옹
**	擁
	翁
	와
*	瓦
	臥
	완
*	完
**	緩
	왈
*	曰
	왕
*	往
	王
	외
*	外
**	畏
	요
*	要
**	搖
	腰
	謠
	遙
	욕
*	欲
	浴
**	慾
	辱
	용
*	勇
	容
	用
**	庸
	우
*	于
	又
	友
	右
	宇
	尤
	憂
	牛
	遇
	雨
**	偶
	優
	愚
	羽
	郵
	운
*	云
	運
	雲
**	韻
	웅
*	雄
	원
*	元
	原
	圓
	園
	怨
	遠
	願
**	員
	援
	源
	院
	월
*	月
**	越
	위
*	位
	偉
	危
	威
	爲
**	僞
	圍
	委
	慰
	緯
	胃
	衛
	謂
	違
	유
*	唯
	幼
	有
	柔
	油
	猶
	由
	遊
	遺
	酉
**	乳
	儒
	幽
	悠
	惟
	愈
	維
	裕
	誘
	육
*	肉
	育
	윤
**	潤
	閏
	은
*	恩
	銀
**	隱
	을
*	乙
	음
*	吟
	陰
	音
	飮
**	淫
	읍
*	泣
	邑

응

* 應
** 凝

의

* 依
意
矣
義
衣
議
醫
** 儀
宜
疑

이

* 二
以
已
異
移
而
耳
** 夷

익

* 益
** 翼

인

* 人
仁
印
因
寅
引
忍
認
** 姻

일

* 一
日
** 逸

임

* 壬
** 任
賃

입

* 入

자

* 姉
子
字
慈
者
自
** 刺
姿
恣
紫
玆
資

작

* 作
昨
** 爵
酌

잔

** 殘

잠

** 暫
潛

잡

** 雜

장

* 場
壯
將
章
長
** 丈
墻
奬
帳
張
掌
粧
腸
臟
莊
葬
藏
裝
障

재

* 再
哉
在
才
材
栽
財
** 宰
災
裁
載

쟁

* 爭

저

* 低
著
貯
** 底
抵

적

* 敵
的
赤
適
** 寂
摘
滴
積
籍
績
賊
跡

전

* 傳
全
典
前
展
戰
田
錢
電
** 專
殿
轉

절

* 節
絶
** 切
折
竊

점

* 店
** 占
漸
點

접

* 接
** 蝶

정

* 丁
井
停
定
庭
情
政
正
淨
精
貞
靜
頂
** 亭
廷
征
整
程
訂

제

* 帝
弟
祭
第
製
諸

除	尊	柱	地	질	창
題	졸	株	志	* 質	* 唱
** 制	* 卒	洲	持	** 姪	昌
堤	** 拙	珠	指	疾	窓
提	종	舟	支	秩	** 倉
濟	* 宗	鑄	枝	집	創
際	從	죽	止	* 執	暢
齊	種	* 竹	知	集	蒼
조	終	준	紙	징	채
* 兆	鐘	** 俊	至	** 徵	* 採
助	** 縱	準	** 智	懲	菜
早	좌	遵	池	차	** 債
朝	* 坐	중	誌	* 且	彩
祖	左	* 中	遲	借	책
調	** 佐	衆	직	次	* 冊
造	座	重	* 直	此	責
鳥	죄	** 仲	** 織	** 差	** 策
** 弔	* 罪	즉	職	착	처
操	주	* 卽	진	* 着	* 妻
條	* 主	증	* 盡	** 捉	處
潮	住	* 增	眞	錯	척
照	宙	曾	辰	찬	* 尺
燥	晝	證	進	** 讚	** 戚
租	朱	** 憎	** 振	贊	拓
組	注	症	珍	찰	斥
족	走	蒸	鎭	* 察	천
* 族	酒	贈	陣	참	* 千
足	** 周	지	陳	* 參	天
존	奏	* 之	震	** 慘	川
* 存	州	只		慙	泉

淺	草	築	恥	**탄**	**통**
** 薦	** 抄	縮	置	** 彈	* 統
賤	礎	蓄	**칙**	歎	通
踐	秒	逐	* 則	炭	** 痛
遷	肖	**춘**	**친**	誕	**퇴**
철	超	* 春	* 親	**탈**	* 退
* 鐵	**촉**	**출**	**칠**	* 脫	**투**
** 哲	** 促	* 出	* 七	** 奪	* 投
徹	燭	**충**	** 漆	**탐**	** 透
첨	觸	* 充	**침**	* 探	鬪
** 尖	**촌**	忠	* 針	** 貪	**특**
添	* 寸	蟲	** 侵	**탑**	* 特
첩	村	** 衝	寢	** 塔	**파**
** 妾	**총**	**취**	枕	**탕**	* 波
청	** 總	* 取	沈	** 湯	破
* 晴	聰	吹	浸	**태**	** 把
淸	銃	就	**칭**	* 太	播
聽	**최**	** 臭	** 稱	泰	派
請	* 最	趣	**쾌**	** 怠	罷
靑	** 催	醉	* 快	態	頗
** 廳	**추**	**측**	**타**	殆	**판**
체	* 推	** 側	* 他	**택**	* 判
* 體	秋	測	打	* 宅	** 板
** 替	追	**층**	** 墮	** 擇	版
滯	** 抽	** 層	妥	澤	販
逮	醜	**치**	**탁**	**토**	**팔**
遞	**축**	* 治	** 卓	* 土	* 八
초	* 丑	致	托	** 吐	**패**
* 初	祝	齒	濁	討	* 敗
招	** 畜	** 値	濯		貝

편	표	** 鶴	** 奚	絃	** 互
* 便	* 表	한	該	縣	毫
片	** 標	* 寒	핵	顯	浩
篇	漂	恨	** 核	혈	胡
** 偏	票	漢	행	* 血	護
編	품	閑	* 幸	** 穴	豪
遍	* 品	限	行	혐	혹
평	풍	韓	향	** 嫌	* 或
* 平	* 豐	** 旱	* 向	협	** 惑
** 評	風	汗	鄕	* 協	혼
폐	피	할	香	** 脅	* 婚
* 閉	* 彼	** 割	** 享	형	混
** 幣	皮	함	響	* 兄	** 昏
廢	** 疲	** 含	허	刑	魂
弊	被	咸	* 虛	形	홀
肺	避	陷	許	** 亨	** 忽
蔽	필	합	헌	螢	홍
포	* 匹	* 合	** 憲	衡	* 紅
* 布	必	항	獻	혜	** 弘
抱	筆	* 恒	軒	* 惠	洪
** 包	** 畢	** 巷	험	** 兮	鴻
捕	하	抗	** 險	慧	화
浦	* 下	港	驗	호	* 化
胞	何	航	혁	* 乎	和
飽	夏	項	* 革	呼	火
폭	河	해	현	好	畫
* 暴	賀	* 亥	* 現	戶	花
** 幅	** 荷	害	賢	湖	華
爆	학	海	** 懸	虎	話
	* 學	解	玄	號	貨

**	禍
	禾
	확
**	擴
	確
	穫
	환
*	患
	歡
**	丸
	換
	環
	還
	활
*	活
	황
*	皇
	黃
**	況
	荒
	회
*	回
	會
**	悔
	懷
	획
**	劃
	獲
	횡
**	橫
	효
*	孝
	效
**	曉
	후
*	厚
	後
**	侯
	候
	훈
*	訓
	훼
**	毁
	휘
**	揮
	輝
	휴
*	休
**	携
	흉
*	凶
	胸
	흑
*	黑
	흡
**	吸
	흥
*	興
	희
*	喜
	希
**	戲
	稀

附錄 Ⅲ.

字音索引

【部首名稱】

1. 이 자음색인은 이 책의 본문에 수록된 표제자를 가나다순으로 정리하고, 동음자는 부수 · 획수 순으로 배열하였다. 표제자의 오른쪽 숫자는 본문의 쪽수를 표시한다.

2. 자전과의 비교 및 연관 학습을 위해 부수명칭을 끝 부분에 참고자료로 실었다.

【部首名稱】

* 214 部首	厂 민엄호	廾 스물입발	氏 각시씨	矢 화살시	色 빛색	**8획**	鬲 다리굽은솥력
1획	厶 마늘모	弋 주살익	气 기운기	石 돌석	艸 초두	金 쇠금	鬼 귀신귀
一 한일	又 또우	弓 활궁	水 물수	示 보일시	虍 범호밑	長 길장	**11획**
丨 뚫을곤	**3획**	彐 튼가로왈	火 불화	禸 짐승발자국유	虫 벌레충	門 문문	魚 물고기어
丶 점주	口 입구	彡 터럭삼	爪 손톱조	禾 벼화	血 피혈	阜 언덕부	鳥 새조
丿 삐침별	囗 큰입구	彳 두인변	父 아비부	穴 구멍혈	行 다닐행	隶 미칠이	鹵 소금밭로
乙 새을	土 흙토	**4획**	爻 점괘효	立 설립	衣 옷의	隹 새추	鹿 사슴록
亅 갈고리궐	士 선비사	心 마음심	爿 장수장변	**6획**	襾 덮을아	雨 비우	麥 보리맥
2획	夂 뒤져올치	戈 창과	片 조각편	竹 대죽	**7획**	青 푸를청	麻 삼마
二 두이	夊 천천히걸을쇠	戶 지게호	牙 어금니아	米 쌀미	見 볼견	非 아닐비	**12획**
亠 돼지해머리	夕 저녁석	手 손수	牛 소우	糸 실사	角 뿔각	**9획**	黃 누를황
人 사람인	大 큰대	支 지탱할지	犬 개견	缶 장군부	言 말씀언	面 낯면	黍 기장서
儿 어진사람인발	女 계집녀	攴 등글월문	**5획**	网 그물망	谷 골곡	革 가죽혁	黑 검을흑
入 들입	子 아들자	文 글월문	玄 검을현	羊 양양	豆 콩두	韋 다룸가죽위	黹 바느질할치
八 여덟팔	宀 갓머리	斗 말두	玉 구슬옥	羽 깃우	豕 돼지시	韭 부추구	**13획**
冂 멀경	寸 마디촌	斤 날근	瓜 오이과	老 늙을로	豸 갖은돼지시변	音 소리음	黽 맹꽁이맹
冖 민갓머리	小 작을소	方 모방	瓦 기와와	而 말이을이	貝 조개패	頁 머리혈	鼎 솥정
冫 이수변	尢 절름발이왕	无 없을무	甘 달감	耒 쟁기뢰	赤 붉을적	風 바람풍	鼓 북고
几 안석궤	尸 주검시	日 날일	生 날생	耳 귀이	走 달릴주	飛 날비	鼠 쥐서
凵 위터진입구	屮 왼손좌	曰 가로왈	用 쓸용	聿 붓율	足 발족	食 밥식	**14획**
刀 칼도	山 메산	月 달월	田 밭전	肉 고기육	身 몸신	首 머리수	鼻 코비
力 힘력	巛 개미허리	木 나무목	疋 필필	臣 신하신	車 수레거	香 향기향	齊 가지런할제
勹 쌀포	工 장인공	欠 하품흠	疒 병질엄	自 스스로자	辛 매울신	**10획**	**15획**
匕 비수비	己 몸기	止 그칠지	癶 필발머리	至 이를지	辰 별진	馬 말마	齒 이치
匚 터진입구	巾 수건건	歹 죽을사변	白 흰백	臼 절구구	辵 책받침	骨 뼈골	**16획**
匸 터진에운담	干 방패간	殳 갖은등글월문	皮 가죽피	舌 혀설	邑 고을읍	高 높을고	龍 용룡
十 열십	幺 작을요	毋 말무	皿 그릇명	舛 어그러질천	酉 닭유	髟 터럭발밑	龜 거북귀
卜 점복	广 엄호	比 견줄비	目 눈목	舟 배주	釆 분별할변	鬥 싸울투	**17획**
卩 병부절	廴 민책받침	毛 터럭모	矛 창모	艮 괘이름간	里 마을리	鬯 울창주창	龠 피리약

· 편 저 자 : 진세정 (陳世政)
한양대학교 중어중문학과 졸업
한국표준협회, 한국산업안전보건공단 근무
(現) 서예 · 집필작업

主題別 漢字分類一覽

漢字類編

1판 1쇄 찍음 • 2009년 10월 25일
1판 1쇄 펴냄 • 2009년 10월 30일

편저자 • 진 세 정
발행인 • 정 현 걸
발 행 • 신 아 사
인 쇄 • 성실인쇄

출판등록 • 1956년 1월 5일 (제9-52호)
서울특별시 은평구 녹번동 28-36 2F
전화 (02)382-6411 • 팩스 (02)382-6401
홈페이지 • www.shinasa.co.kr
E-mail • shinasa@chol.com

* 저자와의 협의로 인지를 생략함.

ISBN 978-89-8396-645-2(93740)

정가 15,000원

範疇索引

* 5編 50章 300節